财政与税收

(第3版)

李克红 胡彦平 主编
周 伟 赵艳立 副主编

清华大学出版社
北京

内容简介

随着我国经济持续快速发展和经济体制改革的不断深化,国家适时出台了一系列关于财政、税收的新的政策规定和管理制度,财税理论与实践也在发生着重大变革。本书以《中华人民共和国民法典》为依据,并依照财政与税收活动的基本过程和规律,系统介绍财政政策、财政税收、税收征收管理体制等知识;并结合案例分析,教方法、讲思路,加强实践训练、突出应用操作技能培养。

本书既可作为应用型大学工商管理、财经等专业学生的必修教材,同时兼顾高职高专和成人高教经管、财税、金融等专业的教学,也可以用于各类企事业员工的在职培训,并为广大中小微企业、大学生创业提供学习指导。

本书封面贴有清华大学出版社防伪标签,无标签者不得销售。
版权所有,侵权必究。举报:010-62782989,beiqinquan@tup.tsinghua.edu.cn。

图书在版编目(CIP)数据

财政与税收/李克红,胡彦平主编. —3版. —北京:清华大学出版社,2021.9(2023.8重印)
ISBN 978-7-302-58012-6

Ⅰ.①财… Ⅱ.①李…②胡… Ⅲ.①财政—中国—高等学校—教材②税收管理—中国—高等学校—教材 Ⅳ.①F812

中国版本图书馆 CIP 数据核字(2021)第 070839 号

责任编辑:张 弛
封面设计:何凤霞
责任校对:赵琳爽
责任印制:刘海龙

出版发行:清华大学出版社
   网　　址:http://www.tup.com.cn,http://www.wqbook.com
   地　　址:北京清华大学学研大厦 A 座　　　邮　　编:100084
   社 总 机:010-83470000　　　　　　　　　邮　　购:010-62786544
   投稿与读者服务:010-62776969,c-service@tup.tsinghua.edu.cn
   质量反馈:010-62772015,zhiliang@tup.tsinghua.edu.cn
   课件下载:http://www.tup.com.cn,010-83470410
印 装 者:三河市君旺印务有限公司
经　　销:全国新华书店
开　　本:185mm×260mm　　　印　张:14.75　　　字　数:349 千字
版　　次:2006 年 8 月第 1 版　2021 年 11 月第 3 版　　印　次:2023 年 8 月第 3 次印刷
定　　价:48.00 元

产品编号:073600-01

第3版前言

财政与税收既是国家民生的命脉,也是确保国家机器正常运行的基本保障,财政政策体现了国家发展的主导性,财政税收既关系到国家长远的发展,也关系到改善民生大计。财政与税收对社会资源配置、收入分配、企业经济活动、居民切身利益及政府决策行为具有重大影响,并在经济、医疗、教育、社保、环保、惠及民生、促进就业、构建和谐社会等各方面发挥着越来越重要的积极作用。

目前我国正处于经济和社会转型时期,随着国家经济转轨、产业结构调整,涌现出了电子商务、物流、演艺等一大批新兴服务和文化创意产业;随着国家"一带一路、互联互通"总体发展战略的制定和实施,随着政府倡导全民创新、大众创业的兴起,我国出现了许多新的经济现象;近期习近平主席针对我国和世界经济的具体形式提出了从"需求侧"到"供给侧"改革的经济大政方针,为此国家出台了适应新经济去产能、降杠杆、补短板等多项有利于新兴产业、外向型企业和中小微企业发展的财政税收政策,导致我国财税理论与实践也在发生着重大变革。当前,加强财政税收理论知识的学习和应用已成为各级财政和各类企业经营管理者的共识,这既是企业发展的战略选择,也是本书出版的意义。

财政与税收是高校工商管理、经济管理等专业非常重要的专业核心必修课程,也是就业从业所必须具备的关键知识技能。由于其对企业经营管理实践有重要指导作用,因此一直备受企业管理和实践者的高度关注,是每个企业管理者都必须学习和掌握的关键知识精髓。

本书作为高等教育经济管理专业的特色教材,坚持学科发展观,严格按照教育部"加强职业教育、突出实践技能培养"的要求,针对应用型大学人才培养目标,既注重以人为本,又突出实际训练和提高执行能力。学好本书,可以帮助学生尽快熟悉财政税收知识,掌握业务岗位技能,毕业后顺利就业。

本书前两版因写作质量高、突出学用结合,深受全国各类高校广大师生欢迎,已多次重印。此次第3版,根据新企业增值税规定、新个人所得税法、新关税调整方案以及新城市维护建设税法等最新税收政策,对原教材进行了更新、补充等相应修改,以使其更好地适应时代的发展并为国家经济建设服务。

全书共2篇、10章,以学习者应用能力培养为主线,遵循财政与税收活动的基本过程和规律,根据国家近年新出台的有关财政与税收的政策法规和管理制度,结合应用型大学教学改革的实际需要,系统介绍财政政策、财政税收、税收征收管理体制等基本知识;结合实证案例分析,教方法、讲思路,加强实践训练、突出应用操作技能培养,注重教材体系结构创新。

本书由李大军筹划并具体组织,李克红、胡彦平担任主编,周伟、赵艳立担任副主编,财政与税收专家葛文芳教授审定。作者编写分工:胡彦平(第一章、第六章),李克红(第二章、第五章、第七章,并统改稿),周伟(第三章、第四章),赵艳立(第八章),梁月(第九章),薄雪萍(第十章),李晓新(文字版式修改、制作教学课件)。

在教材再版过程中,我们参阅了大量国内外有关财政与税收最新书刊、网站资料、国家近年新颁布实施的财政税收政策法规与管理制度,并得到了有关专家、教授的具体指导,在此一并致谢。为方便教学,本书配有教学课件,读者可以从清华大学出版社网站(www.tup.com.cn)免费下载使用。因作者水平有限,书中难免存在疏漏和不足,恳请专家、同行和读者批评指正。

编　者

2021年2月

目　录

财　政　篇

第一章　财政概论 ··· 1
  第一节　财政概述 ··· 2
  第二节　市场、政府与财政 ··· 8
  第三节　财政的职能 ·· 16
  技能训练题 ·· 19

第二章　财政支出 ·· 21
  第一节　财政支出概述 ··· 21
  第二节　购买性支出 ·· 25
  第三节　转移性支出 ·· 29
  第四节　财政支出的效益分析 ·· 33
  技能训练题 ·· 35

第三章　财政收入 ·· 37
  第一节　财政收入概述 ··· 37
  第二节　政府收费收入 ··· 44
  第三节　国有资产收入 ··· 45
  技能训练题 ·· 48

第四章　国债 ·· 50
  第一节　国债概述 ··· 51
  第二节　国债发行 ··· 60
  第三节　国债的管理 ·· 67
  技能训练题 ·· 71

第五章　财政政策 ·· 73
  第一节　财政政策概述 ··· 74
  第二节　财政政策与货币政策的配合 ··· 82
  技能训练题 ·· 89

税 收 篇

第六章 税收原理 …… 90
第一节 税收与税法 …… 91
第二节 税法的构成要素 …… 97
第三节 我国现行税制 …… 101
技能训练题 …… 103

第七章 流转税 …… 106
第一节 流转税原理 …… 108
第二节 增值税 …… 111
第三节 消费税 …… 126
第四节 关税 …… 137
技能训练题 …… 148

第八章 所得税 …… 152
第一节 所得税原理 …… 153
第二节 企业所得税 …… 156
第三节 个人所得税 …… 174
技能训练题 …… 189

第九章 财产行为税 …… 192
第一节 财产行为税概述 …… 192
第二节 房产税 …… 193
第三节 契税 …… 197
第四节 车船税 …… 202
第五节 印花税 …… 204
第六节 城市维护建设税和教育费附加 …… 209
技能训练题 …… 214

第十章 税收筹划 …… 216
第一节 税收筹划的含义 …… 217
第二节 税收筹划的基本原则 …… 220
第三节 税收筹划的分类 …… 222
第四节 税收筹划的效应 …… 225
技能训练题 …… 228

参考文献 …… 230

财政篇

第一章 财政概论

◆ 技能要求 ▮▮▮▮▮▮▮▮▮▮

(1) 能对财政研究的对象、任务,以及财政经济工作特点有正确认识。
(2) 能正确把握市场经济体制下财政与政府的相互关系。
(3) 运用所学知识对相关财政问题进行基本分析。

背景资料

财政与百姓生活

自1952年10月30日毛泽东主席提出"南方水多,北方水少,如有可能,借点水来也是可以的"设想以来,在党中央、国务院领导的关怀下,广大科技工作者做了大量的野外勘查和测量,在分析比较50多种方案的基础上,形成了南水北调东线、中线和西线调水的基本方案,并获得了一大批富有价值的成果。

南水北调就是把中国汉江流域丰盈的水资源抽调一部分送到华北和西北地区,从而改变中国南涝北旱和北方地区水资源严重短缺局面的重大战略性工程。工程目的是促进中国南北经济、社会与人口、资源、环境的协调发展。南水北调工程有东线、中线和西线3条调水线路,总投资额5 000亿元人民币。

东线工程位于东部,因地势低需抽水北送至华北地区。中线工程从汉水与其最大支流丹江交汇处的丹江口水库引水,自流供水给黄淮海平原大部分地区的20多座大中城市。西线工程在青藏高原上,由长江上游向黄河上游补水,西线工程没有开工建设。

2014年12月12日,南水北调中线正式通水,12月27日,长江水进入北京市民家中。

社会意义:
(1) 解决北方缺水问题。
(2) 增加水资源承载能力,提高资源的配置效率。
(3) 使中国北方地区逐步成为水资源配置合理、水环境良好的节水、防污型社会。
(4) 有利于缓解水资源短缺对北方地区城市化发展的制约,促进当地城市化进程。
(5) 为京杭运河济宁至徐州段的全年通航保证了水源;使鲁西和苏北两个商品粮基地得到巩固和发展。

经济意义:
(1) 为北方经济发展提供保障。
(2) 促进经济结构的战略性调整。
(3) 通过改善水资源条件挖掘潜在生产力,促进经济增长。
(4) 扩大内需,促和谐发展,提振 GDP。

第一节 财 政 概 述

就家庭和个人而言,生老病死,从摇篮到坟墓都同政府和财政息息相关。

一、财政的产生与发展

(一) 财政的产生

财政是个分配问题,属于经济范畴,同时它又是一个历史范畴。它作为国家作用于经济的机制,是人类社会发展到一定历史阶段的产物。财政的产生必须具备两个最基本的条件:一个是经济条件,另一个是政治条件。

1. 经济条件

在生产力极其低下的原始公社时期,人们共同参加劳动,共同占用生产资料,劳动产品在成员之间平均分配,以维持成员最低限度的生活需要。这个时期没有剩余产品,不存在社会公共需要,很明显也不会产生私有制,也就没有产生阶级的基础,更不会产生国家,没有国家也就不会出现依靠国家的政治权力而参加社会产品的财政分配活动。

在原始社会末期,随着社会分工的出现,社会生产力有了很大发展,出现了剩余产品,相应产生了必须由剩余产品予以满足的社会共同需要。所以说,社会生产力的发展和剩余产品的出现是财政产生的首要条件。

2. 政治条件

随着生产力的发展,出现了私有制,人类社会分裂为奴隶和奴隶主两个根本对立的阶级。由于两个阶级之间经济利益不可调和,客观上需要一种日益同社会脱离又凌驾于社会之上的政治力量,把阶级冲突保持在"秩序"许可的范围内,这个力量就是国家,国家权力一经产生,便不仅仅行使阶级统治的职能,而且行使有关的社会职能,以满足某些社会公共需要,如文化教育、公共工程及社会公共设施等。

国家是从社会产生但又自居社会之上并且日益同社会脱离的力量,这个庞然大物要行使它的权力,实现其职能,就需要消费相当数量的物质资料。而国家机器本身并不是创造社会财富的生产组织,不能为自身提供任何物质资料,它所需要消费的物质资料就只能依靠国家的权力,采取强制无偿的手段将物质领域生产的一部分物质产品转化为国家所有,以满足国家实现其职能的需要。与此同时,社会生产力的发展也提供了满足这种需要的剩余产品。这样就在整个社会产品分配中出现了以国家为主体的依靠权力进行的分配现象,即财政分配。

综上所述,生产力的发展和剩余产品的出现为财政产生提供了物质条件,使财政的产生成为可能,社会生产力发展到一定水平,剩余产品的规模达到相当程度后,公共权力——国家的产生,为财政产生奠定了政治基础。

想一想

财政是由国家权力创造的吗

虽然财政的产生与国家的出现相联系,但这决不意味着财政是由国家权力创造的。财政随着国家的产生而产生,是指国家是财政分配从一般经济分配中独立出来的原因,但其根本的、首要的原因还是生产力和生产关系的发展。财政产生后,决定财政的根本原因是经济条件,而不是国家权力。正如恩格斯所说:"在一无所有的地方,皇帝也和其他暴力一样,丧失了自己的权力。"

(二)财政的发展

随着生产力的不断发展和生产关系的不断变更,人类社会先后经历了奴隶制社会、封建制社会、资本主义社会和社会主义社会的发展变化过程。与不同形态国家的发展、更迭相适应,财政也经历了奴隶制国家财政、封建制国家财政、资本主义国家财政和社会主义国家财政的发展变化过程。

1. 奴隶制国家财政

奴隶制国家财政是建立在奴隶制生产关系基础上,并为奴隶主统治阶级利益服务的。在奴隶社会,奴隶主占有一切生产资料和奴隶,奴隶的剩余产品全部归奴隶主所有。这时财政关系与一般分配过程没有完全分开,奴隶制国家财政的特征如下。

(1)直接占有。奴隶主主要以直接占有奴隶及其劳动成果的方式取得财政收入,王室土地收入来自战败国的贡赋收入和捐税收入。

(2)收支混合。财政收支与王室的收支混在一起,没有严格的界限。国王统治范围内的土地和臣民百姓如同国王个人的财产,国家的公共收支与国王的个人收支无法明确划分。

(3)财政形式。财政形式主要采取实物和徭役形式。这主要是由当时生产力发展水平低下,商品经济不发达所决定的。

2. 封建制国家财政

封建制国家财政是建立在封建社会生产关系基础上,并为封建主(贵族和地主)利益服务的。进入封建社会,随着社会生产的发展和剩余产品的增长,国家财政收入与一般分配关系逐渐分开。这时财政的特点如下。

(1)税收形式。在封建经济的发展过程中逐步形成了以土地或人口为课征依据的税收形式。特别是封建社会后期,赋税成为封建国家财政的主要收入形式。

(2)衍生变化。随着商品货币经济的发展,除原有的财政范畴,又出现了许多新的财政收入方式和形式,如专卖收入、国债、国家预算等。

(3)收支分离。国家财政收支与国王个人收支逐渐分离,形成单独的收支渠道,并设独立的管理机构进行管理。

(4)形式变化。财政收支形式由以实物形式为主逐步向以货币形式为主转化。

3. 资本主义国家财政

资本主义国家财政是建立在资本主义社会生产关系基础上,并为资产阶级利益服务的。资本主义打破了封建主义生产关系,商品经济关系得到充分发展,社会劳动生产率的大大提高,也提高了剩余产品在社会总产品中的比重,从而为财政关系的扩大奠定了物质基础。相应的财政关系得到空前发展。这时财政的特点如下。

(1) 形成完整的体系。税收是国家财政收入的主要形式,经过多年的调整、完善,已形成较为完整的征收体系。

(2) 以货币方式体现。由于商品货币经济的发展,国家财政全部货币化。

(3) 多样性。国家财政不仅依靠税收形式取得财政收入,而且通过举借大量内外债、财政发行、通货膨胀等手段取得财政收入。

(4) 宏观调控手段。财政职能不断增加,收支范围相应扩大,不仅要给政府管理国家提供经费,而且要保证不断增长的社会福利的资金需要,并直接涉足经济领域,成为国家对国民经济进行宏观调控的重要手段。

4. 社会主义国家财政

社会主义国家是建立在以生产资料公有制为主体,各种经济成分共同发展的所有制结构基础上的。社会主义公有制决定了社会主义国家财政的性质及特点。

(1) 兼顾各方利益。社会主义财政以国家为主体,凭借国家的政治权力和生产资料所有者的代表身份参与一部分社会产品分配。财政凭借国家的政治权力参与分配,保持了财政分配强制无偿的共性;财政以生产资料所有者代表身份参与分配,表现了社会主义财政分配的特殊性,它区别于一切剥削阶级凭借拥有的生产资料对劳动者的剥夺和对产品的占有,社会主义财政站在全体人民利益的基础上,以兼顾国家、集体和个人三者利益为原则,对公有产品进行合理分配。

(2) 是社会再生产的重要环节。社会主义财政的收入来源除凭借国家权力、以税收形式参与社会产品分配外,还有相当部分的财政收入来自以资产所有者身份参与社会产品分配从国有企业取得的经营利润。因此,社会主义财政本身又是社会再生产过程中的重要环节,社会主义财政关系的物质内容是按再生产的客观要求在全社会范围内分配剩余产品,以保证整个社会再生产的顺利进行。服从于财政关系这种本质规定,在社会主义国家的财政分配中,经济建设的比重一般高于资本主义国家财政。

(3) 具有两重性。社会主义国家的双重职能决定了国家财政由两个部分(公共财政和国有资产财政)组成,它们各自具有不同的职能和任务。与此相适应,国家财政预算分为经常性预算和建设性预算。

二、财政的概念与属性

(一) 财政的概念

在我国学术界,关于财政的定义很多,这些定义是学者们从不同的角度探索财政概念的内涵和外延的结果。就现代财政而言,财政是一种国家行为;财政是一种分配范畴,财政活动是一种分配活动;财政活动是社会再生产活动的一个有机组成部分。

从财政的本质及基本特征出发,并立足社会主义市场经济的体制环境,财政这一经济范畴的定义概括为财政是以国家为主体,通过政府收支活动,集中一部分社会资源,用于行使政府职能和满足社会公共需要的经济活动。

对于财政的含义可以从以下几个方面加以理解。

1. 财政分配的主体

财政分配的主体是国家,具体含义如下。

(1) 财政分配必须依托国家的公共权力

财政是一种非市场行为,是一种对收入的再分配。首先,国家是社会公共事务管理机关,它通过法律、秩序和公共服务,为社会提供了公共产品,因而它有权从社会总产品中获得自己的一份收入。但是它不直接参与物质产品生产活动,因而不可能从国民收入的初次分配中获得收入,而只能依托其公共权力通过再分配的方式获得收入。

其次,公共事物在本质上是全体居民共同利益的体现,但是这种利益往往是比较抽象的,如国防、安全、秩序等,因此国家无法像市场行为那样按向个人提供的服务来收费,因而只有凭借公共权力,通过税收和行政性收费方式来获得收入。因此,财政活动必须以国家为依托。

(2) 国家的存在和发展必须依靠财政

财政是国家政府机器能够正常运转的物质基础和重要保障。因此,国家对财政有较强的依赖性。

(3) 政府是国家行使其职能的公共权力机构

政府行使国家权力,表现为政府行使其职能,包括政治职能、经济职能、社会职能,如图 1-1 所示。

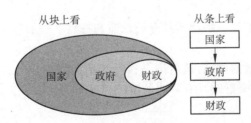

图 1-1 国家、政府与财政的关系

2. 财政分配的对象

从财政分配的客体考察,财政分配的对象是社会产品的一部分。按照对社会产品的分析,全部社会产品是由补偿生产资料消耗 C 部分,劳动者个人收入 V 部分,以及剩余产品价值 M 部分所组成。

从财政实际运行的情况来看,财政收入中既包含剩余产品价值 M 部分,也包含劳动者个人收入 V 部分,就全部收入而言,我国财政分配的对象主要是剩余产品价值 M 部分,但从社会经济的发展来看,劳动者个人收入 V 部分对财政分配的影响作用越来越大。

3. 财政分配的目的

财政分配的目的是满足社会公共需要。一般经济分配是用于满足单位和个人需要的,而财政分配是为了保证国家实现其职能的需要,这种需要属于社会公共需要。任何国家都不能仅仅执行政治职能。财政分配除了要满足权力机关需要外,还要不同程度地为发展文教科学卫生事业和经济建设提供财力保证,以执行其经济和社会职能。

国家在社会经济生活中的作用,总的趋势是随着社会经济的发展而日益加强,这是生产现代化、社会化的客观要求。不同的是,各社会形态的国家职能和满足社会公共需要的性质、范围有所不同。

社会公共需要是相对于私人需要和微观主体需要而言的。所谓社会公共需要是指向社会提供安全、秩序、公民基本权利和经济发展的社会条件等方面的需要。

社会公共需要具有以下基本特征。

(1) 总体性

社会公共需要是就社会总体而言的,为了维持一定政治经济生活,维持社会再生产的正常运行,必须满足由社会集中、执行和组织的社会职能的需要。

(2) 共同性

为满足社会公共需要提供的产品和服务是向社会公众共同提供的,其效用具有"不可分割性",即它是向社会公众而不是向某个人或某集团提供的,是共同享用的,而不是某个人或某集团享用的。

(3) 不对称性

满足私人需求需要等价交换,社会成员享用为满足社会公共需要提供的产品和服务,无须付出任何代价或只需支付少量的费用。

综上所述,国家主体性是财政最本质的内涵和特征,财政的其他内涵和特征是由国家主体性派生的。因而,财政也可简称为以国家为主体的分配活动和分配关系。

(二) 财政的属性

财政的属性是指财政这一事物所具有的性质和特点。一般认为,财政具有以下属性。

1. 阶级性与公共性

国家历来是统治阶级的国家,政府则是执行统治阶级意志的权力机构。财政既然是国家或政府的经济行为,那么财政具有鲜明的阶级性就不言而喻了。同时,财政又具有鲜明的公共性。

(1) 统治阶级的政治统治是以执行某种社会职能为前提的

大家都十分熟悉恩格斯阐述的关于政治"是以执行某种社会职能为基础,而且只有它执行了这种社会职能时才能持续下去"的原理,而且他还指出:"为了使这些对立面、这些经济利益相互冲突的阶级,不致在无谓的斗争中把自己和社会消灭,就需要有一种表面上凌驾于社会之上的力量,这种力量应当缓和冲突,把冲突保持在'秩序'的范围以内;这种从社会中产生但又自居于社会之上并且日益同社会脱离的力量,就是国家。"从这个意义上来说,国家或政府本身就具有公共性。

(2) 公与私是对应的

就财产而言,公与私是产权关系的界定问题;就行政管理或事务管理而言,则是社会分工问题。自从国家产生以后,社会事务就划分为"公办"和"私办"两类事务,由国家或政府来办的事务是"公办",即"公事";由私人自己来办的事务就是"私办",即"私事"。财政是为国家或政府执行其职能提供财力的,属于"公办""公事",自然具有公共性。财政的公共性不是在市场经济条件下才存在的,前面说的国家或政府执行某种社会职能是公共事务,甚至阶级统治是历史发展的必然结果也属于公共事务。

在我国过去的计划经济条件下,尽管国家包揽的事务过多过宽,但也并没有包揽私人的全部事务,也有"公办""公事"和"私办""私事"之分,例如,财政没有包揽家庭理财,没有包揽企业财务,甚至国有企业财务也不是完全属于财政范围。因此,财政的公共性不是因为冠以"公共财政"的名称而存在的,而是因为财政本身的天然属性具有公共性。

2. 强制性与无直接偿还性

财政的强制性是指财政这种经济行为及其运行是凭借国家政治权力,通过颁布法令来实施的。当国家产生以后,对社会产品占有的过程中存在两种不同的权力:所有者权力和国家政治权力。前者依据对生产资料和劳动力的所有权占有,后者凭借政治权力占有。例如,政府对公民征税就意味着政治权力凌驾于所有权之上,依法强行征收,任何形式的抗税都是一种违法行为。

小贴士

恩格斯在谈到征税时曾指出:"纳税原则本质上是纯共产主义的原则,因为一切国家的征税的权力都是从所谓国家所有制来的。的确,或者是私有制神圣不可侵犯,这样就没有什么国家所有制,而国家也就无权征税;或者是国家有这种权力,这样私有制就不是神圣不可侵犯的,国家所有制就高于私有制,而国家也就成了真正的主人。"

同样,财政支出也具有强制性特征。在财政支出规模和用途的安排中,众多的公民可能有这样和那样的不同意见。有的要求建一条公路,有的则可能要求建一个公园,但公共支出不能按某一公民的意见作出决策,在民主政治下,必须通过一定的政治程序作出决策并依法强制实施。财政无直接偿还性是和它的强制性一致的。例如,国家征税之后,税款即归国家所有。对纳税义务人不需要付出任何代价,也不需要偿还。当然,从财政收支的整体过程来看,我国的税收是"取之于民,用之于民"的,就这个意义上来说,税收具有间接的偿还性。但是,每一个纳税义务人都无权要求从公共支出中享受与他的纳税额等值的福利,也就是说,对每一个纳税义务人来说,他的付出和所得是不对称的,这是财政运行的一个重要特点,即无直接偿还性。

3. 收入与支出的对称性(或平衡性)

财政的运行过程是有收有支,即通过"收入—支出、支出—收入"过程运行的,因而收入与支出的对称性构成财政运行的一个重要特征。关于财政收入与支出的关系,我国历来就有"以收定支"和"以支定收"的争论。不管是收入决定支出,还是支出决定收入,这种争论说明收入与支出是财政运行过程中相互制约的两方,收支是否对称或平衡构成财政运行的主要矛盾。

收支是否平衡,表面上是一种收支关系,而背后是反映政府和企业、居民之间的关系,反映各阶级、各阶层之间的利益关系,反映中央与地方、各地区以及政府各部门之间的利益关系,因而收支平衡也成为制定财政政策的轴心。纵观古今中外,收支的绝对平衡几乎是不存在的,有时收大于支,有时支大于收。收大于支意味着有结余,财政运行似乎稳妥,但长年形成大量结余则说明政府集中的资源没有充分运用,会抑制社会经济的发展。支大于收意着出现赤字,如果出于政策需要,运用得当,会有利于社会经济的发展,但连年不断形成大量赤字,则说明财政运行失控,影响市场经济效率,甚至最终导致通货膨胀。为此,有的国家规定赤字和公债发行的上限,或通过立法来制约国债的发行。

因此,围绕收支平衡这个轴心,合理安排支出规模和结构并提高使用效益,制定合理的税收和收费制度并保证收入的及时、足额入库,发挥国债积极作用的同时防止赤字和国债发行的失控,制定财政管理体制以合理调节中央与地方关系,依据政治经济形势的发展及时调整财政政策等,就构成一条财政学的主线。

财政学发展简史

财政学作为一门独立的学说起始于18世纪。在1776年,亚当·斯密所著的《国民财富的性质和原因的研究》(简称《国富论》)一书,对财政收入、支出和公债问题进行了系统阐述,财政学体系由此逐渐形成和确立。

从亚当·斯密至今,财政学的发展可以分成两个主要阶段。

1. 古典财政学阶段(1776—1929年)

古典学派认为财政是政府收入和支出的管理活动,财政学是政府收支管理科学。

2. 现代财政学阶段(1929年至今)

这个阶段的开始以20世纪30年代西方经济大危机和1936年凯恩斯撰写的《就业、利息与货币通论》一书的出版为标志。与古典学派不同,现代财政学认为,财政是公共部门经济,财政学是公共部门经济的科学。现代财政学强调国家干预经济的作用和财政政策的实施对失业、通货膨胀、经济增长等宏观经济活动的影响。这些方面与古典财政学有显著区别。

第二节 市场、政府与财政

一、市场经济

(一)市场经济的含义

所谓市场经济就是建立在社会化大生产基础上的发达的商品经济,是一种社会经济形式和资源配置方式。市场经济是高度社会化和高度市场化的商品经济,是市场居于支配地位,市场机制发挥着基础性调节作用的商品经济,是商品经济发展的高级阶段和高级形式,是发达的商品经济。

1. 市场经济是一种社会经济形式

社会经济形式是指社会经济的各领域、地区、部门、行业、企业以及个人相互之间实行经济联系的手段、方式和途径的总称,市场经济是现代社会普遍存在的社会经济条件决定的。

在现代社会中,生产力的发展水平和状况决定了社会产品不足以充分满足人们的各种需要,劳动仍然是人们谋生的手段,这也就决定了各种经济利益主体之间在发生经济联系时,仍然必须采用商品、货币的形式和等价交换的方式,以保障他们正当的、合法的经济利益得到平等的实现。市场经济作为一种社会经济形式,还要求整个社会经济联系必须按市场经济运行的各种规律办事,不能违背客观的市场经济规律。

2. 市场经济是一种资源配置方式

资源配置方式是指为使经济行为达到最优和最合适的状态而对资源在社会经济的各个领域、地区、部门、行业、企业之间,在各种用途之间,进行配置的各种手段和方法的总称。市场经济作为资源配置的方式,它能够起到资源优化配置的作用,这就是市场机制在资源配置中的作用。市场机制以利益最大化为目标,以竞争为动力,用价格传递信息,引导各种市场主动地作出生产什么、生产多少、怎样生产以及消费什么、消费多少、怎样消费等一系列决策,从而引导稀缺资源在各个经济领域、地区、部门、行业、企业以及个人之间的自由流进和流出,达到资源的优化配置。

(二) 市场经济的优势

人类社会的经济实践已经充分表明,市场经济是迄今为止最有效率的资源配置方式和手段之一,这一事实是不以社会性质的不同而转移的。

如果社会上的每个市场都能满足以下假定条件。

(1) 在市场上有众多的买者和卖者。这意味着每个卖者所能提供的产品数量与每个买者计划购进的产品数量在市场总量中所占的份额都是微不足道的,他们不足以对市场价格的形成产生影响。

(2) 人力、物力和财力等各种资源都能够自由地通过市场在不同企业、行业和地区之间转移,即不存在任何法律、社会的或资金的障碍阻止个人和企业进入另一个行业。

(3) 生产者和消费者对有关的市场信息是完全掌握的,他们不仅掌握今天的信息,而且了解以后发生的情况。

(4) 生产者所提供的同种产品是同质的,即同一产品无差别。这样对于消费者来说,他们不会由于自身的消费习惯或偏好而对有着不同品牌、包装、服务等的同种产品产生不同的兴趣,从而出现某一厂家的产品由于特别受消费者的欢迎而占据较大的市场份额,出现某种程度垄断的情景。

那么,在满足以上 4 个基本条件的所谓完全竞争市场上,无数带有自身利益的理性生产者和消费者相互作用的结果,能够使社会资源的配置达到最优状态。这样借助于价格机制、供求机制、竞争机制、个人之间的利益互动机制和市场这只"看不见的手",社会经济系统能够得到有效的运作,社会资源流入经济效益高的部门,实现社会经济效益的最大化。

(三) 市场经济的缺陷

市场经济不是万能的,它在许多方面存在缺陷。在一些领域或场合,市场机制本身并不能得到有效发挥,从而无法得到有效配置资源的结果;而在另外一些领域或场合,市场机制即使能够发挥作用,通常也无法得到整个社会要求的正确的资源配置的结果。这些市场经济自身所无法克服的固有缺陷或不足,一般称为"市场失灵"。造成"市场失灵"的原因如下。

1. 公共产品

公共产品是指可供社会成员共同消费的产品,即满足社会公共需要的产品。这些产品在每一社会成员消费时不会导致其他成员对该产品消费的减少。因此,这类产品可以同时为众多社会成员享用,但是产品的成本和效用却不因为消费者人数的变化而改变。最典型的公共产品如国防、治安、消防、气象预报等。

公共产品是和私人产品对应的,私人产品是满足个人需要的,一般通过市场供给解决。而公共产品是满足社会公共需要的,在社会经济生活中,公共产品不能由市场提供,而只能由政府提供。它有以下特征。

(1) 非排他性

非排他性也称消费上的非排斥性,是指这类产品在技术上不易排斥众多的受益者消费的特性。在国家法律制度许可的范围内,人人可以享受因公共产品的提供带来的任何利益。例如,每个公民都可以无差别地受益于国防所提供的安全保障;每个人都可以从天气预报得到气象信息;当一个人享受城市优美环境所带来的身心健康的利益时,并不排斥他人也享受优美环境带来的利益。

(2) 非竞争性

非竞争性是指公共产品可以提供给任何人消费,每个消费者的消费并不影响其他消费者利益的特性。这种消费无须通过竞争来实现,公共产品的边际成本为零。因此,公共产品的取得无须通过市场采取出价竞争的方式。公共产品消费数量的增加不会引起公共产品价格的提高。而私人产品,如衣服、食品和住宅等,消费者必须通过市场采取出价竞争方式取得。

(3) 非营利性

非营利性是指公共产品的提供者不以营利为目的,而是追求社会效益和社会福利最大化的特性。而私人产品的提供则会追求利润的最大化。

(4) 效用不可分割性

效用不可分割性是指公共产品是向整个社会共同提供的,而不能将其分割成若干部分,分别归个人或集团消费的特性,如安全、秩序、国防等。

非排他性和非竞争性是公共产品最核心的特征,它们决定了公共产品的提供不可能像私人产品那样通过市场竞争来实现。同时,这种能为任何人享用的可以"搭便车"的公共产品,必然难以给提供者带来直接的经济利益,因此,公共产品的提供是任何私人企业都不能接受的。然而,从整个社会角度看,公共产品是社会稳定与发展及国民福利增长所必需的,因此公共产品只能通过政府由公共部门来提供。

想一想

那些跨国公司的企业家们,为什么愿意把资金投到中国东部,而不愿意投到西部?为什么他们愿意把这么多的钱投到广东的珠江三角洲和上海的长江三角洲,而不太愿意到中西部来投资呢?其中一个重要的原因就是因为沿海发达城市里的公共物品多:那里的道路已经修好了,桥梁已经建成了,他们投资到那个地方就无须再修路了,就可以解决货品的运输问题,这样就节约了生产成本,就有了规模经济,它的效率就高,利润就大。

2. 外部效应

外部效应是指商品生产者的内部成本与外部成本、内部效益与社会效益的不一致,给其他社会成员带来的影响。它分为外部正效应和外部负效应两种情况。

(1) 外部正效应

外部正效应是指私人部门从事某项活动对其他人带来利益的现象,即商品生产者的内部效益远远低于社会效益的现象。如长江、黄河上游退耕造林,其下游可以受益。生产者的成本大于收益,利益外溢,得不到应有的效益补偿,这将导致市场主体尽可能地减少从事具有外部正效应的经济活动。

(2) 外部负效应

外部负效应是指私人部门从事某项活动对其他人带来损失而自己受益的现象,即商品生产者的生产成本大大低于社会成本的现象。如造纸、化工厂等企业不做任何处理就对外排放的"废气、废水、废渣",对企业而言成本最低,但造成的环境污染而带来的社会成本将是难以估量的。外部负效应意味着市场价格不反映生产的边际社会成本,从事该活动的经济主体把部分成本强加给其他经济主体,从而造成社会成员过量从事具有外部负效应的经济活动。

外部效应的存在使得具有外部效应的产品的市场供给只能过多或过少,由此导致了资源配置的不合理。要消除外部效应,必须实现外部成本(收益)的内在化。而市场经济本身是无能为力的,只有政府介入,才能克服外部效应的缺陷。

3. 市场垄断

垄断是一种市场结构,指一个行业里有且只有一家公司(或卖方)交易产品或者服务。一般分为卖方垄断和买方垄断。垄断的出现意味着产品的价格和利润水平不是取决于市场供求关系,而是通过垄断价格来获取超额利润,这样市场效率也就丧失了。为此,政府必须干预,目前各个市场经济国家普遍制定了反垄断的法律、法规就是例证。

4. 信息不对称

市场有效运行的一个前提条件是所有当事人都具有充分信息。但现实生活中往往出现这样一种情况,当事人的一方拥有较多信息,而另一方则信息较少,这种情况就称为信息不对称。由于信息不对称是一个社会问题,是市场经济本身无法克服的,因此政府提供充分的信息,并通过一些公共管制(如信息、质量、资格管制)的办法来弥补市场缺陷。

5. 收入分配不公

社会产品生产出来以后要在社会成员之间进行分配,在市场经济中的分配主要由市场机制来完成。市场机制给予人们的报酬是以生产能力和贡献为标准的。

6. 宏观经济失衡

在市场经济条件下,生产和消费主要是由市场机制自发调节的。由于市场机制自发调节的盲目性,社会总供给和社会总需求之间不一定能够达到最佳的平衡,国民经济就可能发生周期性的波动与失衡,从而会出现失业、通货膨胀等问题。这些宏观经济的失衡会给生产者和消费者带来一定的损失,社会的经济发展也会受到不利的影响和干扰。为了实现经济的均衡增长,政府必须干预经济。

7. 个人的偏好不合理

个人偏好是指个人的要求和愿望。个人偏好的合理是指个人的要求、愿望与市场的发展要求一致。在市场运行中,个人偏好往往有不合理的方面。消费者对有些物品不能给予正确的评价,如有人对香烟、毒品有好感,认为它们能带来好处。这种由于个人偏好不正确所带来的市场运行结果是不完善的,政府有必要进行干预。

由于市场固有的缺陷,市场运行的结果将会偏离资源与收入分配的理想状态,要弥补市场缺陷只能依靠政府的活动。政府虽然不创造社会产品,但却能提供公共产品,获取和消费这种公共产品是人们的一种公共需要。财政是以政府为主体的分配,现实中表现为政府的收支活动,财政通过收支形式为政府各公共部门供给公共产品、弥补市场缺陷提供财力,并有效使用资金。这就是社会经济生活中需要财政的根本原因。

二、市场经济中的政府

(一)政府职能

职能即职责和功能,泛指人、事物、机构的作用。政府职能,或者叫行政职能,是指政府在一定的历史时期内,根据国家和社会发展的需要而承担的职责和功能。政府职能分为基本职能和具体职能。政府具有阶级统治和社会管理两种基本职能,具体职能是政府的基本职能的具体体现。政府职能是一种社会历史现象,它随着社会历史的发展而改变和发展。

1. 政治职能

政治职能是政府职能的基本形式。古代政府与现代政府、资本主义国家政府与社会主义国家政府、发达国家政府与发展中国家政府都是把政治职能视为政府的基本职能,政府政治职能集中反映了政府管理的阶级性,最鲜明地反映了国家的本质和一定时期政府活动的基本方向、方式和作用。

政府政治职能的实质是阶级统治职能,它一般通过公安机关、国家安全机关、司法部门、民意机关行使约束性、控制性、保卫性、防御性、镇压性以及吸纳性、调和性功能,以维护有利于统治阶级的政治社会秩序及国内外环境。任何国家的政府都具备政治职能,虽然这种政治职能的地位、作用方式不同,但都是必不可少的。这些政治职能概括起来,可以分为以下几类:一是军事;二是外交;三是安全;四是社会治安;五是政治宣传;六是民主法制建设。无论政府职能如何调整,无论政治职能的形式如何变化,上述方面都是一个国家政治职能必不可少的部分。

2. 经济职能

简言之,政府的经济职能就是政府管理社会经济的职能。不同体制的国家,政府的经济职能范围大小不同,即使同一个国家在不同的历史时期经济职能也是有变化的。以我国为例,在原来高度集权的计划经济体制下,政府经济职能很多,覆盖面很大。改革开放以来,传统的计划经济体制受到严重的挑战和冲击,建立社会主义市场经济体制成为经济体制改革的目标取向,政府的经济职能也发生了相应变化。现在,我国政府的经济职能主要有以下几个方面。

(1)为了实现宏观调控目标,实现国民经济各部门之间的比例协调等宏观经济问题,制订指导性的经济社会发展战略、规划和计划。

(2)保持社会总需求与总供给的动态平衡。

(3) 政府是国有资产的所有者和产权界定者。

(4) 政府有责任创造一系列条件,组织培育、完善市场体系。

(5) 维持社会公共事业。

(6) 协调与服务功能。

经济职能尽管为各级政府所共有,但中央政府和地方政府的经济职能是不同的,中央政府负责全国性、地方政府无法承担或不能承担的经济活动,而地方政府的经济职能较为狭小,一般只管理地方性经济活动。

3. 社会管理职能

政府的社会管理职能是政府在管理除政治、经济、文化、法律之外的社会生活公共事务,提供社会公共服务过程中所承担的功能。现代社会中,经济、政治、社会管理的内涵正处于变换和扩张之中,政府的这几种职能在某些方面会相互交叉渗透,例如,建立社会保障体系既是一个社会管理职能,同时也很难说不是经济职能。

从具体范围来看,可以把社会管理职能概括如下。

(1) 建立社会保障体系,制定社会福利政策,开展养老、失业救济、医疗保险、优抚等社会管理工作。

(2) 在交通、通信、能源、住房等方面为社会和公民提供便利。

(3) 保护和合理利用各种自然资源,防止和治理环境污染,保护生态环境。

(4) 防震、救灾、抗洪抢险、教育、体育、卫生等。

政府社会管理职能与老百姓生活密切相关,生老病死、衣食住行无不在社会管理之中,同时社会管理的效果也直接影响着政府的形象。

4. 法律职能

政府的法律职能是社会法制建设中逐渐形成的一个政府法律职能体系,具体如下。

(1) 行政立法

行政立法指国家行政机关根据国家法律或国家立法机关的授权,或者是按照行政机关的职责需要制定行政法规、规章的行为。

(2) 行政执法

行政执法是指国家行政机关及其工作人员,以及依法授权进行行政管理的组织和工作人员按照国家的法律、法规、规章管理行政事务的行为。

(3) 法律监督

法律监督是指充分发挥行政机关权力的作用,以保证行政机关高效运转,协调其他国家机关正常运行,维护公共权力,建立公共秩序。

(4) 行政司法

行政司法是指国家行政机关、国家专门设立的司法机关、法律授权的社会组织处理行政争议与行政法律关系相联系的民事纠纷的一种法律形式。

(5) 法律服务

法律服务是指政府法律服务机构直接为社会提供法律帮助的行为。市场经济是法制经济,其对法制的要求是多方面的,包括市场经济各个环节、各个领域、各个部门都需要通过法律加以调节、规范和保护。行政法律、法规制度在市场经济中发挥的作用是巨大的。

5. 文化职能

文化职能是指政府运用行政权力管理科学与文化事业的职能,主要有指导职能、服务职能、协调职能、监督职能、控制职能等。

想一想

政府不该做什么?

2001年,美国的财政部前部长鲁宾到清华大学来做讲座时说:"政府不该做什么? 政府不该进入竞争性行业,去经商办企业。政府不能做这些本该由市场去完成的事情。"

为什么? 政府为什么不该进入竞争性行业?

(二) 政府失灵与政府干预经济的局限性

上述论述中谈到,当市场机制出现解决不了的问题时,人们就往往想到了政府,想到了应该由政府出面解决这些问题,即发挥公共财政的功能。在这条思路里,实际上隐含着一个假设:政府是无所不知,无所不能的,并且政府是一心为人民的,从而只要政府出面,市场条件下无法解决的一切困难都可以迎刃而解。但是事实并非如此。

1. 政府绝非是无所不能的

政府面临着收集信息的困难,很多事情是它所不了解的,在收集到信息之后,又面临着处理信息的困难。在收集和处理信息后,政府所作的决策也不一定是正确的。

政府作出一个正确决策很不容易,好不容易作出的正确决策,在贯彻执行的过程中又会产生各种问题导致政策的扭曲变形。总之,政府解决问题的能力是有限的。

2. 抽象的政府是由具体的人组成的

当谈论政府行为的时候,实际上谈论的是政府官员的行为。作为人,政府官员也有着自己的利益,并且他们的利益经常和别人的利益,有时甚至是和整个社会的利益发生冲突,这时他们往往宁可损害别人的利益,也要维护、扩大自己的利益。

当他们想要扩大自己利益的时候,他们可以比其他人更容易实现,因为他们总有着公众赋予他们的巨大权力,这是组织管理方面的局限性。

3. 技术上的局限性

离开了市场,政府就难以了解消费者的偏好以及各种产品的生产可能性,这样政府所做出的安排就脱离消费者的愿望和要求,使得资源配置效率下降。

(三) 市场经济与政府干预的权衡

市场只有在理想的完全竞争条件下才能实现效率,然而现实中的市场并不符合理论上完全竞争的假定条件,即存在市场失灵,使得市场不能实现理论上所确立的最佳目标。公共产品、外部效应、垄断等较为明显地表现了市场失灵。承认市场存在失灵本身并不必然意味着有必要让政府进行干预,关键在于政府干预的代价是否能低于市场失灵所造成的损失,如果能以较小的代价去弥补一个较大的损失,那么政府的干预就是必要的,反之就是不必要的。

政府干预经济时由于存在信息不完全、组织管理、技术上的限制,存在政府失灵,承认政府失灵就意味着承认政府干预的局限性。由此,政府活动的核心领域是提供市场所不能提供的公共产品,具有明显外部效应的产品以及生产具有自然垄断倾向的产品。

因为在这些领域中市场失灵所造成的损失较为严重,而所涉及的范围又比较有限,用政府活动来代替市场不易产生严重的政府失灵问题。对于其他一般性产品的生产和消费,政府的介入应采取谨慎的态度,因为在这些领域中,市场失灵即使存在也不太明显,政府干预容易产生这样的结果:干预所产生的政府失灵比它所要弥补的市场失灵对社会有更大的危害。

三、公共财政

公共财政(public finance)是指国家(或政府)为市场提供公共服务的分配活动或经济行为,它是与市场经济相适应的一种财政模式或类型。

公共财政主要有以下基本特征和内涵。

(一) 公共财政是弥补市场失灵的财政

前面已经知道,市场经济是市场机制在资源配置中发挥基础性作用的经济形式。在完全竞争的市场环境中,追求自身利益最大化的理性经济主体,依据市场价格信号,自发从事经济活动,社会资源在此过程中能够得到有效的配置。而市场能够有效运行或正常发挥作用的领域,是无须政府及其财政进行干预的。

但是,市场经济还存在着诸多市场无法有效配置资源或正常发挥作用的场合和领域,即市场失灵问题。这些市场失灵问题需要由政府及其财政插手加以解决或纠正,否则社会经济体系将难以有效运转。因此,人们常说在市场经济下,市场能干的,政府就不应去干;而市场不能干的,政府就应当去干。应当指出的是,公共财政的这一弥补市场失灵原则,事实上也对政府及其财政与企业、个人之间的活动范围进行了原则性的划分,即企业和个人活动于市场有效的范围内,而政府及其财政则活动于市场失灵的范围内。由于政府和财政通过弥补市场失灵,为社会公众提供公共服务,满足了社会公众的共同消费需要,因而具有了鲜明的公共性。

(二) 公共财政应当为市场活动提供一视同仁的服务

市场经济的效率性是通过经济主体之间的自愿对等的交换行为实现的。而要达到自愿对等的交换,必须具有公平竞争的外部环境。政府及其财政活动直接作用于市场活动的主体,直接影响着他们的市场行为。因此,政府及其财政就要一视同仁地对待所有市场活动主体。否则,如果对不同的市场活动主体采取不同的措施和待遇,那就意味着政府支持了某些经济主体的市场活动,而抑制了另一些经济主体的市场活动。这样政府就以非市场的手段,直接介入和干预了市场的正常活动。这显然是违背市场经济的根本要求的。

而从"一视同仁"来看,在财政支出方面就意味着其提供的服务是适用于所有市场活动主体的,或者是服务于所有市场活动主体的根本利益的。比如,政府修建的高速公路就不应当是只有国有经济才能使用;政府提供的环境卫生服务就不应只为国有企业提供,而不清除非国有企业部门前的垃圾,等等。

在税收方面,对于某些经济成分征收较高的税率,而对另一些经济成分征收较低的税率,就造成了纳税人不同的税收负担,政府就人为地破坏了公平竞争原则,就造成了不公平的市场竞争条件。可见,财政必须采取一视同仁的政策,才能避免政府活动对市场公平竞争条件的破坏。而一视同仁地服务,也就是公共服务。

(三) 公共财政具有非市场营利的性质

营利性是人们从事市场活动的直接动力。之所以会产生市场失灵问题,其基本原因之一就是无法确保人们应有的或正常的市场营利。这样只能处于市场失灵领域内的政府及其公共财政,就不能直接进入市场去追逐营利,而只能以社会利益为活动目的,从事非营利性活动,从而具有非营利性。

尽管企业活动于市场有效领域内,而政府活动于市场失灵领域内,然而现实的经济活动是错综复杂的,大量的活动是需要企业和政府共同介入和承担的。

当某些行业的活动为社会公众所需要,并且可以有一定市场收入,但又达不到市场平均营利水平之时,政府和企业是可以共同承担这类活动的。政府通过财政投资或补贴等方式,使得投入该行业的企业具有获得平均利润率的能力,这样政府就通过自身的无偿投入,支持该行业的发展,从而为整个社会的利益服务;与此同时,企业由于可以获得平均利润率,因而承担起部分乃至主要的投资任务,从而大幅减轻了财政的支出负担。这样财政的非营利性活动就直接与为市场提供公共服务相联系了。

(四) 公共财政是法治化的财政

市场经济是法治经济。财政作为政府的工具,在市场经济下显然也是必须受到法律的约束和规范的,从而具有了法治性。

总之,市场经济体制下的财政是为实现国家职能、满足公共需要的一种政府经济行为,是对社会产品进行分配以及提供和生产"公共产品"的经济活动。"公共财政"的以上4个特征,从不同侧面体现了现代财政所具有的共性。公共财政理论对正确认识财政的性质、科学界定财政的职能、充分发挥财政的作用有重要意义。

第三节 财政的职能

在社会主义市场经济条件下,财政有以下3种职能:资源配置职能、收入分配职能、经济稳定职能。

一、资源配置职能

财政收支活动以及相应财政政策、税收政策的制定、调整与实施,可以实现对社会现有人力、物力、财力等社会结构与流向进行调整与选择。财政的这个功能通常被称为资源配置职能。政府通过财政配置职能的运用,可以达到合理配置社会资源,实现资源结构合理化、资源运用效率高、经济与社会效益最大化等政策目标。

小贴士

配置效率(帕累托效率)

在既定条件下,当资源配置达到使得一个人福利的改善必然造成另一个人的福利受损时,这种资源配置就是有效率的。由于对配置效率状态的描述最早是由意大利经济学家帕累托(Vilfredo Pareto)给出的,因此配置效率又被称为帕累托效率。

为什么需要财政对社会资源进行配置,可以分两个层次理解。

第一个层次,由于社会共同事务的客观存在,任何社会都有不可能仅仅通过分散的个人或其他社会单位对资源有效配置。因为某些社会公共事物是任何单个个人或集团都无力提供的;对于另一些社会公共事物来说,尽管单个个人或集团有能力提供,但或者因为其消费的不可分割性而不愿意提供,或者是因为由个人或集团分散提供,不可能获得最佳社会经济效益。所以就其一般意义而言,任何社会都需要财政进行资源配置。

第二个层次,在市场经济条件下,财政可以作为弥补市场缺陷的主要手段。一般地,在市场经济条件下,资源配置被认为是属于市场所固有的功能,但是在市场存在缺陷、市场机制不健全的情况下,市场本身是难以独立实现对资源的最佳配置的。因此,客观上要求政府必须担负起相应的配置资源的责任,通过财政分配以及其他各种财政政策措施直接分配或引导资源投向,从而实现对资源的最佳配置。在我国,地区之间经济发展不平衡是客观现实。从整体上看,这样的现状不利于我国经济长期均衡稳定的发展。财政资源配置职能的一个重要内容就是通过财政分配,即财政补贴、税收、财政政策与财政体制等手段,实现资源在各个不同地区之间的合理配置。具体表现在以下几个方面。

(一)调节资源在产业部门之间的配置

资源在部门之间配置状态如何,直接关系到产业结构是否合理及其合理化程度。部门之间的资源配置及其调整,主要是通过两个方面的途径:一是调整投资结构;二是调整资产存量结构及资源使用结构。财政对资源在产业部门之间配置和调节,也是通过两个相应途径、采取两种相应的手段实现的。一方面是通过调整国家预算支出中的投资结构,达到合理配置资源的目的;另一方面则是通过制定、调整财政、税收政策和投资政策,来引导和协调社会资源流动与分配,进而达到调节现行资源配置结构的目的。

(二)调节资源在政府部门与非政府部门之间的配置

财政在这方面的职能作用主要表现为调整财政收入在国民收入或国民生产总值中所占的比重,而这个比重则又取决于必须由政府通过财政提供的社会公共事务规模的大小。调整资源在政府部门与非政府部门之间的配置使之符合优化资源配置的要求,便是财政资源配置职能的一项重要内容。

(三)调节资源在政府部门内部的分配

在政府部门内部资源的配置主要是通过各级政府的预算及其执行工作实现的。合理配置资源作为一种经济规律,不仅要求在各地区之间、社会经济各部门之间、各产业之间合理配置资源,而且也要求在政府部门内部各领域之间合理配置资源。

二、收入分配职能

政府的财政收支活动客观上对社会收入与财富的分配产生直接与间接的影响。人们把财政所具有的这种能够影响社会收入与财富分配的功能叫作财政的收入分配职能,简称收入分配职能。不仅财政活动本身实际上就是对国民收入的一种初次分配和再分配,而且这种分配本身也必然会直接或间接地对国民收入其他部分的分配以及财政以外各层次国民收入的分配产生重大影响。

政府运用收入分配职能的主要目的就是调节社会收入与财富的分配,使之达成公平合理的分布状态。政府必须运用收入分配职能的主要原因就是考虑到现代市场经济在没有政府参与的情况下,不能实现收入与财富的公平合理分配。

其一,按劳分配并不能保证实现收入与财富的公平分配。目前我国把按劳分配作为分配制度的主体,但是与其他分配方式相比,按劳分配也只是一种相对公平的分配,在现实经济生活中仍然存在着事实上的不平等。

其二,市场机制缺陷造成收入和财富分配的不公平。主要是因为市场机制给予人们的报酬是以人的生产能力(即挣钱的本领和所拥有的财产)和贡献为标准。生产能力不同,贡献不同,收入也就不同。此外,市场机制对无生产能力者不给予照顾。市场机制所存在的这种缺陷,是市场经济机制本身所无法克服的。收入分配职能的主要内容是通过调节企业的收入水平即利润水平和居民个人收入水平实现收入与财富的公平分配。

财政的收入分配职能的内容主要有调节企业利润水平主要在于通过调节,使企业的利润水平能够客观地反映企业的生产经营管理水平和主观努力状况,使企业在条件大体相同的情况下获得大体相同的利润;调节居民个人收入水平则是在坚持现行分配制度条件下,贯彻执行现行收入分配政策,即既要合理拉开收入差距,又要防止两极分化,逐步实现共同富裕。

三、经济稳定职能

通过财政政策的制定、实施与调整,使整个社会保持较高的就业率,以至于达到充分就业,并实现物价稳定、经济稳定增长以及国际收支平衡等政策目标。人们将财政所具有的这种功能称为经济稳定职能,或者叫稳定经济职能,简称稳定职能。

财政的经济稳定职能在市场经济体制下具有其客观必要性。财政经济政策的一个极为重要的目标,就是保持或达到充分就业或高就业率,适度地稳定物价水平,国际收支的平衡,合理的经济增长率。概括地说,就是经济稳定目标。这个目标主要是通过财政的稳定职能实现的。

财政稳定职能的客观必要性主要来自市场机制的缺陷。在市场经济中,充分就业和物价稳定不能自动出现,因为在市场经济中,就业和物价的整个水平是由总需求水平确定的,并与当时的生产能力有关。社会总需求是难以控制的,或者具有不可控性。总需求水平是由无数消费者、企业厂长、经理人员、金融投资者以及其他社会成员、单位的开支所决定的,上述开支决策又有赖于许多难以预测的因素,如过去与现在收入、财富、地位、信用的可用程度,对前景的估计等。所以,客观上需要政府通过运用财政手段调节社会需求水平,以实现经济稳定增长的目标。

财政经济稳定职能的主要内容如下。

(一)调节社会总需求,实现供求总量的大体平衡

财政对社会的总需求主要是通过国家预算进行的。一般地,从理论上来看,如果社会上总需求大于社会总供给,则可采取使财政收入大于财政支出的办法,即相对减少财政支出,增加财政收入。从政策的角度看,这种做法通常被称为"紧缩性"财政政策。如果社会上总需求小于总供给,即需求不足,则可以采取使财政收入小于财政支出的办法,即相对增加财政支出,减少财政收入。这种做法在政策上通常被称为"扩张性"财政政策。如果社会总需求与总供给大体平衡,政策则应实行预算收支平衡,即所谓"中性"财政政策。

(二)调节社会供求结构上的平衡

从客观上来看,社会总供求结构包括供求的地区间结构、部门(即产品)结构、产业结构(第一产业、第二产业、第三产业等结构)。通过财政收支,调节社会总供求结构,使之大体平衡(即合理化)是财政稳定职能的另一个重要内容。

◆ **技能训练题**

一、单项选择题

1. 财政产生的条件是( )。
   A. 政治和文化 B. 经济和政治 C. 经济和效益 D. 政治和历史
2. 财政最初的表现形式是( )。
   A. 捐税 B. 公债 C. 国家预算 D. 国有企业上缴利润
3. 国家公债和国家预算是在( )制度下财政范畴的延伸。
   A. 奴隶 B. 封建 C. 资本主义 D. 社会主义
4. 资本主义社会财政分配形式一般采用( )形式。
   A. 货币 B. 实物 C. 劳役 D. 货币和劳役
5. 财政属于( )范畴。
   A. 生产 B. 分配 C. 交换 D. 消费

二、多项选择题

1. 财政分配属于( )。
   A. 历史范畴 B. 政治范畴 C. 分配范畴 D. 经济范畴
2. 随着生产方式的变革和社会形态的发展,人类社会存在过( )。
   A. 原始社会财政   B. 奴隶制国家财政
   C. 封建制国家财政   D. 资本主义国家财政
   E. 社会主义国家财政
3. 封建制国家财政收入的主要形式有( )。
   A. 官产收入 B. 赋税收入 C. 专卖收入 D. 特权收入

E. 贡物收入　　　　　F. 国王土地收入

4. 资本主义国家财政支出的主要形式是(　　)。

　A. 军事支出　　　　　　　　　B. 债务支出
　C. 行政经费支出　　　　　　　D. 社会经济支出
　E. 国家机构支出　　　　　　　F. 社会福利和社会保障支出

5. 财政的一般特征是指(　　)。

　A. 财政分配的主体是国家或政府
　B. 财政分配的对象是社会剩余产品
　C. 财政分配的目的是满足社会公共需要
　D. 财政体现着特定的分配关系

三、思考题

1. 如何理解财政的内涵及属性？
2. 什么是公共产品？具有哪些特征？
3. 市场失灵表现在哪些方面？
4. 简述中国现阶段建立公共财政的必要性。
5. 如何理解我国现阶段政府的职能和财政的职能？

四、实践课堂

1. 讨论：污染的经济学分析

资料：河的上游有一个印染厂，向河中排出污水；河的下游有个养鱼者；印染厂排出的污水影响了养鱼者的生产产量，但印染厂并未因此付费。如何解决这一问题？

2. "阜阳奶粉事件"中，有网友发出"是谁杀害了13名婴儿"的诘问，矛头直指当地政府和卫生部门。试分析政府应该发挥的职能是什么？

第二章

财政支出

◆ 技能要求

(1) 能准确把握购买性支出和转移性支出的异同并能举例说明。
(2) 熟练运用社会保障支出的基本原理提出完善我国社会保障的设想。

背景资料

2020 年中国一般公共预算主要支出

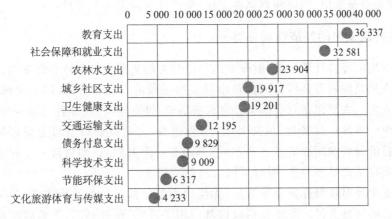

第一节 财政支出概述

一、财政支出的经济性质

财政支出与财政收入是财政分配的两个方面。一方面是安排支出;另一方面是筹集收入。财政支出通常也被称作政府支出或公共支出,是国家(政府)把筹集到的财政资金用于社会生产与生活各个方面的分配活动。从财政支出的经济性质上来看,它是由各级政府集中支配的那部分国民收入和一部分往年累积的社会财富价值,按照不同用途进行的再分配。财政及时拨付经费和进行投资,是国家履行职能的重要保证。

二、财政支出的分类

财政支出范围广,项目多,涉及多方面的分配关系。为了更有效地使用这部分资金和经费,提高财政支出的经济效益和社会效益,需要对财政支出进行科学分类。

(一)按财政支出在社会再生产中的作用分类

按财政支出在社会再生产中的作用分类,财政支出可以分为补偿性支出、消费性支出、积累性支出。

补偿性支出是用于补偿生产过程中消耗掉的生产资料方面的支出。该项支出在经济体制改革之前,曾是我国财政支出的重要构成内容。在经济体制改革后,简单再生产范围内的支出项目已基本交由企业负责,财政用于补偿性支出的项目大大削减。目前,属于补偿性支出的项目,只剩下企业挖潜改造支出一项。

消费性支出是财政用于社会共同需要方面的支出。消费性支出的项目主要包括文教科学卫生事业费、抚恤和社会救济费、行政管理费、国防费等项目支出。

积累性支出是财政直接增加社会物质财富及国家物资储备的支出,其中,主要包括基本建设支出、流动资金支出、国家物资储备支出、生产性支农支出等项目。

(二)按财政支出的经济性质分类

按财政支出的经济性质分类,财政支出可以分为购买性支出和转移性支出。

购买性支出是政府及其所属机构在市场上购买所需商品和劳务,用于完成各项职能而发生的财政支出。主要包括政府购买日常政务活动、投资建设、兴办各项事业所需商品和劳务方面的支出。各种行政管理、国防开支、工程建设、公共投资以及事业费都属于这一类。这些支出项目的目的和用途虽然各有不同,但却有一个共同点,即财政一手付出了资金,另一手相应地获得了商品和劳务,履行了国家的各项职能。

转移性支出是财政预算资金单方面、无偿地由政府部门向非政府主体,包括居民、企业和其他受益者的转移支付。主要包括政府部门用于补贴、债务利息、失业救济金、养老保险等方面的支出,这些支出的目的和用途各异,但却有一个共同点,即政府财政付出了资金,却无任何商品和劳务所得。

(三)按财政支出的具体用途分类

从我国当前财政支出的具体用途来看,主要包括以下各种支出项目。

(1)基本建设支出。这是指国家财政用于基本建设投资范围内的基本建设拨款和贷款支出。在我国,此项支出经常居于财政支出的首位。

(2)企业挖潜改造资金支出。

(3)简易建筑费支出。

（4）地质勘探费支出。

（5）科技三项费用。这是指国家财政用于新产品试制费、中间试验费、重要科学研究补助费等方面的支出。

（6）流动资金支出。

（7）国家物资储备支出。这是指财政专门为物资储备部门建立物资储备的拨款。这项支出是我国社会后备基金的主要来源。

（8）支持农业支出。

（9）工业、交通、商业等部门事业费支出。

（10）城市维护费支出。

（11）价格补贴支出。

（12）文教科学卫生事业费支出。此项支出是提高我国科学技术文化水平的重要财力保证，在我国财政各项事业费的支出中属于数额最大的一项支出。

（13）抚恤和社会福利救济费支出。

（14）国防支出。

（15）行政管理费支出。

（16）债务支出。此外，还有对外援助支出、支持不发达地区支出、专款支出、总预备费支出等项目。

（四）按国家职能分类

按国家职能分类，将财政支出分为经济建设支出、社会文教支出、行政和国防支出和其他支出等类别。以政府职能为标准划分财政支出，不仅可以比较不同历史时期的情况，也可以对不同国家的政府职能进行横向对比，这是各国常用的分类方法。

经济建设支出是指财政用于工、交、商等物质生产部门的经济活动以及建设投资等方面的各项支出，主要包括基本建设、企业挖潜改造、简易建筑费等各项固定资产投资支出、地质勘探、科技三项费用、流动资金支出和物质储备支出、发展农业支出、城市维护支出以及公交事业支出等。这一类别体现政府经济性职能方面的支出状况。

社会文教支出是指财政用于公民精神文明、医疗保健及社会保障等方面的支出，主要包括文教科学卫生等部门的事业费和社会保障方面的支出。这一类别主要体现政府社会性职能方面的支出状况。

行政和国防支出分别反映政府行政管理和国家防务方面的支出情况，这一类别主要体现政府政权性职能方面的支出状况；其他支出包括债务支出和财政补贴等。

随着我国市场经济运行体制的确立，体现经济功能的经济建设性支出，占财政支出的比重由原先的近60%降到30%多，体现政府社会职能的文教支出则显著提高，已经超过了1/4。

三、财政支出对经济的影响

按照财政支出的经济性质将财政支出分为购买性支出和转移性支出，有着较强的经济分析意义。由于购买性支出与转移性支出的经济性质不同，对经济的影响也是不一样的。比较两者各自的特点，分析其对经济的影响，可概括如下。

1. 对社会生产和国民收入分配的影响不同

购买性支出是通过支出使政府掌握的资金与微观经济主体提供的商品和劳务相交换,政府直接以商品和劳务购买者身份出现在市场上,因而对于社会的生产和就业有直接的影响,但对国民收入分配的影响是间接的。转移性支出是通过支出过程使政府所有的资金转移到接受者手中,它只是资金使用权的转移,对国民收入分配产生直接影响,个人与微观经济组织获得这笔资金以后,究竟是否用于购买商品和劳务以及购买何种商品和劳务,这已脱离了政府的控制,因此它对生产和就业的影响是间接的。

2. 对微观经济组织的预算约束不同

微观经济组织在同政府的购买性支出发生联系时,必须遵循等价交换的原则,对于向政府提供商品的微观经济组织来说,它们的收益大小取决于其销售收入同生产成本的对比关系,对于向政府提供劳务的人们来说,他们收入的高低,也只取决于市场上劳务的供求状况以及全社会的平均劳务收入水平。所以,对微观经济组织的预算约束是硬的。微观经济组织在同政府的转移支出发生联系时,并无交换发生,因而,对于可以得到政府转移性支出的微观经济组织来说,它们收入的高低,在很大程度上并不取决于其能力与主观努力的结果,而取决于其经济状况及同政府讨价还价的能力,显然,对微观经济组织的预算约束是软的。

3. 执行财政职能的侧重点不同

购买性支出和转移性支出具有不同的财政功能,购买性支出所完成的主要是直接配置资源的功能,转移性支出完成的主要是收入分配功能。购买性支出和转移性支出的结构反映着政府财政职能的侧重倾向,购买性支出比重高,意味着财政直接资源配置的功能强,政府介入经济活动的范围广、程度深,而收入再分配的功能相对薄弱,如发展中国家和实行计划经济体制的国家;反之,转移性支出比重高,意味着财政支出的收入再分配功能较强,但是政府参与直接资源配置的范围窄、程度浅,如经济发达国家和实行市场经济体制的国家。

四、财政支出的基本原则

(一)量入为出与收支结合的原则

量入为出与收支结合的原则是指在考虑支出需要和合理组织财政收入的基础上,根据收入安排支出,支出总量不能超过收入总量。

在收入规模已经确定的前提条件下,安排财政支出时必须坚持"量入为出"的原则,如果不顾财政收入规模的客观限制,只凭主观愿望一味扩大财政支出规模,勉强兴办一些还不具备财力条件的项目,其结果就会导致政府财政的收支失衡,进而有可能引发通货膨胀,干扰国民经济的正常发展。因此,必须保证财政收入在国内生产总值分配中占有一个恰当的比例,从而在合理组织财政收入的基础上,根据财政收入的多少来安排支出。

(二)统筹兼顾与全面安排原则

统筹兼顾与全面安排原则是指政府财政支出结构的安排,必须从全局出发,通盘规划,分清轻重缓急与主次先后,适当照顾各个方面的需要,妥善地分配财力,以保证政府各项职能的实现以及国民经济的协调发展。在政府财力有限的情况下,如何处理好不同财政支出项目之间的关系,合理确定财政支出的结构,是一个十分重要的问题。处理这一问题的过程,在财政支出结构的安排上,必须遵循统筹兼顾与全面安排原则,应从以下3个方面入手。

1. 安排财政支出时要做到统筹兼顾与突出重点相结合

不同时期社会发展的中心任务及遇到的矛盾有所不同,相应地,政府职能也有所侧重,将资金主要集中于政府重点职能的实现上,避免资金平均分配现象的出现。

2. 应按科学的支出顺序来安排财政资金的使用,合理安排支出结构

财政支出首先应安排并保证政府公共支出需要,政府公共支出包括社会公益性基本建设支出、各项事业维持和发展支出、社会保障支出、行政管理和国防经费等支出以及各项补贴支出等,然后视财力可能安排投资性建设支出,扩大再生产规模。

3. 提高财政支出的使用效果

安排财政支出时,应及时将一些为实现政府某些临时性职能而安排的、业已完成的支出项目剔除出去,以保证财政支出结构的合理性,提高财政支出的使用效果。

(三) 厉行节约与讲求效益的原则

节约是指人力、物力、财力和时间的节省,即最合理、最有效地使用人力、物力和财力。在现代社会,讲求节约是缓解财政收入的有限性与财政支出需要的无限性之间矛盾的有效手段。财政部门要提高财政支出的效益,节约财政资金,必须从以下几个方面入手。

1. 严把财政计划关

实践证明,计划的浪费是最大的浪费。制定合理的、符合国家实际财力情况的财政计划是节约财政开支、提高资金使用效益的前提。

2. 加强对财政资金使用单位的日常管理

加强对机构人员定编定额和财务等方面的管理,堵塞财政支出上的各种漏洞,以保证所有的财政资金真正用于政府各项职能的实现。此外,仅有财政部门自身的努力,仍不能保证厉行节约与讲求效益原则的贯彻,还需要整个社会的密切配合。

第二节　购买性支出

购买性支出是政府及其机构在市场上购买商品和劳务,用于政治、经济、军事、文化和外交活动等方面的支出。按照被购买商品和劳务的消费特征,购买性支出可以分成两大类:一类称为消费性支出;另一类称为投资性支出。

一、消费性支出

(一) 消费性支出的含义

消费性支出是指用于当期行政管理、国家防务和文教科学卫生事业等非生产建设活动的支出。

消费性支出有如下特点。

1. 属于公共性支出

消费性支出满足的是社会共同的需要,属于公共产品或公共服务的范畴,具有显著的公共性特点。因此,财政部拨款应是消费性支出的主要资金来源。

2. 属于最基本的财政支出

消费性支出主要用于解决政府部门及其所属机构的日常开支,是政府提供行政管理、国家安全、文教等基本服务的物质基础。因此,在安排财政支出时应优先考虑。

(二) 消费性支出的内容

1. 行政管理支出

行政管理支出是财政用于各级权力机关、行政机构和外事机构行使各项职能,开展政务活动的费用支出。它具体包括行政管理费、公检法经费、武装警察部队经费、对外援助支出和外交外事支出5个类别。各类行政管理支出按照费用的用途可以分成人员经费和公用经费,前者用于公务人员的工薪支付,后者用于日常政务活动。行政管理支出的基本功能是维持国家机器的正常运转,提供社会管理服务,维持社会秩序。行政管理服务是公共服务中最核心的部分,属于纯粹的公共产品,只能由财政预算提供,是纳税人为获得良好的社会秩序和公民权益必须承担的成本。

行政管理支出具有3个特征:一是属于社会共同消费的范畴,具有消耗的性质,因为其活动内容不具有生产建设意义上的经济性质。二是具有刚性。行政职能和机构是立法程序设置的,具有相对的稳定性,由此不宜随意削减和增加。三是行政支出具有公共性。其管理服务的受益面是全体公民,其维持的成本依靠全民承担的税收。行政管理支出具有非生产性,因此缩减行政管理支出是各国政府追求的目标之一。行政管理支出的规模同政府职能的大小、机构多少、公务人员的数量以及政务活动的效率相关。

2. 国防支出

国防支出是指直接用于国防方面的开支,具体有军事人员经费、武器装备和军事器材购置费、军事工程设施建筑费、军事科研与实验费、军事院校教育经费等。国防支出是政府行使政权性职能的支出,具有典型的纯公共产品的属性,是财政支出的核心内容之一。

3. 文教科学卫生事业支出

文教科学卫生支出是我国财政用于文化、教育、科学、卫生、出版、通信、广播、文物、体育、地震、海洋、计划生育等部门事业活动经费支出的总称。

文教科学卫生支出具有非生产的性质,属于社会消费的范畴。但是,文教科卫事业支出具有重要意义,例如,良好的教育作为人力资本的投资,不仅会给个人带来一定的经济利益,也会促进劳动生产率和社会文明、民主程度的提高。因此,世界各国政府在各类教育,特别是初级的义务教育中承担着相当大的供给责任,同时,对于高等教育和终身教育要求个人自己负担适当的比重和责任。而在医疗卫生领域,个人医疗保健服务具有私人产品的性质,目前世界各国普遍实行国家、企业和个人共同负担的供应模式。而各种公共卫生服务,例如,卫生防疫、职业病防治、流行病的预防等具有明显的外部效应,基本上要由政府财政承担。

二、投资性支出

（一）投资性支出的含义

投资性支出是指以政府及其所属机构作为决策者、出资者和收益者的投资。投资性支出的资金来源是通过税收和国债所筹措的财政预算资金，属于政府投资行为。投资性支出是促进一国经济增长的核心支出。投资性支出和消费性支出在性质上同属于购买性支出，但投资性支出不同于消费性支出，其区别在于投资性支出最终能形成固定资产、流动资产和国家物资储备，增加社会财富。投资性支出的这种性质使其成为社会进步、经济增长的重要推动力。

（二）投资性支出的作用

现代市场经济中，政府的投资性支出不是替代市场、取消市场或独占市场，而是致力于基础设施的投资，投资性支出的作用主要体现在以下两个方面。

1. 弥补市场资金投资不足

在公益投资、难以收费补偿的基础性投资、农业基础设施的投资、不发达地区的投资、新兴产业和高风险产业的投资、垄断行业的投资等行业和领域，由于价格、风险和经济利益的原因，导致市场资金投资不足，使国民经济的发展出现了"瓶颈"，制约了经济的增长，所以需要通过政府的投资性支出来完善社会投资的结构。

2. 调节社会投资的总量和结构

在调节社会投资总量和结构的过程中，政府对基础设施的投资是弹性最大的部分。这类投资一方面存在着乘数效应，对经济总量的拉动比较显著；另一方面因投资渠道多样化，受私人市场行为的影响比较大，因此成为政府调节宏观经济总量的一个突破口。

政府对社会投资总量和结构的调节可以分为两个层次：一个层次是直接调节，即通过调整预算投资性支出的规模、方向来实现；另一个层次是间接调节，即通过投资政策的指导、税收优惠和财政补贴等机制，引导非政府投资的规模和流向。

（三）投资性支出的领域

政府是不以营利为目的，可以按照非市场规则进行的投资建设活动，因此应该涉足于具有整体和长远利益、外部正效益、无法补偿和盈利低的建设项目。根据投资主体的地位和不同投资领域的特点，政府投资性支出的范围应主要覆盖到以下几个方面。

1. 公益性行业和项目的投资

公益性行业和项目的投资是指对文教科学卫生、行政管理、国家防务等行业和领域的基础设备设施的建设和投资。这部分投资为公共部门向社会提供公共服务和公共产品奠定了物质基础，它关系到国家的安全、社会的进步、经济的稳定和生活质量的提高。这类投资形成的物质设施具有消耗性和公益性的特点，属于纯公共产品范畴，其投资不仅无法通过产出的服务收费得到补偿，甚至建成后使用的维修保养等费用都需要财政。

2. 基础设施的投资

基础设施的投资是经济发展和居民日常生活必不可少的各种设施的建设和投资,主要包括铁路道路、机场港口等交通运输设施;道路桥梁涵管、水利灌溉疏导等公共工程设施;电信通信、供水供电公用事业设施等。这些基础设施对国民经济发展的制约性比较强,它的建设和投资一般耗资大、周期长、回收慢、风险高、营利可能性小,由私人按照市场方式分散地投资和营运,容易产生供应能力的闲置或浪费,还可能产生垄断。因此,应主要由政府投资来完成。

3. 农业领域

由于农业基础设施的投资具有典型的外部效应,并且具有周期长、风险大的特点,需要公共财政运用政府的力量聚集资金进行投资。因此,农业经济发展的各种基础设施、基础物质条件和社会条件的投资成为政府投资的重要领域。此外,受财力条件的限制,对于基础设施的投资,政府应该采取各种有效方式吸引民间资本参加,将有限的资金投向不发达地区、重点建设领域。

三、政府采购

政府采购又称统一采购或公共采购,是政府机构及其公共单位为实现政府职能,运用财政资金,依照法定方式、程序和方法,从国内外市场购买货物、工程和劳务,向社会提供公共产品和服务,以提高财政支出运用效率的经济行为。为保证政府采购能良性、健康、有序发展,各国政府先后出台了规范政府采购活动的制度,即政府采购制度。其基本内容包括政府采购政策、政府采购方式、政府采购程序和政府采购管理。

(一) 政府采购的内容

(1) 购买主体一般是政府行政机构及其所属的公共事业单位,不包括国有经营性企业的市场购买行为。

(2) 购买的资金来源是国家财政性的资金,包括预算内拨款和预算外资金。有些国家还包括官方贷款。

(3) 采购的客体对象主要是三类:货物、工程服务和劳务。在发展中国家,政府采购制度发展初期一般先以货物采购为主。在发达国家,工程和劳务采购占据重要地位。

(二) 政府采购的特征

政府采购是一个财政现象,其作为一种政府购买行为又具有市场经济的基本特征,所以它要服从公共经济和市场经济的双重要求,政府采购的特征主要如下。

1. 政府采购的目的是高效率地运用财政支出资金

政府采购所支出的资金是公共资金,即财政预算资金(包括预算外资金),来源于财政拨款和需要由财政归还的公共借款,最终来源于纳税人缴纳的税收和政府提供公共服务所收取的费用。

2. 政府采购的功能服从宏观经济和社会政策需要

这些政策体现在政府购买性支出的决策中。

3. 政府采购中买方主体具有单一性

政府机构决定了其购买规模巨大,是市场中最大的买家。据统计,很多国家政府采购金额占国内生产总值(GDP)的10%以上,美国政府的采购约占GDP的20%,日本约为10%,2015年我国政府采购的规模占GDP的2%。

4. 政府采购的方式、程序和方法具有法定性

政府采购要服从市场交换的基本要求,即等值、等价交换,公开、公正和公平竞争。通过法定方式、程序和方法实现购买的公平和公正。

(三)政府采购的原则

按照以上政府采购的本质特征,各国政府在从事采购活动时普遍贯彻下列原则。

(1) 政策性原则,即采购活动(规模数量、方向、市场)贯彻公共政策,不单纯以利益最大化的商业法则为准。

(2) 公开、透明和公平、公正的原则,公开、透明是采购活动公平、公正的保证。

(3) 规则化、制度化、程序化的法制原则。

第三节 转移性支出

一、转移性支出的含义和功能

转移性支出是指财政对居民个人和非公共企业提供的无偿资金支付,在财政科目上主要包括社会保障支出、财政补贴、国债利息支付和捐赠等支出,是政府实现公平分配的主要手段。转移性支出远离市场,可以避免对市场运行的直接干扰;转移支出发生在分配环节,可以直接发挥对低收入阶层的保障作用。因此,市场经济下的各国政府普遍通过转移性支出实现公平职能。

1. 转移性支出的方式

实践中,转移性支出可以采取两种不同的方式:一是实物支付方式;二是货币支付方式。一般情况下,各国政府主要采用货币支付方式,这是适合市场经济理念的转移支出方式。

2. 转移性支出机制的选择

在各项转移性支出中,社会保障支出和财政补贴是政府根据经济和社会政策而"主动"安排的支出,社会保障支出和财政补贴具有更强的经济政策性,是转移性支出研究的重心。从性质上分析,社会保障支出和财政补贴具有共同点。其一,两者都是政府财政资金单方面、无偿地转移;其二,社会保障支出和财政补贴改变了收入分配格局,因此具有分配的功能,可用来贯彻公平分配的目标。

可是,作为重要的转移支出项目,社会保障支出和财政补贴又存在以下区别。

(1) 经济功能的区别。社会保障支出的功能比较单一,是为了实现收入分配的职能,保障公民的基本生活消费。从收入分配功能上分析,社会保障支出更直接、更具有针对性,政策方向更容易把握和控制,因此是实现公平分配的主要机制。财政补贴在一定程度上具有实现公平效应功能,但这只是一种间接的结果。财政补贴更直接、更基本的功能在于纠正市场经济的外部效益,提高资源配置效率,增进社会福利和效用,它对资源配置的影响更大些。

(2) 同市场价格关系的区别。社会保障支出远离市场交换,同价格缺乏直接的联系。可是财政补贴则不然,它同商品相对价格运动存在密切关系。可以涉及基本生活保障,也可用于贯彻各种经济政策。例如,住房政策、教育政策、人口和计划生育政策等。或者是为了修正市场价格,比如稳定农产品物价、维持基本生活和消费品低价、保证新技术产品和环保产品等具有外部效益的产品低价经营等。因此,财政补贴同市场价格具有密切的关系,会引起补贴商品市场相对价格的改变。

二、财政补贴

财政补贴是国家为了特定的经济目的,向企业和居民个人提供的无偿补助。它实际上是将纳税人的一部分收入无偿地转移给受领者,构成税收的逆向运动,西方学者也称之为"负税收"。财政补贴属于转移性支出的一种,在支出过程中,只发生财政资金所有权和支配权向企业和个人的转移,政府并不因为支出本身而换回相应的商品和劳务。

但是财政补贴直接和间接地同市场相对价格运动相关,或者会因为价格相对变化而引起补贴,或者会由于补贴改变了市场相对价格结构。因此,财政补贴具有引导资源配置和公平分配的双重机能。

我国财政补贴的状况

根据国家预算科目的分类,我国的财政补贴主要包括三大项目。

1. 价格补贴

价格补贴是财政为了调节市场价格结构,对受影响的生产经营企业和居民个人提供的补助。其中,农副产品补贴是主导部分,约占全部补贴的80%。粮食、油料、棉花是农副产品补贴的主要项目。

2. 企业亏损补贴

企业亏损补贴是财政向由政策性因素发生亏损的国有企业提供的弥补性资助,导致亏损的政策性因素主要是所经营的产品政府定价偏低。企业亏损补贴原先分为两部分:一个是国内经营企业亏损补贴;另一个是外贸企业亏损补贴。在我国加入世界贸易组织WTO后,为适应国际贸易规则的要求,我国取消了外贸出口补贴,采用WTO允许的出口退税制度。

3. 财政贴息

财政贴息是指财政对企业和居民个人借贷规定范围和用途的银行贷款,就其支付的贷款利息提供的补助。实践中包括半补贴和全补贴,前者仅补助部分利息支出,后者承担全部利息支出。

三、社会保障支出

(一) 社会保障支出的含义

社会保障也称政府保障,或者国家保障,是政府向丧失劳动能力,失去就业机会或因其他人身风险在经济上面临生存困难的公民(或劳动者)提供的基本保障,是经济保障最重要的形式之一。现代国家一个重要的职能是向公民提供基本生活保障。而社会保障支出为社会保障的实施提供了财力保证。同企业单位、家庭个人、社会团体以及商业保险公司提供的保障相比,社会保障有以下特征。

1. 保障的社会性

社会保障是由政府组织实施的、在社会范围内推行的保障,具有普遍性、广泛性的特点。企业单位、家庭个人和商业保险机构提供的保障是分散的、局部的。

2. 保障的强制性

社会保障通过法律手段强制实施、规范执行。受益人的权利和义务根据立法规定自动发生,强行生效,不取决于个人意愿。企业单位、家庭个人和商业保险机构提供的保障是自发的、自愿的,在当事人认可条件下,根据合同协议实行。

3. 保障的选择性

社会保障的受益人是法律选定的处于特殊境遇的公民个人和家庭。如老年人、妇女、儿童、孤寡者、失业者、伤残者等。保障范围可以是法定的劳动阶层,也可以是全体公民。而非政府保障则不具有这种政策选择意图。

4. 保障的可靠性

社会保障依靠税收手段筹集保障资金,不仅能够保证资金及时到位,还可以在筹资中贯彻一定的分配政策。

5. 保障的公平性

社会保障体系具有鲜明的收入再分配性质,贯彻公平分配目标。在社会保障领域不通行市场交换准则。而其他保障方式,如企业保障和商业保险则贯彻市场交换准则。

(二)我国社会保障支出的内容

社会保障支出的目的是使社会成员老有所养、病有所医、贫有所济、困有所帮。社会保障支出的具体内容如下。

1. 社会保险

社会保险又称劳动保险,是向投保缴费的法定范围劳动者提供的社会统一管理的政府保险,社会保险是现代社会保障支出的主体和核心,目前包括养老、失业、医疗、生育和工伤5个项目。

(1) 基本养老保险

基本养老保险是向达到法定退休年龄的离退休职工,集中管理、统一支付养老金的保险,是现代养老保险体系的基本组成部分,也是社会保障的主要内容。现代养老保险体系包含3个层次,除了国家基本养老保险外,还包括企业养老保险和个人储蓄养老保险两个补充环节。

(2) 失业保险

失业保险是向破产企业职工、濒临破产企业精简的职工、企业辞退职工以及被终止或解除劳动合同的职工,支付失业救济金和医疗补助费的保险。1999年国务院颁布实施了《失业保险条例》,建立起比较规范的失业保险制度。

(3) 基本医疗保险

基本医疗保险是向城镇职工(包括离退休职工)的医疗费用提供的保险。我国的职工医疗保险制度建立于20世纪50年代初期,包括公费医疗和劳保医疗两种。

1998年国务院颁发了《关于建立城镇职工基本医疗保险制度的决定》,规定了社会统筹和个人账户相结合的社会化医疗保险改革方向。建立雇佣单位和劳动者共同缴纳医疗保险费的制度,个人缴费的全部和单位缴纳的规定比例记入个人账户,其余部分进入社会统筹基金账户。

(4) 工伤保险

工伤保险是向因工负伤、死亡或患有职业疾病的职工在医疗救治、经济补偿和职业康复方面提供资金资助的保险。保险资金由雇佣企业缴纳,根据不同行业工伤事故和职业疾病风险的高低采用"差别费率",并根据企业安全记录实行"浮动费率"。

(5) 生育保险

生育保险是向生育期间的妇女提供资金资助的保险。这是根据《中国妇女发展纲要》和《企业职工生育保险试行办法》要求在全国城镇建立的保险项目,由企业按照工资总额1%比例缴费,社会统筹管理。

小贴士

国家统计局2021年2月发布的《中华人民共和国2020年国民经济和社会发展统计公报》显示,截至2020年年末,我国参加城镇职工基本养老保险人数45 638万人,比上年末增加2 150万人。参加城乡居民基本养老保险人数54 244万人,增加978万人。参加基本医疗保险人数136 101万人,增加693万人。其中,参加职工基本医疗保险人数34 423万人,增加1 498万人;参加城乡居民基本医疗保险人数101 678万人。参加失业保险人数21 689万人,增加1 147万人。年末全国领取失业保险金人数270万人。参加工伤保险人数26 770万人,增加1 291万人,其中参加工伤保险的农民工8 934万人,增加318万人。参加生育保险人数23 546万人,增加2 129万人。截至2020年年末,全国共有805万人享受城市最低生活保障,3 621万人享受农村最低生活保障,447万人享受农村特困人员救助供养,全年临时救助1 341万人次。全年资助8 990万人参加基本医疗保险,实施直接救助7 300万人次。全年国家抚恤、补助退役军人和其他优抚对象837万人。截至2020年年末,全国共有各类提供住宿的社会服务机构4.1万个,其中养老机构3.8万个,儿童服务机构735个。社会服务床位850.9万张,其中养老服务床位823.8万张,儿童服务床位9.8万张。年末共有社区服务中心2.9万个,社区服务站39.3万个。

2. 社会救济

社会救济是政府向缺乏充足经济来源,生活面临困难的居民家庭提供的资助。同社会保险相比较,社会救济的基本特点:一是救助性,即受助人事先没有缴费义务,是纯粹的无偿性政府资助;二是"济贫性",社会救济获准受益的基本条件是国家规定的最低收入线,即通常所说的"贫困线"。社会救济主要由以下项目组成。

(1) 城乡困难户救济。

(2) 农村"五保户"救济。

(3) 灾害救济。

3. 社会福利

在我国,社会福利主体是民政福利,这是民政部门用财政预算拨款对盲、聋、哑和鳏、寡、孤、独等社会成员给予的物质帮助。主要有社会福利院（如孤儿院、敬老院、精神病院等）费用、烈属和残废军人抚恤金计划以及孤老、复员军人定期定量的补助金等项目，其中福利院费用具有明显的济贫性质。社会福利保障中，对受益人的收入水平限定不是很明显，往往具有普遍广泛的特点，是一种不充分体现公平要求的福利待遇。

第四节　财政支出的效益分析

一、财政支出效益分析的意义

所谓效益是指人们在有目的的实践活动中"所费"与"所得"的对比关系。所费越少，所得越多，则效益越高。财政支出必须讲求效益，其根本原因在于社会经济资源的有限性。财政支出过程实质上是一个资源配置过程，有限的经济资源是由社会微观经济组织支配、使用效益高，还是由政府集中支配、使用效益高，是各国政府必须考虑的问题。

二、财政支出效益分析的方法

财政支出项目繁多，不同支出项目的效益所表现的形式不同，由此产生了不同的效益分析方法。对于那些有直接经济效益的支出项目（如基本建设投资支出），采用"成本—效益"分析法来衡量；对于那些只有社会效益，且其产品不能进入市场的支出项目（如国防支出），采用"最低费用"分析法来衡量；对于那些既有社会效益，又有经济效益，但其经济效益难以直接衡量，而其产品可以全部或部分进入市场的支出项目（如交通、教育等支出），则采用"公共劳务"收费法来衡量。

（一）"成本—效益"分析法

"成本—效益"分析法是西方发达国家在20世纪40年代把私人企业中进行投资决策的财务分析法运用到财政分配领域，成为政府进行财政支出决策，从而有效地使用财政资金的重要方法。

"成本—效益"分析法的基本原理是根据国家所确定的建设目标，提出实现该目标的各种方案，对这些可供选择的方案，用一定的方法计算出各方案的全部预期成本和全部预期效益，通过计算"成本—效益"的比率，来比较不同项目或方案的效益，按照效益最大、成本最小的经济要求选择最优的支出方案，据此拨付和使用财政资金。

"成本—效益"分析法的具体运用包括以下几个步骤。

(1) 制订支出目标和建设的方案。例如，为增加某地区的电力供应，政府筹措了一笔资金，欲投资建立发电厂。该发电厂的建立可有3种备选方案：一是建立一个火力发电厂；二是建立一个水力发电厂；三是建立一个核能发电厂，究竟选择哪一个方案更合适，就要通过"成本—效益"分析法来确定。

(2) 预算申请单位须将这3种备选方案各自的预期成本和全部预期效益详细列出。

(3) 由财政部门根据这3种备选方案各自的成本效益比和净效益的大小进行比较，选择社会净效益最大或平均效益最大的方案,并据此将该方案所需资金拨付给预算申请单位。

(4) 财政部门还应该对所选择方案的实施结果进行风险评价,以确定它的投资效益。

"成本—效益"分析法对于选择最优支出方案,提高财政资金使用效益大有裨益。这种方法特别适用于财政支出中投资性支出项目的分析。

(二)"最低费用"选择法

"最低费用"选择法是指对每个备选的财政支出方案进行经济分析时,只计算备选方案的有形成本,而不用计算备选方案的无形成本和效益,并以成本最低为择优的标准。换言之,就是选择那些使用最少的费用就可以达到财政支出目的的方案。该方法主要适用于军事、政治、文化、卫生等支出项目。"最低费用"选择法起源于美国,是对"成本—效益"分析法的补充。

"最低费用"选择法的操作步骤与"成本—效益"分析法大体相同,但由于"最低费用"选择法多用于军事、行政、文化、卫生等财政支出项目,不要求计算支出的无形成本与效益,故运用起来比"成本—效益"分析法简单一些。首先,要在政府规定目标不变条件下提出多种备选方案;其次,分别计算出各个备选方案的有形费用;最后,按照优前劣后的顺序表供决策者选择。需要指出的是,许多财政支出项目都含有政治因素、社会因素等,如果只是以费用高低来决定方案的取舍,而不考虑其他因素也是不妥当的。这就需要在综合分析、全面比较的基础上,进行择优选择。

(三)"公共劳务"收费法

"公共劳务"是指政府为行使其职能而进行的各种工作,包括国防建设、行政工作、道路的建设与维护、城市供水与排水工作、住宅供应与公园的建设与维护等。在一个经济社会中,同样也要求最有效、最节约地使用财政资金。为此,人们把商品经济中的价格机制引申到对"公共劳务"的提供与使用中,以借助价格、收费的作用来提高财政支出的效益。所以,"公共劳务"收费法就是通过制定和调整"公共劳务"的价格或收费标准,来改进"公共劳务"的使用状况,使之达到提高财政支出效益的目的。

"公共劳务"收费法和"成本—效益"分析法以及"最低费用"选择法的区别在于它是通过制定合理的价格与收费标准,来达到对"公共劳务"有效地、节约地使用,而不是对财政支出备选方案的选择。

对"公共劳务"的定价,一般有免费、低价、平价和高价 4 种情况。

1. 免费和低价政策

免费和低价政策可以促进社会成员最大限度地使用这些"公共劳务",使之获得极大的社会效益。但是免费和过低的价格又会使享用者降低对该种"公共劳务"的重视,从而产生浪费、不节约使用的现象。所以,适用于免费和低价提供的"公共劳务"必须是从全局和社会的利益出发,在全国普遍使用,但居民对此尚未完全觉悟的情况,如强制进行义务教育,强制注射疫苗等。

2. 平价政策

平价政策是指可以用收取的费用弥补该项"公共劳务"的人力、物力耗费。从消费方面来说,可以促进社会成员节约使用该项"公共劳务"。从提供方面来说,政府有了进一步改进和提高"公共劳务"水平的费用。平价政策一般适用于从全社会的利益来看,无须特别鼓励使用,又不必特别加以限制使用的"公共劳务",如公路、公园、铁路、医疗等。

3. 高价政策

高价政策主要适用于从全社会来看必须限制使用的"公共劳务"。实行高价政策既可以达到有效限制使用的目的,又可以提供较多的财政收入。"公共劳务"收费法只适用于可以买卖的、适于采用定价收费方法管理的公共服务。运用"公共劳务"收费法还必须制定正确的价格政策,才能达到社会资源最佳分配的目的。

在上述3种较为流行财政支出效益分析方法中,"成本—效益"分析法更为广泛地被发达国家所采用。有的国家还把"成本—效益"分析法作为评价政府公共工程支出效果的基本方法,并通过法律把它确定下来。

◆ **技能训练题**

一、单项选择题

1. 把财政支出分为生产性支出与非生产性支出是按( )分类。
   A. 支出的用途 B. 支出的最终用途
   C. 支出的生产性质 D. 支出的使用部门
2. 购买性支出也称为( )。
   A. 转移性支出 B. 消耗性支出 C. 经济建设支出 D. 财政支出
3. 行政国防支出属于( )。
   A. 购买性支出 B. 转移性支出 C. 国家支出 D. 财政支出
4. 政府对收入在贫困线以下的居民和因自然灾害遭受损失的生活困难者提供资金与食物援助的保障制度是( )。
   A. 社会保险 B. 社会救济 C. 社会福利 D. 社会优抚
5. 现代社会保障制度的核心内容是( )。
   A. 社会福利 B. 社会保险
   C. 社会救济 D. 一部分民政福利服务

二、多项选择题

1. 财政支出按国家职能分类可分为( )。
   A. 经济建设支出 B. 社会文教支出
   C. 国防支出 D. 行政管理支出
   E. 其他支出
2. 下列支出属于经济建设支出的有( )。
   A. 基本建设支出 B. 企业挖潜改造资金支出
   C. 流动资金支出 D. 科技三项费用支出
   E. 公交事业支出
3. 就我国而言,社会保障所包括的内容主要有( )。
   A. 社会保险 B. 社会救济 C. 社会福利 D. 社会优抚
   E. 社会失业

4. 社会保险主要包括以下几个项目(   )。
   A. 老年保险   B. 医疗保险   C. 人身保险   D. 失业保险
   E. 工伤保险
5. 确切地说,政府采购包括(   )。
   A. 采购政策   B. 采购程序   C. 采购过程   D. 采购价格
   E. 采购管理

三、思考题

1. 什么是财政支出?
2. 财政支出对经济的影响是什么?
3. 投资性支出与消费性支出有什么差别?

四、实践课堂

请对"推迟退休年龄,延迟领取基本养老金"提出自己的观点和看法。

第三章

财 政 收 入

◆ 技能要求

(1) 能准确把握政府收费收入与税收的不同并能举例说明。
(2) 熟练运用财政收入的基本原理思考和提出增加我国财政收入的途径。

背景资料

2014—2020 年中央一般公共预算收入及地方一般公共预算本级收入

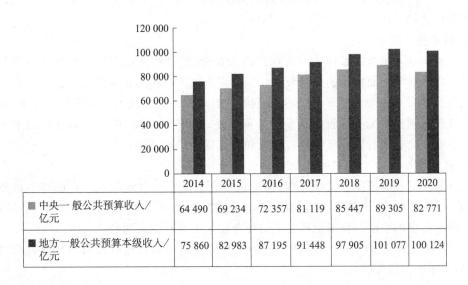

	2014	2015	2016	2017	2018	2019	2020
中央一般公共预算收入/亿元	64 490	69 234	72 357	81 119	85 447	89 305	82 771
地方一般公共预算本级收入/亿元	75 860	82 983	87 195	91 448	97 905	101 077	100 124

第一节 财政收入概述

一、财政收入的分类

从形式上来看,财政收入是国家为了维持政权机构的存在和行使职能的需要,通过一定的形式,从企事业单位和居民个人收入中筹集一部分财政资金的活动;从本质上来看,财政收入是政府参与价值形式的国民收入分配和再分配的过程。财政收入作为一种政府行为,可以从形式、构成和规模多个方面进行分析研究。为了寻求增加我国财政收入的途径和加强对财政收入的管理,有必要对财政收入进行分类。

(一) 按照财政收入的形式分类

按照财政收入的形式分类,财政收入可分为税收收入、企业收入、债务收入、其他收入和专项收入5种形式,即习惯上称呼的税、利、债、费和政府基金。其中,税、利、费和政府基金4个项目属于征集性的财政收入,是政府按照无偿性原则,通过财政法令和法规强制征缴而取得的永久性财政收入。债务收入是政府按照有偿性原则,通过借贷方式获取的财政收入。这5种财政收入的形式具有不同的经济性质。

1. 税收收入

税收收入是国家作为社会管理者,凭借政治权力,强制无偿地征集取得的财政收入。现代商品经济条件下,税收是各国财政收入的基本形式和主要来源。

(1) 税收最能体现公共财政的非市场性质,它通过法律的手段课征,超越所有权的范畴,适宜处理政府和非政府主体之间的收入分配关系。

(2) 税收的性质决定了它具有征收面广泛、收入及时的优点,是最合适的财政筹资工具。

(3) 税收对市场经济具有广泛的影响,是财政调控宏观经济的有力手段。

目前,在我国财政收入中税收收入占到国家预算内收入总量的90%以上,成为财政收入最主要的形式和来源。

2. 国有资产收入

国有资产收入是指国家作为国有资产的所有者,凭借经济权力和资产所有权参与国有企业经营收入的分配而取得的财政收入。国有资产收入也称为企业收入。由于国有企业产权形式和经营方式的重大变革,源于实现利润的财政收入也表现为两大形式。其中,除了不区分企业所有制性质统一征收的企业所得税以外,具有产权性的收入在具体形态上也更加丰富。目前主要有国有资产经营收益收入和国有资产产权转让收入。

3. 债务收入

债务收入是政府按照有偿性原则,通过借贷方式获取的财政收入。它的基本特征是偿还性、临时性,政府将承担借贷本金的偿还和利息的支付,债务收入是平衡一般预算的项目,是弥补财政赤字的手段。我国预算含义的债务收入主要有以下两种。

(1) 各级政府从境内向公民个人、企业单位、金融机构以及地方政府借贷取得的财政收入,一般称作国内债务收入。

(2) 各级政府从境外向外国政府、国际金融组织、国际金融市场及各种融资渠道取得的财政收入,一般称作国外债务收入。

4. 其他收入

其他收入是指除税收收入、国有资产收益和专项收入项目以外的收入。随着财政收入制度的变化,其他收入所包含的具体种类也有所改变。其主要项目如下。

(1) 事业收入

事业收入是指中央和地方各个职能部门所属的事业单位向政府所缴纳的财政收入。这一收入来源于政府允许的事业活动收费。

（2）规费收入

规费收入是国家机关向居民和团体提供特殊服务或进行管理时所收取的工本费和手续费，如工商企业登记费、商标注册费、公证费、户口证书费、结婚证书费、商品检验费、护照费等。规费是特定行政服务的收费，收取规费是国际惯例，具有合理性。

（3）国有资源管理收入

国有资源管理收入是国家向获准开采和利用国有资源的经济主体征收的资源管理费用，如矿产管理费、沙石管理费等。它具有特许金的性质，属于国家特权性收入。

（4）罚没收入

罚没收入是公安、司法、海关、工商行政管理和税务等部门，向违章、违法者施行经济处罚时取得的财政收入，它包括罚款收入和没收品变价收入。

5. 专项收入

专项收入是指具有特定来源，按照特定目的建立，并规定有专门用途的收入。主要包括经常性专项收入和建设性专项收入。经常性专项收入包括教育费附加收入、交通运输提价收入等。建设性专项收入包括改烧油为烧煤专项收入、下放港口以港养港收入、铁道专项收入、电力建设资金专项收入、征收排污费收入、征收城市水资源费收入、天然气开发基金收入、石油"平转高"差价收入和其他专项基金收入等。

（二）按财政收入的管理方式分类

按财政收入的管理方式分类，财政收入可分为预算内财政收入和预算外财政收入。

预算内收入习惯上也称国家预算收入，它是各级政府及其财政职能部门按照法定的程序和统一的计划，集中组织安排的财政收入。国家预算内收入是我国财政收入的主体部分，集中体现政府的公共经济政策，从而成为最规范、最集中的财政收入。

预算外收入是指由地方政府、职能部门及其所属的行政事业单位等公共部门，按照财政和财务规章制度，分散收支、自主管理的非集中性的财政收入，实践中主要表现为各行业公共部门依照行政规章收取的各类政府基金和行政事业费用。预算外收入实行分别征集、分散管理。随着财政收入体制的变化，预算外收入及其管理将与政府收费制度一起实行综合治理。

这样分类有助于分析研究预算内和预算外财政资金的比例关系，了解财政收入管理和使用中存在的问题，据以采取有针对性的改革措施。

二、财政收入的规模和结构分析

（一）制约财政收入规模的因素

对财政收入规模的分析是从资金筹集的角度考察政府对有限资源的配置程度，它在一定意义上代表着国家调控经济的能力。财政收入的规模涉及企业、单位和个人的财政负担、国家职能的实现、收支关系的处理等一系列问题，中华人民共和国成立以来一直受到党和国家的高度重视。

财政收入规模是指财政收入的总水平，衡量财政收入规模可以用绝对数，如财政收入总额来表示;也可以用相对数,如财政收入占国民生产总值GNP或国民收入的比重来表示,目前国际上衡量和比较财政收入规模大小的基本指标是财政收入占国内生产总值GDP比重。通过这些指标,可以判断社会总资源和财力中由政府占有的资源和财力的数量规模。目前我国财政收入规模如表3-1所示。

表3-1　2020年中央一般公共预算收入预算表

单位:亿元

项　目	2019年执行数	2020年预算数	预算数为上年执行数的百分比/%
一、税收收入	81 017.78	79 770.00	98.5
国内增值税	31 161.01	28 700.00	92.1
国内消费税	12 561.52	12 520.00	99.7
进口货物增值税、消费税	15 812.30	13 310.00	84.2
进口货物增值税	15 123.45	12 660.00	83.7
进口消费品消费税	688.85	650.00	94.4
出口货物退增值税、消费税	−16 503.20	−12 140.00	73.6
出口货物退增值税	−16 480.77	−12 123.00	73.6
出口消费品退消费税	−22.43	−17.00	75.8
企业所得税	23 786.00	23 665.00	99.5
个人所得税	6 234.14	6 350.00	101.9
资源税	53.12	55.00	103.5
城市维护建设税	206.13	190.00	92.2
印花税	1 229.38	1 300.00	105.7
其中:证券交易印花税	1 229.38	1 300.00	105.7
船舶吨税	50.26	50.00	99.5
车辆购置税	3 498.23	3 020.00	86.3
关税	2 889.11	2 750.00	95.2
其他税收收入	39.78		
二、非税收入	8 287.63	3 000.00	36.2
专项收入	284.64	280.00	98.4
行政事业性收费收入	403.41	400.00	99.2
罚没收入	132.21	132.00	99.8
国有资本经营收入	6 659.03	1 438.00	21.6
国有资源(资产)有偿使用收入	716.92	660.00	92.1
其他收入	91.42	90.00	98.4
中央一般公共预算收入	89 305.41	82 770.00	92.7
中央财政调入资金	3 194.00	8 880.00	278.0
从预算稳定调节基金调入	2 800.00	5 300.00	189.3
从政府性基金预算调入	4.23	3 002.50	70 981.1
从国有资本经营预算调入	389.77	577.50	148.2
支出大于收入的差额	18 300.00	27 800.00	151.9

注:1. 中央一般公共预算支出大于收入的差额＝支出总量(中央一般公共预算支出＋补充中央预算稳定调节基金)－收入总量(中央一般公共预算收入＋中央财政调入资金)。

2. 2020年从中央预算稳定调节基金调入的5 300亿元中包括决算整理期内预计新增补充的部分资金。

财政收入规模的大小、财政收入增长速度的快慢不是以政府的意愿来转移的,它要受各种政治、经济条件的制约和影响,这些条件包括经济发展水平、生产技术水平、收入分配体制等。

1. 经济发展的规模和水平对财政收入起着制约作用

社会经济规模越大、增长速度越快,可供财政配置的国民收入就越多,财政收入发挥作用的余地也就越大。在各种制约财政收支的因素中,除了经济发展水平以外,最重要的是经济运行的效率。

同样的经济规模,若投入产出率较高、净效益较大,政府的财源就充裕。提高生产经营的投入产出率,通过制度调整、资本投入和科技发展3个方面来实现。

2. 生产技术水平是影响财政收入规模的重要因素

生产技术水平是内涵于经济发展水平之中的,较高的经济发展水平往往是以较高的生产技术水平为支柱。所以,对生产技术水平制约财政收入规模的分析,事实上是对经济发展水平制约财政收入规模研究的深化。

提高生产技术水平,加快技术进步的步伐,必然降低各种物耗,加大剩余产品价值的比例,从而扩大财源,增加财政收入的规模。所以,随着经济的发展和生产技术水平的提高,各国财政收入的绝对规模和相对规模都在不断扩大。

3. 一国的分配政策和分配制度等因素

当经济发展的规模和效率一定时,财政收入的规模取决于分配政策和分配制度。一国的分配政策和分配制度,由于经济体制的不同和政府职能的定位而存在差别。此外,也同特定时期一国的政治、经济、军事和社会状况相关,不可一概而论。在西方国家,随着政府介入市场程度的加深,其配置的资源和财政收入量呈现上升趋势。

(二)财政收入结构分析

对财政收入结构的分析可以从经济主体、所有制、行业部门和地区等不同角度进行。随着体制转轨和国民所得分布格局的改变,我国财政收入来源的主体结构、所有制结构、部门结构等都发生了重大的变化。

1. 财政收入的主体结构

所谓主体结构主要是指收入来源的个人和企业单位的构成状况。长期以来,我国的财政收入主要来自经营性的单位即企业的缴纳,居民个人承担的收入份额相当有限。这是同传统经济体制下个人收入分配的状况相适应的。那时我国的个人收入形式单一、收入总体水平偏低;个人收入差距不大;工资作为劳动者个人收入的基本形式,受国家指令性计划的严格控制。这些特征基本上限制了政府向个人征集财政收入的必要性和可能性。随着市场经济体系的形成,无论是从财力分布状况上考虑,还是从公平分配等财政职能的要求出发,我国都需要调整这一格局,合理开拓适合个人的财政收入渠道,拓展个人国债市场,加大居民个人所承担的财政收入的比重,逐渐改变财政收入主要依赖企业的主体结构状况。这一转变的理由主要有以下两点。

(1)在成熟的市场经济国家,居民个人是财政收入的主要负担者。为了激励企业进行投资和经营,一般不主张以企业实体为财政收入的主要征集对象。

(2) 我国居民个人所得的分布状态已经发生了根本性的变化。个人的收入形式和渠道增加,收入总体水平上升,收入的差距在加大,个人收入形成的机制基本市场化。目前民间持有的资金量巨大,为政府加大对高收入群体财政征收的力度提供了经济条件。同时,市场运行中收入分配不公平等缺陷充分显露,需要财政收入制度加以缓和与调整。增强对个人收入,尤其是高收入群体的税收征管,既有利于提高财政收入,又有利于体现财政的公平分配的职能。

可见,改变财政收入主体结构已成为建立适应市场经济体系的财政收入制度的重要内容,也成为进一步提高财政收入量的潜力所在。

2. 财政收入的所有制结构

我国的财政收入主要来源于公有制经济,其中,全民所有制国有企业提供的财政收入占据绝对的优势。这一状况随着经济结构的转变而发生了根本的变化:一方面国有经济提供的财政收入比重逐步地降低,这种降低发生在体现所有权权益的国有企业上缴利润的减少;另一方面伴随经济形式的多元化和非公有制经济的增长,由非公有制经济主体缴纳的财政收入份额有了大幅度地上升。

可以预料,随着市场经济体系的完善,民营经济成分的壮大,各种经济形式财政负担量的公平和均衡,我国财政收入的所有制结构将会进一步改善。

3. 财政收入的部门结构

受国民经济各部门的发展规模、增长速度和经济效益差别的影响,也由于政府分配政策和市场价格方面的原因,我国不同部门在财政收入中的地位不尽相同。

(1) 第一产业——农业。农业作为国民经济的基础,一直被认为是财政收入的基础。因为农业不仅为其他行业创造财政收入提供了基础条件,本身还负担着一定的财政收入。我国农业部门提供的财政收入有两个渠道。

第一是直接的渠道,即从事农业生产经营的集体或个体农民向国家缴纳农业税、费。

第二是间接的渠道,主要是指由于城乡商品交换中不公平的价格的作用(历史上称为价格"剪刀差"),农民创造的收入被转移到加工、运输、营销初级农产品的工商部门,转换为这些行业的利润,迂回曲折地形成了财政收入。随着农产品价格的提高,这种间接性的财政收入也在相应减少。

(2) 第二产业——工业和建筑业。工业是国民经济的主导,它是我国财政收入的主要来源。随着产业结构的调整,工业对财政收入的垄断地位已被打破,所占比重虽有所下降,但仍占40%左右,是财政收入的龙头。因此,加快企业改革,特别是国有大中型企业的改革,提高效益,减少亏损,仍是我国财政收入增长的关键。随着人民生活水平的提高和住房制度改革的不断深入,建筑业也将成为我国财政收入的重要源泉。

(3) 第三产业——除农业、工业和建筑业以外的其他部门。目前,我国源于第三产业的财政收入比重稳步上升,已经超过了50%。这一状况在沿海经济发达地区特别突出,部分经济发达地区的财政收入部门结构已呈现出中等发达国家的特征,即第三产业占国内生产总值 GDP 比重超过60%,提供的财政收入占全部财政收入的50%以上。随着我国产业结构的完善,这种趋势还会进一步增强,它表明我国的产业结构和财政收入行业结构正朝着合理的方向变化。

小贴士

据国家统计局网站消息,2020年全年国内生产总值为 1 015 986 亿元,按可比价格计算,比上年增长 2.3%。分季度看,一季度同比下降 6.8%,二季度增长 3.2%,三季度增长 4.9%,四季度增长 6.5%。分产业看,第一产业增加值 77 754 亿元,比上年增长 3.0%;第二产业增加值 384 255 亿元,增长 2.6%;第三产业增加值 553 977 亿元,增长 2.1%。

资料来源:佚名. 2020 年我国 GDP 突破 100 万元[EB/OL]. [2021-01-18]. http://m.gxfin.com/article/finance/default/default/2021-01-18/5478864.html.

三、组织财政收入的原则

国民经济各产业部门创造和实现的国民收入分散在各企业、部门和单位,要想把其中的一部分国民收入由财政集中起来纳入国库,就需要依据财政体制、国家税法的规定,采取具体措施组织收入。组织财政收入的过程实质上是财政参与国民收入分配再分配的过程。直接涉及国家与各部门、企业、单位和个人的物质利益关系。因此,为了正确体现国家的分配政策,处理好分配关系,应该遵守一定的原则。

1. 利益兼顾原则

筹集财政收入应兼顾和处理好国家与各方面的物质利益关系。这种关系处理得当,有利于国民经济和各项事业的发展以及社会的安定;如果处理不当,则会阻碍和限制国民经济和各项事业的发展,不利于社会安定。所以在组织财政收入的过程中,必须贯彻兼顾国家、企业、行政、事业单位和城乡居民各方面物质利益的原则。

2. 增产节约,开辟财源原则

从发展经济中寻求财源、增加收入是一条重要原则。只有经济发展,才能增加财政收入。因此,在制定财政收入政策、设置税种和确定税率时都应着眼于促进经济的发展,不能贪图一时增收而采取打击生产经营者生产积极性的办法。增产与节约应并重,通过增产和节约,降低物化劳动与活劳动的耗费,增加企业的纯收入,进而增加国家的财政收入。

3. 正确处理筹集收入和发挥经济杠杆功能原则

财政诸范畴,如税收、公债、补贴等各具独特的经济杠杆功能,它们在生产、分配、交换、消费等各个领域内发挥重要的作用。国家在制订收入计划、决定财政收入政策、筹集收入时,不应只单纯考虑在短期内如何增收,而应充分发挥财政诸范畴的经济杠杆作用,搞活微观经济,加强宏观经济调控,促进经济持续、快速、健康发展,为增加财政收入提供更稳固的来源。

4. 区别对待,合理(公平)负担原则

区别对待主要表现在:一是各地区政治(如实行民族自治地区、革命老根据地等)、经济情况(经济发达或落后、资源贫富程度、交通条件差异等)不同,应实行不同的收入政策,采取不同的征收比例;二是贯彻国家有关政策,对不同的产业实行不同的税收征收管理制度,采取不同的税收征收比例,以扶持或限制某些产业的发展。

合理(公平)负担是国家在财政上处理同纳税人(法人、自然人)关系的重要原则。它的宗旨是量力负担,即根据不同的收入实行不同的税收负担比率。无论法人、自然人,收入多的多缴税,收入少的少缴税和不缴税。

第二节 政府收费收入

一、政府收费的含义与类别

政府收费是指由政府为某项特定公共服务或授予某项特权而制定的、用于补偿全部或部分供应成本的价格。政府收费属于公共定价的范畴。公共定价是相对于市场定价而言,是指由公共部门而不是市场力量(厂商)确定的价格。

与税收、公债一样,政府收费也是世界各国普遍采取的财政融资方式,在发达国家中,政府收费占地方财政收入来源的10%~20%,发展中国家约为1/3。因此,政府收费是地方财政收入的一个重要来源。

政府收费可以分为使用费、证照费和特定估价三类。使用费是政府对特定公共服务或公用设施的使用者收取的费用,又称用户费;证照费是当事人为取得从事某项活动的特权而支付的执照费(有些国家征收执照税),又称为规费;特定估价指针对某项特定服务的提供导致某项私人财产(不动产)增值,政府以该项财产的自然特征(如财产面积、地理位置、长度等)为基础收取的费用(有些国家征收财产税)。在以上三类政府收费中,最重要的是使用费,一般占全部公共收费一半以上,有些国家甚至超过80%。在使用费中,各国收费项目和范围不尽相同,常见的有对高速公路、桥梁、医疗、教育、供水、供电、住房、邮政、电话、公共交通、天然气以及公园等娱乐设施使用的收费。

二、政府收费与税收

政府既可以通过税收也可以(同时)通过公共收费融资,但两者的适用范围是不同的。对于那些具有广泛的外部效应(如基础教育和医疗免疫)、效用不可分割(如警察和消防)的公共服务,或者那些被社会成员普遍认为具有公民权利性质,因而当作一般社会事务看待的公共服务(如提供福利、为贫困者提供住房),通常用一般性税收(以纳税能力为基础的税收)来资助较为适宜。

另外,有些公共服务由于本身的性质只能供成员有限的小群体直接使用,由此形成的特定受益者具有可测度性,更适合于通过公共收费来资助。例如,一个使用和没有使用公路的人可以通过道路收费站轻而易举地区别开来;管道煤气和自来水的使用量,可以通过煤气表和自来水表予以相当精确的计量。在这样的情况下,使用一般性税收融资是不合适的,因为这意味着一部分人(一般纳税人)为另一部分"不相干的人"(具体受益者)的消费付款。这表明政府收费的受益与支付之间存在直接联系,而一般性税收没有这种直接联系。

在某些情况下,税收与政府收费的界限并不是那么分明的。有些公共服务或设施,如高速公路、教育、灌溉等,既可以通过一般性税收筹资和拨款来维持,也可以通过政府收费来维持,或者采取两者结合的方式。对于同一项公共服务的使用,有些国家可能采用政府收费,有些国家则采用"受益税",例如,对公路的使用,中国和一些国家通过收费处理,但日本和其他一些国家则纳入受益税(道路税)中。

三、对政府收费的评价

当公共服务、设施或特定权利的大部分利益归于可辨认的直接使用者,并且这些使用者的需求显示出一定的价格弹性时,从促进经济效率的角度讲,政府收费是最适宜的。此外,政府收费还有其他几个突出特点。

1. 政府收费有助于促使非居民付费

许多地方税采用属人管辖原则,从而排除对非居民的征税(因为这会导致非公平的税负输出)。但在非居民使用本辖区的公共服务或设施的情况下,受益者负担的原则要求非居民同样为之付费,政府收费正好满足了这一要求。政府收费是促使这些非居民为其分享的受益付费的一种良好的方式。

2. 政府收费有助于激励政府提供优质服务

让直接使用者为其所受益的公共服务或设施付费,能够充分体现公共政策领域中受益公平原则(相对于一般性税收的能力公平原则),由此激励地方政府提供更多的付费者所希望的优质服务。

3. 政府收费有助于提供稳定的收入

用户对于公共服务项目的需求变化很小,设计恰当的公共收费有利于促进公共收入的稳定。所以,公共收费比税收收入要稳定得多。

第三节 国有资产收入

一、国有资产的概念与分类

从资产归属角度界定国有资产指的是属于国家所有的全部财产以及各种自然资源财富。从管理范围(或内容)界定国有资产是指国家或依据法律,或基于权力行使,或由于预算内或预算外支出,或由于接受馈赠,或由于资产收益,取得应属于国有的财产。

按照市场经济的理论,"资产"与"财产"在含义上是有区别的。一般来讲只有作为生产要素投入生产经营活动的财产才叫"资产",它一般具有增值的要求,而其他财产则不具有这种要求;"财产"是一个含义更为广泛的概念,财产可以是经营性的,也可以是非经营性的。

国有资产按不同的标准分类,有以下几种。

(一)按经济用途分类

按经济用途分类,国有资产可分为经营性国有资产和非经营性国有资产。经营性国有资产是指各类企业经营使用的和按企业要求经营使用的国有资产。非经营性国有资产是指用于事业、行政、公益服务而不直接参与生产、流通的国有资产。

（二）按资产存在形态分类

按资产存在形态分类，国有资产可分为有形资产和无形资产。

（1）有形资产是指具有价值形态和实物形态的资产，它包括固定资产、流动资产、资源性资产。

（2）无形资产是指不具备实物形态，却能在一定时期里提供收益的资产，它包括知识产权、工业产权、金融性产权。

（三）按行政隶属关系分类

按行政隶属关系分类，国有资产可分为中央政府管理的资产和地方政府管理的资产。

（四）按所处的地理位置分类

按所处的地理位置分类，国有资产可分为境内国有资产和境外国有资产。

二、国有资产收入

国有资产收入是指国家作为国有资产的所有者，凭借经济权力和资产所有权参与国有企业经营收入的分配而取得的财政收入。即经营和使用国有资产的企业、事业单位和个人把其收入的一部分交给资产所有者——国家，国有资产收入既包括经营性国有资产收益（国有资产收益），也包括非经营性国有资产的使用所带来的收入。

（一）国有资产经营收益收入

国有资产经营收益收入是指政府作为资产所有人有权以投资者的身份参与企业实现利润的分配，是国有资产收入的主要组成部分。其具体形式分成3种。

1. 上缴利润

这是对直接（或中介）经营或承包经营的国有独资企业采取的分配形式，具体内容有上缴利润递增包干、上缴利润基数包干，超收分成、上缴利润定额包干。

2. 租金

这是对实行租赁经营的国有资产和国有企业采取的分配形式。

3. 股息红利

这是对国有资本控股、参股的企业，按股东权利参与企业经营利润分配的形式。股利分为股息和红利两部分：股息是股份资产的利息，红利是股票持有者参与股份公司管理而分得的利润。

（二）国有资产产权转让收入

这包括两种情况：一是国有资产通过出售、拍卖、兼并等方式进行产权转让获得的财政收入，这实际上是国有资本变现性的财政收入；二是国有资产和国有资源使用权转让取得的财政收入。例如，国有土地使用权转让收益、资源开发利用权转让（拍卖）收益和山林、草场、河流开发权特许收益、矿藏资源开采权转让收益等。随着国有资源有偿使用制度的形成，这种收入形式也将增加。国有资产收入的多少,一方面反映国有资产运营效益的好坏,反映国有资产保值和增值的情况,因为任何一项国有资产管理指标的高低都会从收益上面得到体现。另一方面关系到为国有资产的恢复、改造、更新提供资金的多少。特别是国有资产收入的再投资,关系到国有资产扩大再生产提供资金和物质条件的问题,同时也关系到当年财政收入和今后财政收入能否稳定增长的问题。

三、国有资产管理的目标

国有资产管理的目标首先是维护国家所有者的权益,保障国有资产的保值和增值,增加财政收入;其次是提高国有经济的整体质量,充分发挥国有经济的主导作用,促进整个国民经济健康发展。要实现国有资产管理的双重目标,就必须通过国有资产的资本化、市场化来实现。积极推动国有资产资本化、市场化,对于提高国有资产的整体质量,调整国有资本的战略结构,发挥国有资本对其他资本的引导作用,从而提高国有资产收益能力具有重要意义。国有资产资本化、市场化的实现方式如下。

1. 整体出售变现

整体出售变现适用于经营不佳的国有中小企业。具体操作方法是通过资产评估确定国有资本的出售底价,然后在公平的条件下实行公开竞争招标的办法,较准确地找到国有资本出售价格,所得资金除用于职工养老、安置等问题外,全部投入地方公益性事业和基础设施方面的企业。该方式的特点是国有资本出售后,企业的经营管理层被大幅度调整,引入新的经营管理方式,转换了企业机制。同时,国有资本的重新投入又加强了基础设施等部门的建设,优化了国民经济结构。

2. 股份制改造

股份制改造适用于国有资本应逐步退出的大型企业。具体操作方法是根据国有资本控股、参股的需要,由资本经营公司作为发起人对它进行股份制改造,通过发行股票或者直接引入外资,使原先国有独资的产权结构改变为控股乃至参股的产权结构。该方式的特点是通过股份制改造,引入新的投资者,实现投资主体多元化,调整企业资本结构,同时引入新的经营机制和管理人才,改善企业内部治理结构,优化企业资产结构(包括企业人力资产与物质资产结构)。

3. 企业购并

企业购并适用于具有优势的上市公司购并非上市企业;非上市的优势企业购并上市公司;上市公司之间的购并;将中资企业到国外(境外)注册、上市、融资后再来购并国内企业;外资购并国有企业;国有企业进入国外资本市场,到国外收购和兼并企业。

兼并是指两个或两个以上的公司通过法定方式重组,重组后只有一个公司继续保留其合法地位,即 A+B=A。兼并又可以分为横向兼并、纵向兼并和扩大市场兼并等。联合是指两个或两个以上的公司通过法定方式重组,重组后原有的公司都不再继续保留其合法地位,而是组成一个新公司,即 A+B=C。

收购是指一家公司在证券市场上用现金、债券或股票购买另一家公司的股票或资产,以获得对该公司的控制权,该公司的法人地位并不消失。收购有两种:资产收购和股权收购。股权收购又可分为参股收购、控股收购和全面收购 3 种情况。

企业购并方式的实质是一种产权转让或交易行为,也是一种资本经营形式,其结果是企业所有权和由此引起的企业控制支配权的转移。

4. 托管

托管适用于优势企业对效益差的国企托管。具体操作方法是在目标企业的产权不变的情况下,优势企业获得对目标企业资源的实际控制权。优势企业输出的主要是管理、技术、营销渠道、品牌等"软件",降低了优势企业的扩展成本。托管方式对被托管方来说,可以减少由抵触情绪和剧烈变动引起的摩擦。

5. 股权与债权互换

在对某些国有企业进行股份制改造的同时,还可考虑国有股权和债权互换,由非国有资本取代国有资本获得对企业的控制权。该方式的特点是原先的国有股权转化为国有债权,由相应的国家政策性银行来负责这些国有资本的保值和增值。

6. 国家股权转让或增购

国家股权转让或增购既可以通过场外协议的形式进行,也可以通过股票交易市场进行。国有股权的转让是指国有股持股单位或股东为了降低或放弃对某一股份公司的国有股比例,将所持有的部分或全部国有股份按一定的价格出让给他人。国有股权的增购是指国有股持股单位或股东为了增加对某一股份公司的持股比例,收购该股份公司的股份,以实现国家对该股份公司的绝对或相对控制权。

◆ 技能训练题

一、单项选择题

1. 政府从事财政收入活动的首要目的是(　　)。
   A. 获取财政资金　　　　　　B. 进行收入再分配
   C. 改善资源配置　　　　　　D. 稳定经济

2. 从公共产品的特点来看,政府为提供公共产品而进行筹资的最佳财政收入手段是(　　)。
   A. 政府债务　　B. 国家税收　　C. 企业利润　　D. 政府收费

3. 国家对国有企业实现利润征收所得税是凭借(　　)。
   A. 社会行政管理权利　　　　B. 所有权
   C. 法人财产权　　　　　　　D. 经营权

4. 垄断性经营的国有企业,其产品的价格通常是由(　　)来制订的。
   A. 政府　　　　B. 企业　　　　C. 市场　　　　D. 消费者

5. 罚款是政府的一种(　　)收费。
   A. 专项筹集性　　B. 事业服务性　　C. 行政管理性　　D. 行为特许性

二、多项选择题

1. 财政收入按形式分类可分为(　　)等主要形式。
   A. 税收收入　　　　　　　　B. 债务收入
   C. 国有经济收入　　　　　　D. 一般经济收入
   E. 政府收费收入

2. 财政收入结构分析包括了财政收入的(　　)等方面的内容。
   A. 所有制构成　　　　　　　B. 价值构成

C. 产业部门构成 D. 政府部门构成

E. 社会成员构成

3. 影响财政收入规模的因素有（　　）。

A. 经济发展水平 B. 基本社会经济制度的选择

C. 价格 D. 分配制度

E. 生产技术水平

4. 政府收费作为一种特殊的财政收入，其作用是（　　）。

A. 进行特殊管理 B. 筹集财政收入

C. 抑制准公共物品的过度消费 D. 增进社会福利

E. 提高服务效率

5. 政府来自国有资产的收入形式主要有（　　）。

A. 上缴利润 B. 股息红利

C. 承包费 D. 租赁费

E. 折旧费

三、思考题

1. 怎样将财政收入按管理方式分类？
2. 组织财政收入的原则是什么？
3. 国债的功能都有哪些？

四、实践课堂

请上网搜集数据并思考：中国财政收入占GDP的比重和发达国家以及其他发展中国家相比孰高孰低？

第四章

国 债

◆ 技能要求

(1) 能对我国国债的功能、运行及管理有正确认识。
(2) 运用所学知识对国债市场的有关现象进行分析。

背景资料

2019—2020 年中央财政国债余额情况如表 4-1 所示。

表 4-1 2019—2020 年中央财政国债余额情况表

单位:亿元

项 目	预算数	执行数
一、2018 年末国债余额实际数		149 607.41
内债余额		148 208.62
外债余额		1 398.79
二、2019 年末国债余额限额	175 208.35	
三、2019 年国债发行额		42 737.18
内债发行额		41 834.71
外债发行额		902.47
四、2019 年国债还本额		24 329.68
内债还本额		24 011.20
外债还本额		318.48
五、2019 年末国债余额实际数		168 038.04
内债余额		166 032.13
外债余额		2 005.91
六、2019 年执行中削减中央财政赤字		
七、2020 年中央财政赤字	27 800.00	

续表

项　　目	预算数	执行数
八、发行抗疫特别国债	10 000.00	
九、2020 年末国债余额限额	213 008.35	

注：1. 本表国债余额包括国债、国际金融组织和外国政府贷款。除此之外，还有一部分需要政府偿还的债务，主要是偿付金融机构债务，以及部分政府部门及所属单位举借的债务等，这部分债务在规范管理后纳入国债余额。

2. 本表 2018 年末外债余额实际数按照国家外汇局公布的 2018 年 12 月外汇折算率计算，2019 年末外债余额实际数按照国家外汇局公布的 2019 年 12 月外汇折算率计算，2019 年外债发行额和外债还本额按照当期汇率计算。2019 年国际金融组织和外国政府贷款发生额为预算下达数。

3. 受外币汇率变动，以及国际金融组织和外国政府贷款项目实际提款数与预算下达数存在差异等影响，2019 年末外债余额实际数≠2018 年末外债余额实际数＋2019 年外债发行额－2019 年外债还本额。

4. 中央财政国债余额与国债余额限额存在一定差异，主要原因是：2006 年以来按照国债余额管理规定，根据库款和市场变化情况等，适当调减了国债发行规模，有利于降低国债筹资成本，促进国债市场平稳运行，今后将根据库款和市场情况补发以前年度少发的国债。

5. 2019 年中央财政发行内债 41 834.71 亿元，其中储蓄国债 3 998.24 亿元，平均发行期限 3.97 年；记账式国债 37 836.47 亿元，平均发行期限 7.62 年。2019 年内债还本 24 011.2 亿元，内债付息 4 519.03 亿元。2019 年中央财政发行外债 902.47 亿元，其中主权债券 894.31 亿元，平均发行期限 7.65 年。2019 年外债还本 318.48 亿元，外债付息 48.56 亿元。

6. 外债还本付息金额中包括当年对统借自还项目实施减免的支出。

（资料来源：全球经济数据 www.qqjjsj.com. 发布日期：2020 年 06 月 17 日）

第一节　国债概述

一、国债的概念及形式特征

（一）国债的概念

国债也称公债，是政府以其信用为基础，通过借款或发行有价证券，向国内外筹集财政资金所形成的债权债务关系。国债的债务人是国家（政府），一般由中央财政承担还本付息的责任。

西方市场经济国家将中央政府的负债或债务称为中央债或国债，而地方政府的负债或债务称为地方债或公债。国债属于公债的一种，其概念并不完全等同于公债。

与西方市场经济国家不同，我国还没有实行中央预算和地方预算分立的体制，国家预算包括中央预算和地方预算，地方政府不能独立发行债券，国债收支统一列入国家预算。所以，在我国，公债和国债往往视为同一概念。

从趋势看，随着财政体制改革，中央和地方建立分级的财政独立预算体制，中央政府和地方政府依照法律独立发行债券是可能的。到那时，我国政府债务包括国家债务和地方债务，国债和公债的区别就明显了。

（二）国债的形式特征

1. 自愿性

自愿性是指国债的发行或认购建立在认购者自愿承购的基础上。认购者买与不买，或购买多少,完全由认购者视其个人或单位情况自主决定。这一形式特征使国债与其他财政收入形式明显区别开来。例如,税收的课征以政府的政治权力为依托,政府课税就要以国家法律、法令的形式加以规定,并依法强制课征,任何个人或单位都必须依法纳税,否则就要受到法律的制裁,因而税收的形式特征之一就是它的强制性。

国有企业部分利润的上缴是以国家的资产所有权为依托的,因为国家是生产资料的所有者,自然可以占有国有企业的利润。任何国有企业都有义务依照有关规定按时、足额地上缴部分利润,因而国有企业上缴利润的形式也可说具有"半强制性"的特征。国债的发行则是以政府的信用为依托,政府发行国债就要以借贷双方自愿互利为基础,按一定条件与国债认购者结成债权债务关系。任何个人或单位由于都具有各自独立的经济利益,政府不可能也不应该强制他们认购国债,而只能由其自主决定买与不买或购买多少。

2. 有偿性

有偿性是指通过发行国债筹集的财政资金,政府必须作为债务而按期偿还。除此之外,还要按事先规定的条件向认购者支付一定数额的利息。相比之下,通过课征税收取得的财政资金,政府既不需要偿还,又不需要对纳税人付出任何代价。通过向国有企业收取利润取得的财政资金,政府也不需承担偿还义务,而完全归国家所有,更不需向国有企业支付任何代价。当然,这并不排除政府可通过向国有企业拨付投资的形式而将一部分财政资金再分配给国有企业,但这种再分配(或称部分返还)与其上缴的利润之间并无直接的联系。国债的发行就是政府作为债务人以还本和付息为条件,而向国债认购者借取资金的暂时使用权,政府与认购者之间必然具有直接的返还关系。

3. 灵活性

灵活性是指国债发行与否以及发行多少,一般完全由政府根据财政资金的余缺状况灵活加以确定,而非通过法律形式预先规定。它既不具有发行时间上的连续性,又不具有发行数额上的相对固定性,而是何时需要何时发行,需要多少发行多少。这种灵活性是国债所具有的一个突出特征。它同税收的固定性特征具有明显的区别。正是这一重要形式特征,使得它能与其他财政收入形式互相配合,互相补充,从而具有相当重要的意义。

国债的上述3个特征是密切联系的。国债的自愿性决定了国债的有偿性,因为如果是无偿的话,就谈不到自愿认购。国债的自愿性和有偿性又决定和要求发行上的灵活性。否则,如果政府可以按照固定的数额,每年连续不断地发行国债,而不管客观经济条件及财政状况如何,那么,其结果或是一部分国债推销不掉而需派购,或是通过举债筹措的资金处于闲置,不能发挥应有效益,政府也可能因此无力偿付本息,甚至可能出现国债发行额远不能满足财政需要量的窘迫情况。所以,国债是自愿性、有偿性和灵活性的统一,缺一不可。只有同时具备这3个特征才能构成国债,否则便不能算是"真正"的国债。

二、国债的功能

在债务规模和制度合理有效的前提下,国债的功能主要有以下3方面。

(一)弥补财政赤字

弥补财政赤字是国债最基本、最直观的功能,即财政收支的差额采取发行国债的方法来弥补。实践中,弥补赤字、平衡预算有多种方法,常用的有透支、增税、发行政府债券等。向中央银行借款容易导致市场货币供应量增加而引发通货膨胀。所以,包括我国在内的世界各国都不允许财政向银行借款或透支。通过增税弥补赤字、平衡预算会遇到经济发展水平的限制,即强行增税,不仅在政治和立法上有阻力,从经济上分析也容易产生税负过重、窒息经济的不良后果,导致税源枯竭。而发行国债是在既定收入分配下的融通性财力调整,在增加预算收入的同时,并不改变既定的收入分配格局,企业和个人的预期利益不会因为认购国债而减少。所以举债阻力小,增税阻力大。因此,一般情况下各国政府都偏向于以借债筹资作为弥补财政赤字、平衡预算的手段。

(二) 调节经济

国债是集合财政和金融双重特征的调控工具。在完善的市场机制下,通过国债的发行、偿付和转让流通、债务规模的放大和收缩、国债利率的提高和降低,政府可以灵活地调整金融市场的资金供求,控制货币供应量,影响市场利率水平,从而有效地实现对经济和金融的调节和控制。国债对经济的调控功能主要通过两个层次来实现:一是政府在初级市场发售新的国债;二是中央银行通过公开市场业务操作对国债进行买卖。

(三) 资产组合的金融功能

一方面国债是一种政府债券,具有一般证券的共性特征;另一方面国债又是最具有投资价值的金融资产和证券品种。因为国债的信誉度最好、安全性最高,在成熟的金融市场上,国债具有极强的流动性和变现能力。因此,从金融投资的角度考虑,国债对投资者具有非常大的吸引力,是实现资产经营和组合、提高资产流动性、增加投资收益最重要的品种,是企业、个人和各类机构投资者资产经营和组合中的热门选择。随着国债证券化和市场化程度的加深,这一金融功能将充分得以显露和发挥。

三、国债的负担与限度

(一) 国债的负担

国债的发行和偿还会产生经济负担,这种负担最终由谁承担不仅仅涉及国债能否顺利、足额偿还的问题,还涉及国债如何作用于和怎样作用于经济的问题。负担问题是国债理论和财政经济理论的重要问题。

1. 国债的社会负担分析

国债确实存在社会负担问题,可以从以下几个方面进行分析。

(1) 从国债发行和认购这一环节来说,国债负担是客观存在的。因为国债作为认购者收入使用权的让渡,虽是暂时的,但对认购人的经济行为会产生一定影响,所以认购人必然会考虑自己的负担能力。

(2) 无论国债资金的使用方向、效益高低如何,还债人的收入来源最终还是税收,即国家债务最终是由纳税人负担的。从某种意义上说,国债是一种延期的税收。

(3) 国债是有偿借入的,到期要还本付息。尽管国家的借债表现为经济收益,但偿债却体现为一种支出,借债的过程也就是国债负担的形成过程。所以,国家借债要考虑偿还能力,量力而行。

(4) 国债不仅会形成当前的社会负担,而且在一定条件下还会向后推移。也就是说,由于有些国债的偿还期较长,使用效益又低,连年以新债还旧债并不断扩大债务规模,就会形成当代人借的债转化成下一代,甚至几代人负担的问题。

2. 我国国债负担的特点

由于我国的特殊国情以及财政体制及理论正处于转变时期的客观现实,我国国债具有一些不同于西方市场经济国家的特点。

(1) 我国国债长期受计划经济体制影响,至今仍是一种建设型国债。我国目前国债的发行和偿还存在着非财政的财力负担,即社会负担。实际上,我国国债负担是由财政部门和非财政部门共同负担的,而不是像西方国家那样基本上由非财政负担。这就产生了各类经济成分和部门对国债负担的转嫁和逃避等活动。

(2) 我国国债的偿还采取的是在偿还期限到来时一次性还本付息的方法,这就不会涉及偿还前的负担问题。但是由于偿还时负担较重,会产生还债高峰期的负担能力问题。

(3) 我国目前只能将国债负担与整个社会受益联系起来,而无法将国债的负担问题与个人受益相联系,认为既然整个社会享受了国债的利益,也就应由整个社会负责国债的偿还。这种状况使国债负担理论的发展受到限制,无法区分国债的发行、使用和偿还在不同代际、不同阶层以及不同个人之间产生的受益和负担差异问题。

专栏 4-1

西方的债务理论

西方的债务理论是建立在公共产品理论基础上的,它把债务负担和因债务使用而提供的利益结合起来考虑,提出了应以是否符合受益原则为标准来衡量和判断的见解。其主要内容如下。

(1) 国债不具有生产建设性,其投入方向主要是非物质生产领域的,即使是被投入物质生产领域的那一部分,其项目建成后多数也是低利、微利甚至亏损的。这就使得公债难以依靠项目本身形成的收益去偿还国债,从而需要依靠征税和发新债来还旧债,形成了社会性的国债负担问题。

(2) 国债的还本虽是在国债偿还期限终止时一次性还清的,但是在发行当年就需要每年支付利息,因此,从国债发行开始,就会由于分期付息而产生经济负担。

(3) 国债的负担问题不仅存在于国债还本付息时,而且在国债发行时就可能产生了。从私人投资角度来看,私人投资的减少降低了资本积累的规模,从而减少了后代人可能继承的资产和财富量,从而减少了资产增值所能为后代人提供的收入量。这样即使不考虑国债的还本付息问题,国债也会形成负担,并转移到后代人身上。

3. 我国国债负担存在的问题

随着国债发行量的大幅增加,偿还高峰期也接踵而来,我国偿债高峰期自 1990 年开始。从政府承受能力看,我国国债负担中存在的问题主要如下。

(1) 国债的建设型特点使得国债的偿还期限长、发行利率相对偏高

我国国内国债从重新发行以来，主要投放于建设工期长、资金回收慢、资金收益率低的能源、交通等重点建设领域，无法由投资项目自身收益偿还本息，迫使财政陷入"借新债还旧债"的境地，大大削弱了国债筹集建设资金的能力。另外，我国目前一般是以高于市场利率的水平发行国债的，发行成本过高。

(2) 过大的举债规模有可能导致债务危机和财政危机

我国国债的规模急剧扩大，是我国国债本质上仍是建设型却采用经济型发行的结果。作为建设型国债，它必须保证提供不低于上年资金投入量的能力，否则就意味着建设性质的削弱或丧失。然而，经济发行又加重了发行成本。这样为了保持上年的国债净收入，就必须扩大国债发行的规模。这种状况的发展有可能导致债务危机和财政危机。

(3) 过大的举债规模不利于经济模式的转轨和政府职能的转换

过大的举债规模不利于经济模式的转轨和政府职能的转换，从根本上讲，将不利于经济的发展。对社会主义市场经济来说，它要求市场承担主要的资源配置任务，而只有在市场无法有效完成这一任务时才需要政府对资源直接进行配置。对正常的市场运行，政府只应起间接调控作用。我国国债的建设性质使之成为政府直接筹集和配置社会资源的工具和手段，它有着缓解国民经济比例失调的积极一面，但又是对市场配置社会资源的否定，有着缩减市场发挥作用的消极一面。

4. 短期国债的负担分析

如果国债在短期内偿还，国债在收入分配上的影响表现为同一时期中各社会成员之间的利益转移。如果政府部门发行国债，用国债取得的资金为社会免费地提供产品或服务，国债资金使用的受益者就是这些产品或服务的消费者。由于政府部门的国债用于提供公共产品以及为低收入者提供帮助的用途，这项支出不能产生相应的收入，因此债务的偿还必定要借助于税收。如果能够严格地按受益原则征税，这时国债在收入分配上的影响是中性的。但是在实践中，税收不可能完全按受益原则来征收。国债使得谁受益谁受损的问题最终还是归结到国债资金使用的受益归宿与为国债还本付息而征税的税负归宿问题。

公共企业部门的国债收入如用于私人产品的生产投资，它可以通过销售产品而取得收入。产品的消费者是这一资金使用的受益者，同时也是生产成本的承担者。倘若公共生产是有效率的，国债不会给这一过程中的任何一方造成负担；如果用国债支持的公共生产效率低下，要偿还债务就必须依靠政府部门的税收。国债负担将由纳税人（如果债务的一部分或全部由税收来偿还）或货币持有者和债权人（如果债务的一部分或全部由增发货币来偿还）来承担。政府采用增发货币的方式来偿还债务可视为一种特殊形式的税收，即向货币持有者按持有货币的数额征收比例税。当总供给与总需求在潜在生产能力所能达到的产出水平上取得均衡时，增发货币将导致货币贬值。因此，用增发货币的方式来偿还债务将使货币持有者以及包括国债持有者在内的债权人承担国债的还本付息后果。

5. 长期国债的负担分析

长期国债将使国债的受益人和还本付息的承担人分属于不同的时期。这并不是说短期国债不会造成国债的代际负担问题，短期国债若不断地用借新债还旧债的方式还本付息，将责任推向未来，它在收入分配方面的影响与长期国债没有什么区别。政府部门的国债若用于本期的经常性支出，而本期又不负责偿还这笔债务，用以新债还旧债的方式将责任推向未

来，那么未来社会的某一代人将要承担还本付息的责任。国债若用于公共部门的投资性支出，它是否给后代造成负担取决于投资的收益率。假如私人部门的投资边际收益率与国债的利率相等，且小于公共投资的收益率，那么国债实际上是将资金从低投资收益率的私人企业部门转移到了投资收益率较高的公共企业部门。在这种情况下，国债不仅不会给后代造成负担，反而会提高未来社会的福利。如果国债所支持的投资项目收益率低于它所排挤的私人企业部门投资人的收益率，或者从极端情形来看，它不仅没有收益还会发生亏损，那么在极端情况下，这笔资产将化为乌有。在这种情况下，国债显然将会给后代造成负担。

从机会成本的概念来看，国债是否会给后代造成负担不仅取决于它是否被用于资本的形成，还取决于投资的效率。一般地说，国债若将资金从效率较低的部门引向效率较高的部门，那么后代就会受益；反之，国债将使后代受到损害。国债的效率界限同时也是鉴别它的代际负担的界限。

（二）国债的限度

由于国债会形成一种社会负担，所以国债必须有一定的限度。国债的限度是指国家债务规模的最高额度。总的来说，国债运用的最大限度就是应债能力等于债务负担，偿债能力等于偿债负担。

1. 国债规模的限制因素

（1）国家偿债能力。发行国债取得的收入可以充裕财力，但国债要还本付息，因此，借债同时意味着以后时期财政负担的增加。这种负担是与同年度国债发行量以及国债发行累积量成正比增长的。因此，确定国债规模时一定要考虑到国家的偿债能力。

（2）认购人负担能力。一定时期内的国民收入可以作为信用资金的数量是有限的。社会可能形成的信用资金总量并不是国债可以动员的最大限量。只有社会信用资金总量扣除保障其他各种信用所必需的最低限量之后的余额，才是国债的最大应债能力。如果不考虑其他各种信用，国债的限度如下。

① 对居民发行，人均债务必须小于或等于居民人均收入减去人均基本生活必需的收入。

② 对企业发行，企业平均债务必须小于或等于企业平均收入减去企业平均基本生产必需的收入。

（3）已经存在的偿债负担。偿债负担与债务负担不同。债务负担是指国家负债总量，而偿债负担是指公债累积发行额所形成的每一财政年度必须支付的国债本息总额。新的国债的发行除了受偿债能力因素制约，还要受偿债负担所制约。如果偿债负担量已等于偿债能力，则表示国债累积发行已达到客观允许的最大限度，不能再举借新债；当偿债负担超过偿债能力，则表示国债发行已经过量。只有在偿债负担小于偿债能力时，才表明还有继续发行国债的余地。所以，偿债负担小于偿债能力的差额，就是新的国债发行的最大限度。

（4）国债使用方向、结构和效果。国债收入资金使用方向结构合理、经济效益好，自然会提高发行和认购者的负担能力，事实上也就提高了国债的限度；反之，则会出现相反的结果。

2. 国债规模指标

（1）绝对量指标。绝对量指标一般包括以下几方面。

① 国债总额一般是指政府现存且尚未清偿的债务总额。在没有短期国债的情况下，国债总额是当年新债额与历年累计额之和。这一指标从总体上反映了政府的债务额度。

② 国债发行额一般是指公债在某一年度的发行额。这一指标是从政府收入角度来衡量国债数量的。

③ 国债还本付息额一般是指在某一年度政府对国债的偿还额。这是从政府支出角度来衡量政府债务负担的。

(2) 相对量指标。相对量指标是指国债总额占国民经济总量指标的比重，一般包括以下指标。

① 国民经济总量指标一般包括国民生产总值、国内生产总值、国民收入等。相应地就形成了国债总额比国民生产总值、国债总额比国内生产总值、国债总额比国民收入等指标。这些指标是从国民经济整体的角度来考核政府累计债务数量的，在一定程度上反映了当年国债发行对经济的影响程度。

② 国债发行额占财政收支指标的比重。财政收支指标包括财政收入和财政支出。这样就形成了国债规模的两个指标：国债发行额比财政收入指标，该指标显示了国债对财政收入的贡献情况；国债发行额比财政支出指标，该指标显示了当年的财政支出中有多大份额是依靠发行国债来满足的。这两个指标表明当年国债发行对财政状况的影响。

③ 国债还本付息额占财政收支指标的比重。同样地，这个指标可以进一步分为国债还本付息额比财政收入和国债还本付息额比财政支出两个指标。前者反映了政府债务对政府收入形成的负担程度，后者反映了当年国债引起的财政负担。

四、国债的种类

国债根据不同的标准可划分为以下类别。

(一) 按形式分类

国债按形式可分为凭证式国债、无记名国债和记账式国债。

1. 凭证式国债

凭证式国债是一种国家储蓄债，可记名、挂失，以"凭证式国债收款凭证"记录债权，不能上市流通，从购买之日起计息。在持有期内，持券人如遇特殊情况需要提取现金，可以到购买网点提前兑取。提前兑取时，除偿还本金外，还应按实际持有天数及相应的利率档次计算利息，经办机构按兑付本息之和收取手续费。

2. 无记名国债

无记名国债是一种实物债券。以实物券的形式记录债权，面值不等，不记名、不挂失，可上市流通。发行期内，投资者可直接在销售国债机构的柜台购买。在证券交易所设立账户的投资者，可委托证券公司通过交易系统申购。发行期结束后，实物券持有者可在柜台卖出，也可将实物券交证券交易所托管，再通过交易系统卖出。

3. 记账式国债

记账式国债以记账形式记录债权，通过证券交易所的交易系统发行和交易，可以记名、挂失。投资者进行记账式证券买卖，必须在证券交易所设立账户。由于记账式国债的发行和交易均无纸化,所以效率高,成本低,交易安全。

(二) 按债权人分类

按债权人划分,国债可分为内债和外债。

1. 内债

内债是指债权人为本国公民或法人的国债。内债的发行以及还本付息以本国货币为计量单位。

2. 外债

外债是债权人为外国政府、国际金融组织、外国银行、外国企业或个人的国债。外债的发行与还本付息大体上以外币计量。在国内和国外发行国债,对本国经济运行产生的影响有所不同,所以按债权人区分国债有着重要意义。

想一想

为什么举借外债要谨慎从事?

这是因为:①外债的还本付息通常以外币支付,会影响债务国的国际收支。②偿还债务本息的资金都是国内的资源,这样一方面会增加本国人民的负担;另一方面还会妨碍本国经济的发展。③政治上容易受到债权国控制。

但是,举借外债也可以利用外资以弥补本国经济发展中的资金不足,其关键在于要利用外债创造效益。韩国通过举借外债使经济起飞就是成功的一例。

(三) 按发行性质分类

按发行性质划分,国债可以分为自由国债和强制国债。

1. 自由国债

自由国债是指由政府发行,公众根据国债的条件自由决定是否购买,不加任何限制的国债。现代世界各国的国债多为这种形式。

2. 强制国债

强制国债是指当政府经济状况异常困难时,凭借政府权力向人民强行摊销的国债。其推销方法有根据公民的财产或所得按比例分摊、以国债的形式支付薪金等。这种方法现在很少使用。

(四) 按经济用途分类

按经济用途划分,国债可分为生产性国债和非生产性国债。

1. 生产性国债

生产性国债也称建设公债,是指政府将国债收入用于生产建设事业,如铁路、公路、电力以及兴办其他营利性企业的公债。发行这种国债,政府不仅能拥有与公债等值的资产作为偿债的保证,而且可以直接从这些投资中获得收益,增强国债的还本付息能力。

2. 非生产性国债

非生产性国债是用于非生产性支出,例如为维持和提高社会消费水平所发行的国债。

这部分支出不能形成相应的偿债能力,其还本付息的资金主要依赖于税收。

按照经济用途划分国债,对分析国债的资源配置以及国债负担的归宿有着重要意义。

(五) 按流通性分类

按照是否可以上市流通划分,国债可以分为上市国债和非上市国债。

1. 上市国债

上市国债是指可以在证券市场上自由买卖和自由转让的国债。这种债券通常以不记名的方式发行。上市国债又称可出售国债、可流通国债。

2. 非上市国债

非上市国债是指债券持有人所持有的国债不能在证券市场上公开出售,只能到期后收取本金和利息的国债。这种债券的发行有时采取记名的方式。

(六) 按利率变动情况分类

按照利率是否变动划分,国债可分为固定利率国债和浮动利率国债。

1. 固定利率国债

固定利率国债是指国债利率在发行时就确定下来,不管今后物价和银行利率如何变动,国债的利息支付都要按既定利率来还本付息的国债。

2. 浮动利率国债

浮动利率国债是指利率随物价或银行利率变动而变动的国债。这种国债通常在物价波动幅度较大、通货膨胀势头较猛的情况下发行。

(七) 按转让性分类

按照可否转让划分,国债可以分为可转让国债和不可转让国债。

1. 可转让国债

可转让国债是指可以在金融市场上自由流通买卖的国债,目前大多数的国债属于这种形式。对于可转让国债的持有者来说,重要的往往不是期限和利率的规定,而是债券的行市。因为它可以随时出售债券,所以期限长短对它关系不大;而债券的行市可高于或低于票面额,所以法定利率对它也无关紧要。

2. 不可转让国债

不可转让国债往往规定较长的期限,给予较高利息或发行价格低于票面额等优惠条件,以记名发行为主。发行不可转让国债一般是为了满足政府的某些特定的政治和经济目的。

(八) 按偿还期限分类

按偿还期限划分,国债可以分为定期国债和不定期国债。

1. 定期国债

定期国债是指明确规定还本付息期限的公债。定期国债按期限长短又可分为短期国债(偿还期限在 1 年以内,周转期短,流动性强,"近似货币",短期国债在当前西方国家的国债中占有重要地位)、中期国债(偿还期限在 1 年以上 10 年以下)和长期国债(偿还期限在 10 年以上)3 种。一般来说,国债期限越短,流动性越大。

2. 不定期国债

不定期国债是不规定还本付息期限的国债,又称为永久国债。这种国债在发行时并未规定还本的期限,国债的持有人可按期获取利息,但没有要求清偿债务的权利。在政府财政较为充裕时,政府可以随时从市场买入而注销这种国债。

第二节 国债发行

一、国债的发行条件

(一) 国债的发行原则

1. 经济原则

(1) 分析财政收支状况对国债的需求以及社会(企业、单位和居民)对国债的需求状况,以此来设计债券种类、期限和规模。

(2) 由于国债的偿还期限不同,所以其流动性也不一样:短期债券的流动性大,长期债券的流动性小。在经济过热、存在通货膨胀威胁时,需要压缩社会需求,减少货币供应量,因此要发行长期国债,减少国债的流动性;反之,则发行短期国债。

(3) 在国债发行的过程中,尽可能采用成本较低的发行方式。

2. 适度原则

适度原则是指将国债的发行限制在国民经济能够承受的范围之内。

3. 便利原则

便利原则是指国债发行时在种类、时间、方式及认购手续等方面都必须既方便认购者认购,又方便代销者销售。在债种结构方面应发行不同种类、不同期限、不同流通方式的国债,以满足投资人的不同需要;发行网点要合理设置,为购买者提供便利的购买条件;交易手续应尽量简便,减少手续烦琐带来的不必要麻烦,提高工作效率。此外,在债券面额、债券凭证的设计方面也要尽可能地适应国债持有人对债券的保管、交易和兑现。

(二) 国债发行条件的确定

国债的发行条件是指政府以债券形式筹集资金时所申明的各种条款或规定。国债发行条件包括发行额、票面利率、偿还期限、发行价格、发行日期、利率支付方式、兑付方式等。其中作为国债发行条件的要素通常是票面利率、偿还期限和发行价格。发行条件涉及筹资者和投资者双方权益。筹资者的最大愿望是通过发行债券,以最小的筹资成本获得最大的能稳定使用的资金,而投资者的最大愿望是通过购买债券,以最小的投资获得最大的收益。如何平衡两者的利益目标,是债券能否成功发行的关键,因此要结合债券具体的风险程度、收益大小,通过市场决定一个能使筹资者和投资者都能接受的条件。而决定国债发行条件的关键过程就是国债的发行方式。

1. 国债发行目的及其名称确定

国债发行目的是指政府举债的意图,反映国债的性质和用途,是决定国债名称的基本依据。国债名称是举债人给国债定名,或是对某期国债的称呼。例如,国库券、财政债券、国家建设债券、国家重点建设债券、特种国债、保值公债等,其名称基本上都能体现公债发行的意图。

2. 债务人和债权人(认购对象)的确定

债务人是指在债权债务关系中负有义务的人,所以也称举债主体,国债的举债主体是国家政府即中央政府。发行认购对象是指国债对谁发行,应该由谁来认购。确定国债发行认购对象的依据,一般是国债的具体投资方向及其收益人、社会各阶层可能形成的应债购买力结构等。

3. 国债发行数量规模的确定

国债发行数量规模是指国家发行多少国债的总量确定。一般来说,确定一国的国债发行数量应主要考虑如下决定和影响因素。

(1) 发行者的举债资金需求额

发行者的举债资金需求额是指政府全部收入与全部支出的差额。其计算公式为:

国债发行额=政府应承担的投资额-(预算经常性收入-预算经常性支出)+债务支出

通常情况下,国债发行额是借助于中央财政对国债的依存度来衡量的。国债依存度是指每年财政支出来源于当年国债债务收入的比重。其计算公式为:

$$国债依存度=(国债发行额÷中央财政支出额)\times 100\%$$

(2) 国债的应债力

国债举债资金量只能反映发行者的主观需求状况,说明发行者的必需量,但国债实际发行还要受国债认购者的可能认购量的制约,这就是国债的应债力问题。所谓国债应债力也称社会承受力,指社会上居民和集团能动用多少闲散资金来认购国债的能力。

(3) 国家的偿债负担

举债就得偿还,债务的存在对债务人是负担。国债的偿债负担反映特定年度必须偿还的债款本息额与负债总额的关系。由于负债总额终究要财政偿还,因此亦可以用特定年度必须偿还的债款本息同当年财政收入的比较来判断国债的偿还能力。一般而言,财政收入来源于国民收入或国民生产总值,因此许多国家是借助于国债余额占国民生产总值的比例来判断国债的偿还能力。总之,确定国债发行数量规模,既要考虑发行时的需要,又要考虑社会的承受能力和举债者偿还能力,只有将两者统一起来才能确定科学可行的数量规模。否则,就会造成通货膨胀或难以发挥国债应有的积极效用。

4. 票面金额的确定

国债债券票面金额是指由政府核定并被印制在债券票面的金额。国债票面金额的大小,应当根据国债的性质、认购对象及其认购者购买能力大小和动机等因素来决定。一般而言,对城乡居民应采取小面额,多品种;对单位或经济大户,可以以大面额为主。此外,对允许公开上市交易的国库券,其票面金额还应适应市场交易的需要。

5. 发行价格的确定

国债券发行价格是国债票面价值的货币表现,具体是指国债从发售者转移到认购者手中的价格。由于国债发行价格要受当时的市场利率和证券市场供求关系的影响,因此国债的发行价格不一定等于国债的票面价格。

6. 国债利息率的确定

国债利息率是指国债利息额与国债本金之比。国债利息率的高低，不仅涉及发行者及其未来利息支付水平和偿还负担，而且也是投资者决定证券投资的一个重要因素。

国债利息率的高低主要取决于如下基本因素。

(1) 金融市场利率水平

这里特别指同期银行储蓄存款利率和企业债券利率。尽管每个筹资者成本各异，但对于投资者来说，如果在风险、期限相同的情况下他总是选择收益率最高的债券。

(2) 政府信誉度

如果政府信誉高，可以适当降低利息率水平；反之，要相对提高利率水平。

(3) 社会资金供应量

在社会资金供应量较为充裕，闲置资金相对较多的时期，国债利率适当降低；反之，则要用较高的利率来吸引闲置资金。

(4) 发行数量

国债发行量大小关系到国债推销的难易程度和供求关系变化，因此在社会闲置资金一定的条件下，发行量大，相对利息率高些；反之，就可以低些。此外，还要考虑通货膨胀水平、国家经济政策等因素。

7. 还本期限的确定

还本期限的确定是指自国债发行之日起到偿还本息为止所需期限的确定。一般要考虑发行者的投资计划、投资者认购可能、全部债务的期限结构以及社会资金构成情况等。

8. 利息支付频率的确定

利息支付频率的确定是指确定在国债有效偿还本息期之内，利息支付的次数，即一次付息还是分次付息。一次付息是指发债人在债券到期归还本金时付清利息的一种付息方式。其优点在于在偿还期内无须担心支付利息的负担；其缺陷是到期支付，负担集中，不利于分散风险。分次付息是指发债人在偿还期内向债券持有人分若干次支付利息的一种付息方式。其优缺点与一次付息相反。

9. 对国债流动性和安全性的规定

在国债发行条例中，发债人往往都要明确规定某种国债券能否转让流通，能否贴现，贴现率为多高，能否抵押，能否记名和挂失等。

10. 债券编号与发售交款时间的规定

发行债券应在每张债券上都编号，一则代表该债券印制数量；二则便于核对查实，有助于挂失；三则便于公债的抽签偿还，同时，国债一般都明确规定什么时候发行与何时交款。

在上述发行条件中，国债发行数量、期限、利率、价格是最基本的条件。

二、国债的销售方法

国债的销售方法是指采用何种方法和形式来发行国债。在国际上国债销售的方法众多，归结起来大致有下面 3 类。

(一) 公募法

公募法是指国家向社会公众募集国债的方法。它既可用于上市国债，也可用于不上市国债,但一般用于自由国债。公募法通常有3种方法。

1. 直接公募法

直接公募法是指由财政部或其他政府部门直接推销的方法。这里有两种可能:一是由财政部门或其他政府部门(如邮政机关等)零售,由单位和个人自由认购;二是采用强制派购的形式,即在发行国债时,按地区、部门、企业单位和个人分配发行数,并要求保证完成。这两种方法都比较直接,能利用政府部门原有力量,免去了与银行等金融机构的交涉协调工作,可以普遍吸收社会上的资金,一般不会引起通货膨胀。

但是政府直接推销国债时间长,发行成本高,而且用行政手段推销容易违反民意,降低公债声誉,造成后期债券推销困难,所以这种方法不宜多用。我国"1989年特种国债"就是采用此法发行。

2. 间接公募法

间接公募法是指由政府委托银行或其他金融机构代为经营的方法。虽然由银行代售要收取一定的手续费,但至少有4个好处。

(1) 它简化了发行手续,减少了财政部门的国债推销费用,并能使财政部门的工作人员从烦琐的国债推销事务中摆脱出来。

(2) 能用经济手段迅速顺利地推销国债,使国债收入及时入库和运用。

(3) 由金融机构经营政府国债,能较好地适应社会资金结构,能较灵活地调节市场货币数量和流向。

(4) 金融机构本身并不认购政府债券,不会引起中央银行的非经济发行。正因为如此,我国1981—1988年国库券发行均采用这种方法。

3. 公募招标法

公募招标法是指在金融市场上公开招标发行国债的方法。公募招标法是基于投资者自己的判断参加投标,通过竞争认购国债,故又称"公募投标法"。这种方法具体包括3种形式。

(1) 竞争投标与非竞争投标

政府按投资者自报的价格和利率,从高价开始或从低利率开始,依次决定中标者名单,一直到完成预定的发行额为止,这就是竞争投标。政府决定国债的发行价格和票面利率,使投资者就认购数额进行投标,当投标额超过预定发行额时,则按投标额来决定投标者的认购比例,这就是非竞争投标。

(2) 价格投标与利率投标

政府事先规定国债的票面利率,由投资者以不同的价格投标,然后由发行人从最高的投标价格开始,依次决定中标者名单,以达到预定发行额时的价格为止,这就是价格投标。事先规定认购价格,使投资者以各种利率投标,然后由发行人从最低的投标利率开始,依次决定投标者名单,以达到预定发行额时的利率为止,这就是利率投标。

(3) 多种认购条件认购和单一认购条件认购

多种认购条件认购是指中标者按投标时自报的价格(利率)认购国债的方法。单一认购条件认购是指中标者按投标后所形成的同一价格(利率)认购国债的方法。

专栏 4-2

我国记账式国债的招标方式

记账式国债招标方式通常有两种:荷兰式招标和美国式招标。我国记账式国债招标方式以往较多采用的是荷兰式招标。2003年记账式第一期国债发行招标规则出现重大调整,记账式国债招标方式在原先单一的"荷兰式"招标的基础上增添了"美国式"招标方式。风险由市场成员各自承担,迫使国债承销团成员的行为更趋于理性。

荷兰式招标(单一价格招标):在标的为利率时,最高中标利率为当期国债的票面利率;在标的为利差时,最高中标利差为当期国债的基本利差;在标的为价格时,最低中标价格为当期国债的承销价格。

美国式招标(多种价格招标):在标的为利率时,全场加权平均中标利率为当期国债的票面利率,各中标机构依各自及全场加权平均中标利率折算承销价格;在标的为价格时,各中标机构按各自加权平均中标价格承销当期国债。

举例来说,财政部要发200亿国债,利率上限为3%。采用荷兰式招标也就是利率招标,即谁的利率低谁就中标。投标后利率由低到高,到200亿发行量止,即是中标利率。实践中,荷兰式招标往往容易造成恶性竞争。而美国式招标是由承销团自行投标,然后按照200亿的发行量,计算出加权平均利率,如果中标者的投标利率低于中标利率,承销团在购买国债时需补足利率价差。

记账式国债招标方式的市场化将使我国国债发行市场趋于理性,国债发行利率将进一步贴近市场的变化。

(二) 包销法

包销法又称承受法,是指国家将发行的债券统一售予银行,再由银行自行发售的方法。包销法与间接公募法不同。实行间接公募法,银行只是代理发行权和发行事务,最终应向政府负责,并受政府的指导和监督。实行包销法是公债发行权的转让。在通常情况下,政府不再干预,银行可以自主执行发行权和发行事务。包销法有两种具体方法。

1. 由中央银行承受

由中央银行承受是指中央银行对政府发行的国债,按一定的条件全部承购的推销方法。这种方法手续简单,费用少,甚至无须推销费用,国债收入可以提早入库使用。但难免会引起货币的非经济发行,容易引起或加剧通货膨胀。所以中央银行承受国债往往有一定限制条件,如限额承受等。有的国家干脆不允许中央银行承受。

2. 商业银行承受

商业银行承受是指商业银行对政府发行的国债,按照一定的条件全部或部分承受的推销方法。这种方法在西方一些国家较为盛行。商业银行承受的国债构成其自身的资产。在商业银行资金短缺的情况下,它可以将债券抛售出去,也可以在政府允许的条件下向中央银行贴现或贷款。商业银行承受和中央银行承受有许多相似之处,所不同的主要是对市场货币流通量的影响程度不同。

3. 金融集团包销

金融集团包销是指由一个承包公司牵头,若干承销公司参与包销活动,以竞争的形式确定各自的包销数额,并按其包销额承担发行风险,收取手续费的推销方法。银团包销方式是目前国际市场上最常见的包销方式,采用这种方式可以保证大规模国债发行任务的完成,有利于广泛地吸收社会资金,满足国家需要。我国从20世纪90年代开始,部分国债的发行采用这种方法,获得了较好的效益。

(三) 公卖法

公卖法是指政府委托经纪人在证券交易所出售国债的方法。其优点是可以吸收大量的社会游资,调节社会资金运转;其缺点是受证券行市影响,国债收入不够稳定,同时也会给证券交易造成较大的压力。

三、国债的发行价格

(一) 国债的发行价格有3种形式

(1) 平价发行即以与债券票面额相等的价格发行。平价发行的前提是国债利率与市场利率相近。

(2) 折价发行即以低于债券票面额的价格发行。这种国债到期后,政府仍按债券票面额偿本付息。折价发行的实质是提高利率,以刺激购买,一般是在国债的利率低于市场利率或政府发债困难的情况下采用。

(3) 溢价发行即以高于债券票面额的价格发行。这种价格只有在举债者信用较高,或者公债利率高于市场利率的条件下才有可能顺利发行。

国债发行价格的确定应视国债的利率水平、发行时的财政和金融状况以及公民应债情况的不同来确定。

(二) 影响国债价格的因素分析

国债市场价格是在其理论价格的基础上,随着国债市场的供需状况而上下波动的。当市场上国债供过于求时,国债价格必然下跌;反之,当市场上国债供不应求时,国债价格则上涨。由于国债价格是随着供求关系的变化而波动,因此影响国债供求关系的各种因素也是影响国债价格变化的因素。影响国债供求关系的因素很多,包括政治因素、经济因素、投机因素等。

1. 政治因素

政治因素主要是指一个国家的政治形势。国家的政治形势对公债价格有一定的影响。如果一个国家的政治局势稳定,社会秩序良好,政府团结有力,投资者的收益有所保障,国债的价格就会上升;相反,如果一个国家的政治局势不稳定,社会秩序混乱,投资者的利益可能得不到保障,投资者为躲避风险就会抛售国债,从而引起国债价格下跌。因此,投资者在进行投资时,有必要对该国的政治形势做出判断。

2. 经济因素

(1) 市场利率

市场利率的高低与国债价格的涨跌有密切的关系。当市场利率上升时,信贷紧缩,用于国债的投资减少,国债价格下跌;当市场利率下降时,信贷放松,可能流入国债市场的资金增多,投资需求增加,国债价格上涨。

(2) 物价水平

物价水平的涨跌会引起国债价格的变动。一般来说,物价水平对国债价格的影响表现为两个方面:一是物价上涨一般会引起市场利率的上升,从而引起公债价格的下跌;二是物价上涨时,人们出于保值考虑,会将资金用于房地产或可以保值的物品,这样国债供过于求,从而引起国债价格的下跌。但是对保值国债来说,物价的上涨,保值贴补增加,国债价格会随之上升。

(3) 经济发展

经济发展状况的好坏,对国债市场行情有较大的影响。当经济发展呈上升趋势时,生产企业对资金的需求量增加,于是市场利率上升,国债价格下跌;当经济发展不景气,生产过剩时,生产企业对资金的需求急剧下降,于是市场利率下降,资金纷纷转向国债市场,国债价格也随之上升。

(4) 市场公开操作

中央银行进行公开市场操作会影响国债价格的涨跌。公开市场业务是中央银行执行货币政策的重要手段。当国内经济高涨,通货膨胀率过高时,中央银行为紧缩货币供应,在国债市场上抛出国债,收回货币,公债价格便会下跌;当国内经济萧条,中央银行扩张信用时,会在国债市场上收进国债,增加货币供应,国债价格便会上升。

(5) 新债数量

新发行国债的数量也是影响国债价格的重要因素。当新发国债的发行量超过一定限度时,会打破国债市场供求的平衡,使国债价格下跌。

(6) 外汇汇率

外汇汇率的变动对国债市场行情的影响很大。当某种外汇升值时,就会吸引投资者购买以该种外币标价的国债,使该国债价格上升;相反,当某种外币贬值时,人们纷纷抛出以该种外币标价的债券,国债价格就会下跌。

3. 投机因素

如在国债交易中进行人为的投机操纵,会造成国债行情的较大变动。尤其是在国债市场发展初期的国家,因国债市场规模较小,人们对国债市场还不是很了解,加上法规不够健全,国债市场的投机行为比较盛行,因而会造成国债市场价格剧烈变动,从而影响国债价格的涨跌。

投机者在国债市场买卖国债的目的不是进行投资,而是进行买空卖空的交易,谋求国债市场价格波动的价差收益。在市场经济条件下,投机的存在有利于活跃市场,但是过度的投机不利于市场的健康发展。

第三节 国债的管理

一、国债的流通

(一) 国债流通市场

国债流通市场是证券市场的组成部分,按国债交易阶段可分为一级市场和二级市场。证券市场是有价证券交易的场所。政府通过证券市场发行和买卖国债,意味着国债进入了交易过程,而在证券市场中进行国债交易即形成政府债券市场。毫无疑问,政府债券市场是证券市场的组成部分,同时又对证券市场具有一定的制约作用。

1. 政府债券的一级市场

政府债券的一级市场是指政府债券的发行市场,是以发行债券的方式筹集资金的场所。在这个市场上,具体决定国债的发行时间、发行金额和发行条件,并引导投资者认购及办理认购手续、缴纳款项等。政府债券的发行市场没有集中的场所,是无形的观念性市场。政府债券市场由国债筹资人——政府、投资人和中介人构成。

政府债券可以直接发行,即由政府自行办理债券的发行手续,也可以间接发行,即由政府委托中介机构办理债券的发行手续。政府债券发行市场的中介人主要有投资银行、承购公司和受托公司等证券承销机构,它们分别代表政府的投资人,处理一切有关债券发行的实际业务和事务性工作。

2. 政府债券的二级市场

政府债券的二级市场是指政府债券的交易市场,也可称为流通市场或转让市场,它是买卖已发行的政府债券的场所。它为政府债券所有权的转移创造了条件,提供了方便。交易市场一般是有形市场,具有集中的交易场所。在这个市场上,投资人可以根据对政府债券行情的判断,随时买进卖出债券。债券的买卖方式包括交易所交易或柜台交易。债券交易市场的中介人有交易商和经纪商。

政府债券的一级市场与二级市场是紧密联系、互相依存、互为作用的。一方面一级市场是二级市场的基础和前提,只有具备了一定规模和质量的发行市场,二级市场的交易才有可能进行。而且一级市场上债券的发行条件、发行方式等对二级市场上债券的价格及流动性都有重要影响。另一方面二级市场的交易又能促进一级市场的发展,二级市场为一级市场所发行的债券提供了变现的场所,使债券的流动性有了实现的可能,从而增加了投资者的投资兴趣,有利于新债券的发行。二级市场上形成的债券价格以及流动性,是决定一级市场上新发债券的发行规模、条件、期限等的重要因素。

(二) 国债的交易组织形式

国债的交易组织形式通常有两种类型:一种是交易所交易,另一种是柜台交易。

1. 交易所交易

(1) 交易所交易的特点。在证券交易所进行的债券买卖称为交易所交易。政府债券与其他债券和股票一样,可以通过证券交易所进行交易。证券交易所的组织形式为会员制或公司制。会员制交易所是以自然人或法人为会员的不以营利为目的的股份有限公司。交易所交易有如下几个特点:①有集中的、固定的交易场所和交易时间;②有较为严密的组织和管理规则;③交易所采用公开竞价的方式进行交易,是持续性的双向拍卖市场。

(2) 交易所交易的基本做法。在交易所中从事证券交易的主要有证券经纪商和交易商。经纪商代理客户买卖证券,从中赚取佣金(手续费),不承担交易风险;交易商为自己买卖证券,赚取买进价与卖出价之间的差价,承担交易风险。

交易所交易以代理买卖为主。由于买卖证券的双方均不能进入交易所直接进行交易,因此投资人若要利用证券交易所买卖政府债券,只能委托交易所成员的经纪人公司或证券公司代为办理,并按规定支付一定的佣金。委托的方式是向经纪人公司或证券公司开出指令(称买单或卖单),指令上注明是买进或卖出、买卖政府债券的种类、要买卖的数额、以什么样的价格买卖以及在多长时间内有效等内容。接受委托的经纪人公司或证券公司,根据委托人的要求,在交易所寻找买主或卖主,促成买卖交易。交易所交易中的转让价格是由经纪人公司或证券公司根据委托人限定的价格范围通过激烈的竞争而形成的。经纪人在交易中遵循"价格优先"和"时间优先"的原则,即标价相对较高的买者可以优先于标价相对较低的买者买到证券;报价相对较低的卖者可以优先于较高的卖者卖出证券。在标价或报价相同的情况下,则按指令发出的时间的先后顺序成交。

2. 柜台交易

(1) 柜台交易的特点。柜台交易即在证券交易所以外的场所进行的债券交易,称"店头交易"或"场外交易"。这种交易是在证券公司之间或证券公司与客户之间直接进行的。柜台交易的证券大多数为未在交易所挂牌上市的证券,但也包括一部分上市证券。20 世纪 70 年代后,世界范围的柜台交易有了迅速的发展。目前,美国和日本债券交易的绝大部分是以柜台交易方式进行的,我国也是如此。

柜台交易与交易所交易相比,具有以下特点:①是不固定交易场地和交易时间的无形市场;②交易规则较灵活,手续较简便;③采用协商议价的方式进行交易。

(2) 柜台交易的基本做法。柜台交易分为自营买卖和代理买卖两种业务,其中自营买卖所占的比重较大,代理买卖的比重较小。也就是说,柜台交易是以自营买卖为主的。

① 自营买卖指证券公司作为交易商为自己买卖证券,赚取差价的业务。其基本做法是证券公司以批发价格从其他证券公司买进证券,然后再以零售价格将证券出售给客户;或者证券公司以零售价格向客户买进证券,然后再以较低的价格批发给其他证券公司。证券公司通常以报价的方式表明其买或卖的意愿。由证券公司报出的愿意买入的价格称为出价,报出的愿意卖出的价格称为要价,两者的差额即为价差。价差是证券公司经营自营业务的利润。要了解某种债券的交易是否活跃,只要注意证券公司所报出的买卖价差就可略知大概。一般债券的买卖价差为 0.5%,流动性较差的债券,价差则在 1% 以上。

② 代理买卖指证券公司作为经纪人,根据客户的委托,代理客户买卖证券,赚取佣金,即手续费的业务。在从事代理业务时,经纪人须为客户的利益打算,但在交易中不承担任何风险,其所得的报酬即为佣金。其基本做法是证券公司依照想买入证券的客户委托的买价或依照想卖出证券的客户的卖价,尽可能以对客户最有利的价格成交,然后向客户收取佣金。

例如,当某客户需卖出债券时,即与他的代理商行(某证券公司)接洽,该代理商行立刻用电话向3～4家证券公司打听行情,然后将其打听到的各家证券公司的报价告知客户,如果客户认为满意,便可委托该代理商行代为卖出。自营买卖所赚价差的多少和代理买卖所收佣金的多少均由各国证券公司行业协会统一规定。

二、国债的偿还

(一)偿债形式

国债作为公共部门以信用方式举借的债务,最终是要偿还的。国债偿还的办法通常依照国债发行时的契约或法律规定的条件进行。国债的偿还是指国家依照信用契约,对到期的国债支付本金和利息的过程,它是国债运行的终点。常见的偿还形式有以下几种。

1. 买销偿还法

买销偿还法是指政府按照国债的市场价格,在证券市场上收购国债来达到偿还目的的方法。这种偿还方法只适用于可转让债券。在国债市价低于票面价格的情形下运用买销偿还法,对财政较为有利。在西方发达国家,公开市场业务成为调节经济的重要方式,买销偿还法便成为政府偿还短期债务的必然选择。买销偿还法通常与国债发行的公卖法相对应。它的优点是偿还成本较低,操作简单,并可体现政府的经济政策;缺点是有提前或拖后偿还债务的可能,背离了国债偿还的信用契约。

2. 抽签偿还法

抽签偿还法有两种形式:一种是定期抽签法,即国家根据国债的偿还年限及比例规定,按债券的号码定期分次抽签以确定每年所偿还的国债的方法;另一种是一次抽签法,是国家在国债第一次偿还之前,把归还期内所有国债券号码一次抽签以确定每年所偿还的国债的方法。抽签偿还法的优点是有利于国家安排偿债计划;缺点是偿还期限固定,政府机动性较小,不利于国债的流通。

3. 一次偿还法

一次偿还法是指对发行的国债实行在债券到期日一次还本付息的方法。这种偿还方式简单易行,但可能造成财政支出急剧上升,给国库带来较大的压力。

4. 调换偿还法

调换偿还法是指国家通过发行新债替换到期旧债以偿还国债的方法,即到期债券的持有者可用到期债券直接兑换相应数额的新发行债券,从而使到期债务后延。这种偿还方式虽对政府调动资金有利,却有损于政府债券的信誉。

(二)偿债基金

无论采取什么方式偿还国债,国家都必须有稳定充足的资金来源。偿债资金的来源主要有以下几种。

1. 预算直接拨款

预算直接拨款(也称经常性预算收入偿还)的含义是在经常性预算中用经常性预算收入安排当年应偿还的债务支出。由于税收是经常性预算收入的主要来源,所以这种偿还方式实质上是用现期税收来偿还前期国债,但在实践中会遇到种种问题。如果政府财政有能力每年拨出专款用作国债偿还支出,也就可能没有必要发行国债,或者不必要每年发行那么多国债。举债国通常的状况是政府财政资金紧张,不敷支出需要,有余力偿还国债的情况比较少见。除非在财政状况较为充裕时期,政府一般不可能通过预算列支并靠正常财政收入偿还国债。否则即使在预算中列支,也常常会被作为支出的"软项"。在正常的财政收入紧张时被挤掉而使"偿债支出"有名无实。而为了保证国债到期偿还,政府必须寻求正常财政收入之外的财源,即再发行国债以筹措资金,进而形成"预算列支,举债筹资"的局面。

2. 预算收支盈余

政府在预算年度结束时,以当年财政收支的结余作为偿还公债的资金。如盈余多,则偿还数额也多;如盈余少,则偿还数额也少;如无盈余,则无款可用于偿债。就各国的情况来看,这种靠结余作为偿债来源的办法实属理论上的假定。这是因为一方面当今各国公债的规模大多呈现日益增加之势,每年都有大量的到期债务需偿还;另一方面各国财政收支的平衡也越来越困难,收支不能相抵的年份越来越多,赤字数额越来越大,即使偶有盈余,也远不济当年偿还公债之需。况且为了能长期不断地发行债券,也必须按期及时偿还公债以维持政府信誉,根本不可能视财政结余的多寡来决定偿还公债的数额。

3. 设立偿债基金

政府预算设置专项基金用于偿还国债,即每年从财政收入中拨出一笔专款设立基金,由特定机关管理,以备偿付国债之用;而且在国债未还清之前,每年的预算拨款不能减少,以期逐年减少债务,故又称作"减债基金"。从实践看,设立偿债基金是弊多利少。其利处在于设有偿债基金的国债,较受投资者欢迎,因而其发行的价格能高于条件相同或类似的同值证券。其弊端在于偿债基金常不免被挪作他用。当国家有某种特别开支需要时,政府开征新税不如挪用减债基金方便和阻力小。此外,政府因设置基金而被迫定期定额拨款,也会使预算的安排失掉一定的灵活性,而当预算平衡出现严重困难时,又势必忽略按年拨付基金;或者为拨付偿债基金,势必要发行新的债券。这样一来,政府的负担可能会因此加重,且会引起不必要的管理混乱。也正因为如此,建立偿债基金的办法虽然在一些西方国家中试行过,但最后大多以失败而告终。

4. 举借新债偿还

政府发行新债券为到期债务筹措偿还资金,也就是以借新债的收入作为还旧债的来源。这既有实践上的必然性,也有理论上的合理性。从各国的财政实践来看,各国政府的公债积累额十分庞大,每年的到期债务已远非正常的财政收入所能负担。偿还到期债务的资金来源不能不依赖于不断地举借新债。从理论上看,公债可以被看作储蓄的延长形式,在正常情况下,任何储蓄从个别讲,有存有取,但从总体讲,则是只存不取。公债同样如此,从单项债务看,它有偿还期,但从总体讲,它实际上并不存在偿还期,而是可以用借新债还旧债的办法,无限期地延续下去。或许正因为如此,通过发行新公债的办法为到期债务筹措还本资金便成为各国政府偿还公债的基本手段。我国在1994年以前偿还债务的资金来源主要是预算列支,1994年开始采用举借新债偿还的方法。

三、国债的管理目标

国债管理的含义是政府通过国债的发行、转换、偿还和市场买卖等活动,在国债总额和构成、结构变化和利率升降方面,采取有效措施,以满足政府筹措资金、供应开支的需要,同时与财政政策、货币政策相协调,起到经济杠杆的作用,达到稳定经济的目的。国债的管理目标有以下4个方面。

(一) 促进经济的稳定与增长

国债管理是服从于整个宏观经济政策的,宏观经济政策的目标也就是国债管理的最终目标。因此,国债管理的最终目标是充分就业、价格稳定和经济平稳增长。这是国债管理的最终目标,也是国债管理的首要目标,当它与其他目标发生矛盾时,应把这一目标放在第一位。

(二) 满足投资者的需要

所谓满足投资者需要就是在国债品种类型的选择方面和在政府与投资者之间就国债发行条件的确定方面,更好地满足投资者的需要。达到这一目标可以保证债券顺利发行,保证财政支出的需要得到满足。因为国债不能强制发行,只有对双方有利,交易才能进行。

(三) 利息成本最小化

国债利息是由税收筹措的,最低的国债利息就是课征最低的税收,所以争取利息成本最小化是国债管理的另一个直接目标。

(四) 减少国债流动性

减少国债流动性意味着尽可能发行长期国债。这样一方面可以使政府不致经常筹措还债资金,另一方面可减弱对通货膨胀的影响。

对国债的管理,有的国家设立专门的国债管理机构,负责国债发行政策的制定和交易机构的论证及审批业务。在我国,目前专门的证券管理机构是国务院证券管理委员会,其会同中央银行、财政部共同负责对公债市场的全面监督和管理。其管理手段有四:一是对国债发行数量、期限、种类的管理;二是调整国债利率和再贴现率,对市场施加影响;三是审批开办国债市场业务的中介机构;四是参与公开市场活动,管理国债价格。

◆ 技能训练题

一、单项选择题

1. 国债是指(　　)以债务人的身份,采取信用方式,通过在国内外发行债券所形成的债务。

　　A. 企业　　　　B. 团体　　　　C. 政府　　　　D. 个人

2. 国债是随着国家的发展而出现的一个(　　)范畴。

　　A. 政治　　　　B. 财政　　　　C. 历史　　　　D. 自然科学

3. "人民胜利折实公债"是(　　)发行的。

　　A. 1949年　　　B. 1950年　　　C. 1954年　　　D. 1981年

4. 短期国债是指发行期限在(　　)的国债。

　　A. 1年以内　　　　　　　　　　B. 1年以上5年以下

　　C. 1年以上,10年以下　　　　　D. 10年以上

二、多项选择题

1. 国债的管理目标为（   ）。
   A. 促进经济的稳定与增长
   B. 满足投资者的需要
   C. 利息成本最小化
   D. 减少国债流动性
   E. 满足个人需求

2. 国债具有（   ）的特征。
   A. 强制性
   B. 无偿性
   C. 有偿性
   D. 灵活性
   E. 自愿性

3. 国债的偿还方式主要有（   ）。
   A. 分期逐步偿还法
   B. 抽签轮次偿还法
   C. 到期一次偿还法
   D. 市场购销偿还法
   E. 以新替旧偿还法

4. 决定国债利率高低的因素主要有（   ）。
   A. 金融市场利率
   B. 国家信用好坏
   C. 银行利率水平
   D. 社会资金供求状况
   E. 政府特定的经济政策

5. 世界各国发行国债的方法主要有（   ）。
   A. 公募法
   B. 强制摊派法
   C. 承受法
   D. 公卖法
   E. 支付发行法

三、思考题

1. 如何理解国债的含义和范畴？
2. 国债一般有哪些分类方法？
3. 如何理解国债的功能？
4. 在怎样的情况下，国债将给后人造成负担？
5. 国债的发行条件有哪些？

四、实践课堂

对所在社区的居民进行国债投资情况调查，设计调查问卷并撰写调查报告。

第五章

财政政策

◆ 技能要求

(1) 准确辨别财政政策与货币政策配合方式及其类型。
(2) 熟练掌握我国改革开放以来财政政策与货币政策的组合类型。

背景资料

供给侧改革的主要内容

一、调整完善人口政策,夯实供给基础

人口增长与经济发展之间的关系,一直以来是经济学的核心问题。"劳动是财富之父,土地是财富之母。"威廉·配第的这一论述,第一次从经济的角度,概括了人口与经济的关系。人口既是需求基础,也是供给基础。就当下中国供给侧结构性改革的经济决策而言,调整和完善人口政策,是夯实供给基础的关键,是奠定中国经济调整转型和发展进步的关键。

二、推进土地制度改革,释放供给活力

合理的土地制度安排对于激励生产要素和公共产品供给,释放供给活力,促进经济增长和经济发展方式转变,发挥着重要的微观管理和宏观调控功能。2015年以来,我国城镇面临着日益严峻的去库存化和"后土地财政"的压力和挑战,农村则开始进入三权分置改革和集体建设用地、宅基地的试点阶段,推动城乡土地制度改革的合力基本形成,长期滞后的土地制度改革有望加速推进。

三、加快金融体制改革,解除金融抑制

金融是现代经济的核心。改革开放以来,我国金融市场由小到大、由弱到强、由单一到多元,不断发展壮大。20世纪80年代,我国金融改革的主要内容以引进市场经济金融体系的基本结构为主。90年代上半期和中期以建立符合市场经济需要的金融机构和金融市场基本框架为主。2002—2008年进入以健康化、规范化和专业化为特征的金融改革与发展新时期。当前,我国金融正处于市场化、国际化和多元化的阶段,面临着比以往更加复杂的局面。从国内来看,金融作为最重要的要素市场之一,由于改革不到位,存在着比较明显的金融抑制,需要加以改革。

四、实施创新驱动战略,开辟供给空间

中国经济多年来的高速增长很大程度上得益于要素驱动和投资驱动,但是经济进入新常态后,要素红利渐行渐远,投资驱动风光不再。"十三五"时期,中国要继续发挥经济巨大潜能和强大优势,必须加快转变经济发展方式,着力推进供给侧结构性改革,坚定不移地实施创新驱动发展战略,提高发展质量和效益,加快培育形成新的增长动力。

五、深化简政放权改革,促进供给质量

新制度经济学认为,制度与劳动力、土地、资本、科技创新一样,是经济增长的要素之一。从对世界历史横、纵两个方面的考察也表明,制度的内涵与制度质量是影响甚至决定一国经济长期绩效最重要的因素。当前,我国经济发展中遇到的诸多问题都可深入体制机制层面寻找原因,制度变革与机制创新刻不容缓。

2015年,中央财经领导小组第十一次会议上首次提出"着力加强供给侧结构性改革"。2016年将"去产能、去库存、去杠杆、降成本、补短板"作为推进供给侧结构性改革的5大任务。2017—2019年我国供给侧结构性改革坚持稳中求进,围绕"巩固、增强、提升、畅通",坚定不移推动中国经济迈向高质量发展。2020年供给侧结构性改革持续深化,这是当前和今后一个时期中国经济发展的主线。

第一节 财政政策概述

一、财政政策的内涵

财政政策不是从来就有的,而是经历了一个相当长的历史发展过程。在前资本主义时代就出现了一些朴素的财政政策思想和政策主张,比如我国古代理财家所提出的"量入为出""轻徭薄赋""藏富于民""以收定支"等思想。这些财政政策思想及其实践都是在自然经济条件下形成和进行的,没有能够形成比较系统的财政政策理论和相对成熟的财政政策实践。

我国对财政政策的研究和运用主要是在20世纪末期改革开放以后,对计划经济的否定和建立市场经济的基础上展开的。特别是20世纪90年代中后期,我国政府成功运用宏观经济调控政策实现了经济"软着陆"并化解"亚洲金融危机"。2015年全面推出"供给侧"改革。

二、财政政策基本特征

1. 稳定性与变动性

财政政策的具体内容随着社会经济的发展而变化。这种变化,有时是根本性的变革,有时是局部的调整与补充,在每次变化以后的一定时间之内是相对稳定的。但是随着社会经济发展条件和外部环境的改变,在一段或长或短的时间之后,还会做出相应的调整以适应局势的发展变化。

例如，我国20世纪90年代初、中期以前采取的紧缩型财政政策；1998—2004年期间实施的积极财政政策，以及2005年开始的稳健型财政政策。

2. 直接性与间接性

财政政策调控经济的间接性是指在市场经济条件下，财政政策表现为政府通过财政支出、预算、转移支付、公债、税收等制度安排，间接地影响微观经济主体的经济行为，进而达到预定的社会经济发展目标。随着我国市场经济体制的不断完善，财政政策间接调控的深度和广度将进一步加强。

但是有些时候，有些财政政策的实施也具有一定的直接性。

3. 时滞性

财政政策的时滞性是指从财政政策的出台实施到对社会经济产生影响存在一定的时间差。这是因为从宏观经济问题的发现，到政策措施的制定和实施，进而对经济运行产生影响，需要一定的传导时间。财政政策时滞的长短，主要取决于行政部门掌握经济信息和准确预测的能力。财政政策的实施一般会存在5种时滞：认识时滞、行政时滞、决策时滞、执行时滞和效果时滞。

三、财政政策的类型

（一）按照调节国民经济总量的功能分类

根据财政政策在调节国民经济总量方面的功能，可分为扩张性财政政策、紧缩性财政政策和中性财政政策。

1. 扩张性财政政策

扩张性财政政策是指通过财政收支规模的变动来刺激和增加社会总需求的财政政策。当社会总需求不足时，借助于扩张性财政政策扩大社会总需求，使社会总供求之间的矛盾得以缓解。

实现扩张性财政政策目标的手段主要是减少税收和增加财政支出。一般来讲，减少税收有利于增加民间可支配收入，从而扩大民间投资需求和消费需求；增加财政支出会直接扩大社会总需求。因此，无论是减税还是增支，都具有刺激和增加社会总需求的作用。减税和增支的共同使用，往往会导致财政赤字的发生，因此扩张性财政政策也被称为赤字财政政策。

2. 紧缩性财政政策

紧缩性财政政策是指通过财政收支规模的变动来减少和抑制社会总需求的财政政策。在社会总需求膨胀的情况下，通过紧缩性财政政策可以消除通货膨胀缺口，实现社会总供求之间的平衡。

实现紧缩性财政政策目标的基本手段是增加税收和减少财政支出。通过增加税收措施的运用可以控制非政府主体的可支配收入，从而抑制消费需求和投资需求；减少财政支出可以直接减少政府本身的消费需求和投资需求。因此，无论是增税还是减支，都具有抑制和减少社会总需求的作用。增税和减支的同时并用，一般会导致财政盈余的出现，因此紧缩性财政政策也被称为盈余财政政策。

3. 中性财政政策

中性财政政策是指通过财政收支活动对社会总需求的影响保持中性,既不产生扩张效应,也不产生紧缩效应。在一般情况下,财政中性政策要求财政收支保持平衡。一般把扩张性财政政策和紧缩性财政政策称为非均衡财政政策;而以收支均衡的形式表现出来的财政政策被称为均衡财政政策。

均衡财政政策的主要目的在于避免赤字财政政策或盈余财政政策可能带来的不良后果。但是均衡财政政策并不等于中性财政政策。

(二) 按照调节经济周期的作用

根据财政政策具有调节经济周期的作用来划分,可分为自动稳定的财政政策和相机抉择的财政政策。

1. 自动稳定的财政政策分类

自动稳定的财政政策是指当经济波动时,能自动调节社会供求总量,稳定经济增长的政策,它无须借助外力就可直接产生调控效果。其特点是可以随着社会经济发展,自行发挥调节作用,不需要政府采取任何干预行为。

财政政策的自动稳定性主要表现在两个方面。

(1) 税收的自动稳定性

主要是通过累进制所得税起到自动"稳定器"的作用。在经济繁荣时期,企业和劳动者个人收入增长,在税率不变的情况下,政府所得税收入有更高的增长;在经济衰退时期,则与此相反。

(2) 转移支付的自动稳定性

失业救济金就是如此,在经济繁荣时期,失业率降低,政府工薪方面税收增加,而支付的失业救济金减少,产生盈余,从而减轻经济压力;在经济衰退时期,则与此相反。

2. 相机抉择的财政政策

相机抉择的财政政策是指政府根据一定时期的经济社会状况,主动灵活选择不同类型的反经济周期的财政政策工具,干预经济运行行为,实现财政政策目标。这种政策是政府利用本身财力有意识干预经济运行的行为,包括汲水政策和补偿政策。

汲水政策是对付经济波动的财政政策,在经济萧条时靠付出一定数额的公共投资使经济自动恢复其活力的政策。其主要有以下 4 个特点。

(1) 汲水政策是一种诱导经济复苏的政策,是以经济本身所具有的自发恢复能力为前提的治理萧条政策。

(2) 汲水政策的载体是公共投资,以扩大公共投资规模作为启动民间投资的手段。

(3) 财政支出规模是有限的,不进行超额的支出,只要使民间投资恢复活力即可。

(4) 汲水政策是一种短期的财政政策,随着经济萧条的消失而不复存在。

补偿政策是政府有意识地从当时经济状态的反方向调节景气变动幅度的财政政策,以达到稳定经济的目的。在经济繁荣时期,为了减少通货膨胀因素,政府通过增收减支以抑制和减少社会有效需求;而在经济萧条时期,则与此相反。

3. 汲水政策和补偿政策的区别

汲水政策和补偿政策虽然都是政府有意识的干预政策,但区别是明显的。

(1) 汲水政策只是借助公共投资以补偿民间投资的减退,是医治经济萧条的处方,而补偿政策是一种全面的干预政策,它不仅在使经济从萧条走向繁荣中得到应用,而且还可用于控制经济过度繁荣。

(2) 汲水政策的实现工具主要是公共投资,而补偿政策的载体不仅包括公共投资,还有所得税、消费税、转移支付、财政补偿等。

(3) 汲水政策的公共投资不能是超额的,而补偿政策的财政收支可以超额增长。

(4) 汲水政策的调节对象是民间投资,而补偿政策的调节对象是社会经济的有效需求。

(三) 按长、短期目标分类

根据财政政策的时间目标来划分,可分为长期财政政策和短期财政政策。长期财政政策是为国民经济发展的战略目标服务的财政政策,具有长期稳定的特点;短期财政政策属于战术性政策,适用于特定时期和特定范围。另外还可以按照调节手段划分:税收政策、国债政策、支出政策、投资政策、补贴政策、固定资产折旧政策、国有资产政策、国家预算政策;按照调节客体划分:存量财政政策和增量财政政策等。

四、财政政策的构成要素

(一) 财政政策主体

财政政策主体是指财政政策的制定者和执行者,财政政策的主体是政府。

财政政策主体的行为是否规范和正确,对财政政策的制定和执行具有决定性的作用,并直接影响到财政政策效应的好坏。

(二) 财政政策目标

1. 物价水平相对稳定

这是世界各国均在追求的重要目标,也是财政政策稳定功能的基本要求。物价相对稳定,并不是冻结物价,而是把物价总水平的波动约束在经济稳定发展可容纳的空间。国际上一般将物价稳定的目标定位于物价水平控制在上涨率不超过3%。如果社会需求大大超过社会供应,物价水平持续上涨即发生通货膨胀,则分配格局将发生变化,贫富差距会拉大;投机增多,流通秩序混乱;影响再生产的顺利进行和社会安定,也必然会影响财政分配。如果社会供应大大超过社会需求,价格水平不断地下降,则会出现通货紧缩,也会影响到财政分配。而财政分配对社会总需求和社会总供应具有重大的反作用,因此,防止及消除通货膨胀和通货紧缩,实现价格稳定,理应成为财政政策的目标之一。

> **小贴士**
>
> **2020 年全国居民消费价格比上年涨跌幅度**
>
> 2020 年 12 月,全国居民消费价格同比上涨 0.2%。其中,城市上涨 0.2%,农村上涨 0.2%;食品价格上涨 1.2%,非食品价格持平;消费品价格上涨 0.2%,服务价格上涨 0.3%。

12月,全国居民消费价格环比上涨0.7%。其中,城市上涨0.7%,农村上涨0.9%;食品价格上涨2.8%,非食品价格上涨0.1%;消费品价格上涨1.2%,服务价格持平。

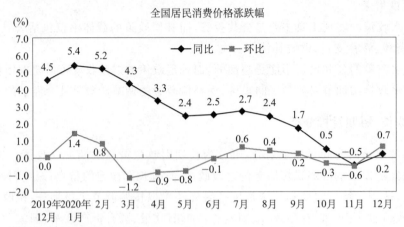

资料来源:中国新闻网、国家统计局网站。

2. 充分就业

充分就业就是指扣除季节性和摩擦性失业后具有较高的就业率。季节性失业是指某些行业中由于季节性、周期性变化所形成的失业;摩擦性失业是指由于劳动力市场的双向选择活动而造成的失业。充分就业并不是说所有劳动者都有固定职业。由于各国社会经济情况不同,民族文化和传统习惯各异,可容纳的失业率也是不同的。

我国传统经济理论对失业问题是缺乏研究的。实际上,失业不仅是个经济问题,也是一个十分敏感的社会问题,它会对社会经济的运行构成巨大的威胁,对财政状况产生严重影响,如图5-1所示。

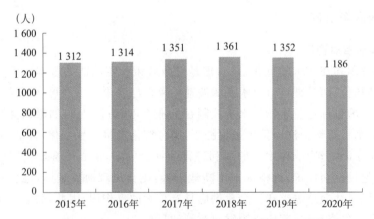

图 5-1　2015—2020 年全国城镇新增就业人数变化趋势

数据来源:人力资源和社会保障部、中商产业研究院.

3. 经济适度增长

经济适度增长就是保持适当的经济增长速度。并不是经济增长速度越快越好,而是谋求最佳经济增长率,保持经济持续适度增长,避免经济发展中的大起大落。

衡量经济增长的指标有两个:一是该国实际国民生产总值年增长率(衡量综合国力);二

是人均实际国民生产总值年增长率(衡量公民生活水平)。在实现经济增长的过程中,财政可以通过政策引导资本、劳动力、技术等生产要素的合理配置,起到有力的促进和推动作用。因而,促进经济增长应成为财政政策目标。

4. 收入合理分配

收入分配不合理抑制了劳动者的生产积极性,不利于经济的发展;贫富差距过大,又不利于社会经济的稳定。

在社会主义市场经济下,同资源配置机制一样,市场分配起基础作用,同时实施政府的宏观调控。收入分配既要有利于充分调动社会成员的劳动积极性,同时又要防止过分贫富悬殊和分化,因此,在政策的导向上存在着公平与效率的协调问题。税收负担的合理分配,建立完善的社会保障体系,是实现收入合理分配目标的关键点。

5. 国际收支平衡

国际收支平衡就是指一国一定时期(通常为一年)的国际收支中的经常项目与资本项目收支保持基本平衡(可略有顺差或略有逆差),从而使一国的外汇储备处于适度状态。在开放经济中,国际收支状况会影响国内的就业和物价及经济增长。

(三) 财政政策工具

1. 税收

税收是一国政府为实现其职能,通过法律形式对企业和个人所有资源进行的强制性、无偿性征收。税收作为一种政策工具,税收政策主要用来实现政府的经济稳定目标、资源合理配置目标和收入公平分配目标。实现这些目标的手段主要有课税对象的选择、税率水平的确定以及税负的分配、税收优惠和税收惩罚等。

税收政策是通过税收收入的征收,将社会总资源在政府和非政府部门之间进行配置,并对社会的资源配置状况进行一定程度的调节。税收政策是通过对社会总供求的调节,促进经济稳定的实现。在经济高度繁荣时期,税收可利用累进型所得税以及提高税率等其他手段增加财政收入,以抑制需求总量的过度膨胀;在经济危机时期,税收可通过各种手段减少税收收入,从而增加社会各经济主体的可支配收入,扩大需求总量。在现代社会,税收的这一调节作用主要借助于累进型个人所得税的征收来实现。

税收政策是通过累进型所得税和财产税的征收,调节社会成员之间的收入差距,实现收入分配公平化。累进型所得税既是稳定经济的重要手段,又是调节社会成员之间收入差距的重要工具。它使得社会财富在不同社会成员之间的分布趋向于合理化。财产税、遗产税等税种也是调节社会成员收入差距的有力手段。从发达国家的情况看,财产税或遗产税对社会成员收入水平的调节力度是相当大的。

2. 国债

国债最初是用来弥补财政赤字的,随着信用制度的发展,国债已成为调节货币供求、协调财政与金融关系的重要政策手段。国债作用主要体现在3个方面。

(1) 排挤效应。由于国债发行使民间部门的投资或消费资金减少,从而对民间部门的投资或消费起调节作用。

(2) 货币效应。国债发行引起货币供求变动。它可能使部分潜在货币变为现实流通货币;也可能把存于民间部门的货币转到政府部门;由国债发行所带来的货币一系列变动,统称为"货币效应"。

（3）收入效应。政府发行国债主要用于社会公共需要，国债持有人在国债到期时要求还本付息，而偿债资金来源于未来年度的税收或是发行的新债。这样在一般纳税人与国债持有人之间就产生了收入转移，国债所带来的收入与负担问题，不仅影响当代人，而且还存在所谓"代际"的收入与负担的转移问题。

国债的作用主要通过国债规模、持有人结构、期限结构、公债利率综合体现出来。一方面，政府可以通过调整国债规模，选择购买对象，区分国债偿还期限，制定不同国债利率实现政策目标。另一方面，可以增加中央银行灵活调节货币供应的能力。

3. 购买性支出

购买性支出是政府用于购买商品和劳务的财政支出。政府的购买支出主要用于政府投资和政府消费。政府投资支出主要用于非生产性投资项目和部分生产性投资项目，通过投资政策，可以扩大或缩小总需求，可以调节资源配置结构，还可以改善投资环境，刺激私人投资行为。政府消费支出主要用于国防、行政和文教、科研、卫生事业等方面，通过消费性购买支出政策可以直接增加或减少社会的总需求，引导私人生产的发展方向，还可以调节经济周期波动。这类支出对整个社会的资源配置状况以及社会总供求的平衡状况均有很大影响。

购买支出侧重于对资源配置状况和供求总量平衡状况的调节，着眼于效率原则。

4. 转移性支出

转移性支出是政府把一部分财政资金用于社会福利、财政补贴和财政补助等项目上，从而将财政资金转移到社会经济部门、居民以及其他各级政府手中。转移性支出可以分为两类：一是社会保障、社会福利费用支出；二是财政补贴支出。

（1）社会保障和社会福利支出

社会保障和社会福利支出的作用主要体现在两个方面。

一是实现收入公平分配目标。通过社会保障和社会福利支出，政府将高收入阶层的一部分收入转移到低收入阶层，从而实现收入的再分配，缩小社会成员的收入差距。

二是熨平经济周期。在经济高度繁荣时期，投资过旺，就业率高，社会总需求过度膨胀，此时社会保障和社会福利给付减少，从而在一定程度上减少了需求压力；而在经济危机时期，则反其道而行之。

（2）财政补贴支出

财政补贴支出的使用分为两类：一类是对消费提供的补贴，如政府给市民的物价补贴等；另一类是对生产提供的补贴，如企业亏损补贴等。两类补贴作用不同：对消费提供的财政补贴，可以增加消费需求；对生产提供的补贴则兼具扩大消费需求和提高投资、商品供应能力的双重作用。一般情况下，在总需求不足时，财政应侧重对消费进行补贴，而在总供给不足时，则应侧重于对生产的补贴。转移支出侧重于对收入分配状况的调节，着眼于公平原则。发达国家转移性支出对经济的调节力度较大，发展中国家的转移支出对经济的调节力度较小。体现了发达国家侧重于公平原则的实现，而发展中国家则侧重于效率原则的实现。

5. 政府预算

政府预算是国家财政收入与财政支出的年度预定计划。作为财政政策工具的预算，一般是指中央政府预算。政府预算的调节功能主要体现在3个方面，即赤字预算、盈余预算和平衡预算。

(1) 赤字预算是指安排预算时,有意识地使财政支出大于财政收入,它是一种扩张性财政政策,可以起到扩大需求规模的作用,适用于经济衰退时期。

(2) 盈余预算是指安排预算时,有意识地使财政收入大于财政支出,它是一种紧缩性财政政策,可以起到抑制需求的作用,适用于经济过热时期。

(3) 平衡预算是指预算安排时,使收入与支出基本相当,它是一种中性财政政策,适用于经济正常发展时期。

五、财政政策的功能

财政政策作为国家管理和调节社会经济的重要手段,具有其内在的、不可替代的功能。具体而言,财政政策主要有以下几方面的功能。

(一) 财政政策的导向功能

1. 财政政策的导向功能的含义

财政政策的导向功能是通过调整物质利益对个人和企业的经济行为以及国民经济的发展方向发挥引导作用的。

2. 财政政策的导向功能的运用

财政政策的导向功能主要体现在两方面:一方面,配合国民经济总体政策和具体政策,提出明确的调控目标;另一方面,通过利益机制,引导人们如何进行具体的运营和操作。

3. 财政政策的导向功能分为两种形式

(1) 直接导向是财政政策对其调节对象直接发生作用,如加速折旧的税收政策可以直接提高设备投资欲望,加速固定资产的更新改造。

(2) 间接导向是财政政策对非直接调节对象的影响,如对某些行业施以高税收政策,不仅会抑制这一行业的生产发展,影响消费数量,还会影响其他企业和新投资的投资选择。

(二) 财政政策的协调功能

1. 财政政策的协调功能的含义

财政政策的协调功能是指其所具有的调解各社会经济主体之间的物质利益矛盾、协调各种社会关系的功能。在社会经济发展过程中,各经济主体之间形成多种错综复杂的物质利益关系。只有保持这些关系的平衡,社会经济才能顺利发展。在财政政策体系中,支出政策、税收政策、预算政策、补助政策等,从各个方面协调人们的物质利益关系。

2. 财政政策的协调功能的特征

财政政策的协调功能有3个特征。

(1) 多维性,即财政政策所要调节的对象及其实现目标不是单一的,而是多方面的。

(2) 灵活性,可以根据国民经济的发展阶段,不断改变调节对象、调节措施和调节力度,最终实现国民经济的协调发展。

(3) 适度性,财政政策在协调各经济主体的利益关系时,应掌握利益需求的最佳满足界限和国家财政的最大承受能力,做到取之有度,予之有节,使政府以尽量少的财政投入,取得尽量大的政策效果。

（三）财政政策的控制功能

1. 财政政策的控制功能的含义

财政政策的控制功能是指政府通过财政政策对人们的经济行为和宏观经济运行的制约与促进，实现对整个国民经济发展的控制。

2. 财政政策的控制功能的体现

目前，政府在经济运行过程中发挥着非常重要的作用，宏观经济的运行速度、产业结构平衡状况等，都在政府的控制之下。而政府对宏观经济的控制，在很大程度上借助于财政政策手段。当社会总供给与社会总需求失衡、经济发展速度过快或过慢时，政府可以通过紧缩性财政政策或扩张性财政政策进行有效的调节，以控制国民经济发展速度。例如，在经济发展出现需求不足、速度放缓时，政府通过征收利息所得税，实现扩大社会需求目标，促进经济的恢复和发展；为防止收入分配两极分化现象，对个人所得税征收超额累进税；用税收减免鼓励工业企业发展生产，以满足社会需要。

（四）财政政策的稳定功能

1. 财政政策的稳定功能的含义

财政政策的稳定功能是指政府通过财政政策调整总支出水平，使货币支出水平与产出水平相适应，实现国民经济的稳定发展。所谓稳定经济，实质上是指熨平经济运行周期，避免经济的大起大落。

2. 财政政策的稳定功能的体现

在财政活动中，政府可以采取逆经济周期运行的政策，以保证经济的稳定发展。比如在经济过热时，财政采取盈余政策来抑制需求，抑制通货膨胀；反之在经济危机时则采取赤字政策，以避免经济的过度波动。财政的稳定经济功能是因为财政收支活动本身就是供给和需求的形成过程，政府可以通过财政收支规模的调节，来影响社会总供给与社会总需求的平衡状况。而社会经济稳定发展的先决条件恰恰就是供给与需求的平衡。

第二节　财政政策与货币政策的配合

一、货币政策

（一）货币政策的基本概念

货币政策是一个国家实现其宏观经济目标所采取的调节和控制货币供应的一种金融政策，包括货币政策目标、政策手段、政策传导等内容。

1. 货币政策的基本特征

（1）货币政策是宏观经济政策

货币政策一般涉及整个国民经济运行中的货币供应量、信用量、利率、汇率等宏观经济总量问题。

(2) 货币政策是调节社会总需求的政策

社会总需求一般指货币支付能力的总需求,货币政策通过货币供给来调节社会总需求中的投资需求、消费需求、出口需求。

(3) 货币政策主要是间接调控政策

货币政策一般不直接采用行政手段来调控经济,而是运用经济手段、法律手段进行调节的经济行为。

(4) 货币政策是长期连续的经济政策

货币政策最终目标的多元化,都是长期性的政策目标,短期内是难以实现的。

2. 货币政策的主要类型

(1) 扩张型货币政策

中央银行通过增加货币供应量,降低利率,增加投资,扩大总需求,刺激经济增长。主要措施:一是降低法定准备金率;二是降低再贴现率;三是公开市场业务。除此之外,中央银行也可用"道义劝告"的方式来影响商业银行及其他金融机构的具体行为。

(2) 紧缩型货币政策

中央银行通过减少货币供应量,提高利率,抑制投资,压缩总需求,限制经济增长。措施是扩张型货币政策中所采用的反向操作。

(3) 非调节型货币政策

中央银行把货币供应量固定在预期水平上,不再随时根据社会经济状况调节货币需求。原因在于较短时期内,货币供应的增减会自动地得到调节,国家的经济目标和经济状况不会因此受到影响。

(二) 货币政策的目标

总体来说,货币政策目标同财政政策目标是一致的。但是货币政策目标有其自身的特殊性,《中华人民共和国中国人民银行法》规定,货币政策的目标是保持货币币值的稳定,并以此促进经济增长。中国人民银行是我国的中央银行,是调控货币供应的总闸口。因此,中央银行的首要任务就在于调节信用总量和货币供给量,保持人民币币值的稳定。

货币稳定的意义有以下几点。

(1) 可以提供一个相对稳定的价值尺度和核算手段,便于企业核算成本和盈亏,国家测算和确定经济比例关系,促进经济协调、高效增长。

(2) 为商品交易提供一个稳定的流通手段,促进城乡和地区间商品顺畅流通。

(3) 提供一个有效的支付手段,凭以组织国民收入再分配,正确处理国家、企业和个人三者的利益关系,保证人民生活水平的逐步提高。

(三) 货币政策的手段

1. 西方国家中央银行货币政策的手段

(1) 存款准备金率

存款准备金率是指商业银行等金融机构上缴中央银行的法定准备金占存款总额的比率。主要是中央银行通过提高或降低存款准备金率的办法,来增加或减少商业银行等金融机构向中央银行缴存的存款准备金数额,从而影响商业银行等金融机构的贷款能力,促使信用收缩或扩张的一种措施。

(2) 再贴现率

再贴现率是指商业银行等金融机构以贴现所获得的未到期票据向中央银行所作的票据转让。对中央银行而言,是买进商业银行持有的票据;对商业银行而言,是出让已贴现的票据。再贴现率就是中央银行通过提高或降低再贴现率的办法,影响商业银行的信贷量,促使信用扩张或收缩的一种措施。

(3) 公开市场业务

公开市场业务是中央银行在金融市场上公开买卖有价证券(主要是政府债券),借以改变商业银行准备金,实现其货币政策目标的一种措施。当经济出现萧条,中央银行就在公开市场上买进有价证券,其实质是向市场注入了一笔基础货币,其结果是信贷规模的扩大和货币供应量的多倍增长;反向操作则可达到减少货币供应量、控制通货膨胀的目的。

2. 目前我国使用的货币政策手段

(1) 法定存款准备金

我国从1984年开始实行存款准备金制度,开始时对不同性质的存款分别规定上缴比率,其后实行统一的存款准备金率。调整法定存款准备金率,在增强中国人民银行的资金实力、巩固其中央银行的地位、调控信贷规模等方面发挥了重要的作用。

(2) 贷款规模

中国人民银行通过编制国家银行信贷计划,匡算全部信贷资金来源,根据经济发展需要确定适当的贷款规模和现金投放量,将确定的贷款规模分解给各国有商业银行,非经批准,贷款规模不得突破。1997年12月,我国取消了长期使用的贷款规模控制,这标志着我国金融调控由直接管理向间接管理的重大变革。

(3) 再贷款手段

再贷款手段是指中央银行通过对国有商业银行的贷款进行调节的一种手段。它是当前我国最为有效的手段之一。我国国有商业银行对中央银行资金供应的依赖性大,如果中央银行扩大对国有商业银行的贷款,就是增加了国有商业银行的可用资金,能更多地提供货币;反之,则起到收缩货币供给量的作用。

(4) 公开市场业务

1996年4月我国中央银行开始通过金融市场买卖国库券,标志着我国已尝试运用公开市场业务手段。此外,目前我国正积极推行商业信用票据化,拓展票据贴现和再贴现业务,同时人民银行不断扩大再贴现业务比重,逐步取代目前的再贷款手段。随着经济体制和金融体制改革的不断深化,我国货币政策手段正逐步转向以间接调控为主。

金融体制改革的深化,使金融工具更多样化,金融机构也随之多样化。中央银行通过国库券市场买卖国库券;在全国建立统一的同业拆借市场,中央银行参与同业拆借市场融资;中央银行积极拓展票据贴现和再贴现业务,逐步取代目前的再贷款;逐步放开利率,向利率市场化迈进;逐步统一现有的法定存款准备金率与备付准备金率,并适当降低比率。

二、财政政策与货币政策相互配合的必要性

财政政策与货币政策是政府对国民经济进行宏观调控的两大手段,两者之间既有配合

的可能性,又有配合的必要性。财政政策与货币政策相互配合的可能性体现在:两者都是国民经济货币收支体系的重要组成部分,都与社会其他货币收支体系有密切联系;两者之间存在着密切的资金往来关系;两者的运作主体均是国家,最终目标也是一致的,都要服从于国家调节宏观经济的总体目标。财政政策与货币政策相互配合不仅有可能性,更有其客观必要性。财政政策与货币政策无论是在调节目标、调节方式和手段、调节作用,还是在调节的侧重点、调节的效果等方面,均有很多差别,而且在许多方面又具有很大的互补性,由此决定两者既不能相互取代,也不能各行其是,而必须相互配合。

具体地讲,财政政策与货币政策配合具体体现在以下几方面。

(一) 财政政策与货币政策的一致性

1. 政策实施主体的一致性

财政政策与货币政策都反映政府的经济政策,体现政府的意志,因而政策实施主体归根结底为政府。

从具体操作来看,财政政策与货币政策分为两个不同的具体实施主体,但实际上都是政府的组成部分,主体都统一于政府。

2. 政策调控最终目标的一致性

虽然财政政策与货币政策有各自的政策目标,各有自身的手段来实现它。但从宏观经济角度看,两种政策的最终目标都是为了社会总供应与社会总需求的平衡,使国民经济协调发展。

3. 政策作用形式的一致性

财政政策与货币政策都是通过货币资金的运用形式来实施的。

(二) 财政政策与货币政策的差异性

1. 调节目标不同

财政政策以促进经济发展为首要目标,货币政策则以货币稳定为第一目标。

经济发展与货币稳定的目标有时是相互矛盾的。要促进经济发展,势必扩大投资规模,进而扩大贷款规模,引起货币流通量增加,从而可能引发通货膨胀;反之,货币稳定则可能对企业投资需求产生抑制作用,使经济发展速度放缓。政府部门必须正视两者之间的差异,协调两者之间的关系,避免财政政策与货币政策之间的矛盾。

2. 作用机制不同

财政可以直接参与国民收入分配,对集中的国民收入在全社会范围内进行再分配,用于满足社会公共需要;因而在国民收入的分配中,财政居于主导地位,具有强制性和无偿性;财政从收入和支出两方面影响社会总需求的形成。银行信贷也是对货币资金进行的一种再分配活动,但它并不直接参加国民收入的分配;信贷资金是以有偿方式集中和使用的,由此决定货币政策主要是通过信贷规模的伸缩来影响消费需求和投资需求的形成。

3. 功能不同

财政政策对供求总量和供求结构都有较强的作用,但相对而言,对供求结构的调节比较灵活,社会和政府所付出的代价比较小,由此造成的财政收入损失数量也不大;而财政对供求总量的调节,会对整个社会经济的运行产生很大影响,并且对财政本身的影响也很大;因此,财政政策的功能偏重于调节供求结构。相反,货币政策在供求结构的调节上几乎是无能为力的,它的调节功能侧重于供求总量的调节,货币政策主要是通过对货币供应量的调节来对供求状况产生影响的。中央银行扩大或缩小货币供应量,只会导致需求总量的扩大或缩小,而不会引起需求结构的改变。

4. 时滞性不同

时滞性是指在制定和执行政策的过程中出现的时间滞后现象。

财政政策时滞包括认识时滞、决策时滞和实施时滞。财政政策的认识时滞是指财政决策部门对社会经济问题的认识、掌握所需要的时间,财政政策的认识时滞往往比较短。财政政策的决策时滞是指财政决策部门针对经济存在的问题,选择适当的解决方法,并将其付诸实施所需的时间,财政政策的决策时滞相对于其认识时滞而言较长。财政政策的实施时滞是指一项财政政策从出台到收到预期效果所需的时间,财政政策实施时滞的长短并不取决于政府财政部门,而取决于社会各方面的配合状况,因此,不同的财政政策的实施时滞可能有很大的差异,而且其时滞的长短也很难预测。货币政策受到的局限与财政政策有所区别,与财政存在的问题相反,货币政策是认识时滞较长,而决策时滞与实施时滞较短。

5. 透明度不同

财政政策的透明度高,财政的收支,无论是结余还是赤字等都非常清楚,政府能较准确地判断财政状况并可根据财政状况有针对性地制定相应政策。银行信贷收支表现为存贷,而贷款来源于存款,贷款又可创造派生存款,在中央银行的资产负债表上是难以反映信贷收支平衡状况的,使得信贷投放的合理规模、货币发行的合理界限都较难把握。

(三) 财政政策与货币政策的对比

1. 财政政策与货币政策的优势

(1) 财政政策的优势

① 弥补市场缺陷,对非政府部门不适合投资、不愿意投资的领域能很好地发挥资源配置功能。

② 调节收入分配,特别是在调节极差收入、实现社会公平分配方面能发挥重要作用。

③ 稳定社会经济发展,能通过财政收支总量和结构的变动,调节社会总需求及结构,还能通过财政补贴等进行特殊调控,保持社会经济稳定发展。

④ 促进经济结构和地区结构合理化,可通过税收优惠、转移支付等手段来实现。

(2) 货币政策的优势

① 调节社会供求总量,通过调控货币供求总量来实现。

② 调节物价总水平,这方面作用比财政政策突出。

③ 调节储蓄与投资,通过利率变动来调节消费与储蓄的比重,从而引导储蓄与投资倾向的相互转化。

④ 有利于提高资金的使用效率,因为它的操作是一种经济行为,能很好地发挥市场机制的作用。

2. 财政政策与货币政策的劣势

(1) 财政政策的劣势

① 对社会需求的调节更多表现在比例和分布上,对需求总量调节不如货币政策直接。

② 对物价调控的效果不如货币政策明显。

③ 对提高资金的使用效率缺乏刺激力,因为它的作用过程主要不是靠市场机制。

(2) 货币政策的劣势

① 对市场缺陷的弥补显得乏力。

② 难以很好地解决收入分配不公的问题。

③ 在调整经济结构和地区结构方面难以直接有效地发挥作用。

可见,财政政策与货币政策各有优劣势,且两者的互补性很强,政府在实施宏观经济调控时不能相互代替,必须协调运用两种政策。

三、财政政策与货币政策的配合

(一) 财政政策与货币政策配合的内容

1. 在总量调节中的配合

财政政策与货币政策在总量调节中的配合,货币政策在总量调节中居于主导地位,它使货币供应量保持相对的稳定性。但这种长期稳定性与经济运行中的短期波动形成尖锐的矛盾。这就需要运用财政政策的配合来缓解。

(1) 借用财政的内在稳定器来调节。

(2) 通过结构性预算、税收和补贴来调节。

2. 在结构调节中的配合

财政政策与货币政策在结构调节中的配合,财政政策在结构调节中居主导地位,但也离不开货币政策的密切配合。

(1) 中央银行在实施货币政策过程中,可以通过一些手段,如专项贷款等直接支持产业结构的调整。

(2) 财政发生赤字,要通过发行公债的方式来弥补,银行在资金上和工作上都应给予支持。

理顺财政与银行的资金关系,建立财政政策和货币政策分工和协调运行机制,是保证国家宏观经济调控任务顺利实现的重要条件。

(二) 财政政策与货币政策配合的形式

财政政策与货币政策如果都按"松""中""紧"划分,那么这两种政策的组合方式可以有9种类型,如表5-1所示。

表5-1 财政政策与货币政策的组合类型表

组合		财 政 政 策		
		松	中	紧
货币政策	松	松松	松中	松紧
	中	中松	中中	中紧
	紧	紧松	紧中	紧紧

上述9种组合方式在实践中的运用,一般有两类4种。

第一类是"双松"政策和"双紧"政策。

第二类是"紧松"政策和"松紧"政策。

财政政策与货币政策究竟采取何种组合方式,决定于不同国家以及一个国家不同时期的经济环境和状态,它不是一成不变的。

1. 松的财政政策和松的货币政策

松的财政政策和松的货币政策,即"双松"政策。松的财政政策是指通过减少税收和扩大政府支出规模来增加社会的总需求。松的货币政策是指通过降低法定准备金率、降低利息率而扩大货币供给。显然,"双松"政策的结果必然使社会的总需求扩大。在社会总需求严重不足,生产能力和社会资源未得到充分利用的情况下,利用这种政策配合可以刺激经济的增长,扩大就业,但却会带来通货膨胀的风险。

2. 紧的财政政策与紧的货币政策

紧的财政政策与紧的货币政策,即"双紧"政策。紧的财政政策是指通过增加税收、削减政府支出规模来限制消费与投资,抑制社会的总需求。紧的货币政策是指通过提高法定准备率、提高利率来压缩货币供给量。这种政策组合可以有效地遏止需求膨胀与通货膨胀,但可能会带来通货紧缩和经济停滞的后果。

3. 紧的财政政策和松的货币政策

紧的财政政策可以抑制社会总需求,防止经济过热和通货膨胀。松的货币政策在于保持经济的适度增长。因此,这种政策组合的效应就是在控制通货膨胀的同时,保持适度的经济增长。但货币政策过松,也难以制止通货膨胀。

4. 松的财政政策和紧的货币政策

松的财政政策在于刺激需求,对克服经济萧条较为有效。紧的货币政策可以避免过高的通货膨胀率。

因此,这种政策组合的效应是在保持经济适度增长的同时尽可能地避免通货膨胀。但长期运用这种政策组合,会积累起巨额的财政赤字。上面介绍的4种财政政策与货币政策的配合方式如表5-2所示。

表5-2 财政政策与货币政策的配合模式

	"双松"政策	"双紧"政策	紧财政松货币	松财政紧货币
经济背景	社会需求严重不足,生产资源大量闲置,解决失业和刺激经济增长成为宏观调控首要目标	社会总需求极度膨胀,社会总供给严重不足,物价大幅攀升,抑制通胀成为首要目标	政府开支过大,物价基本稳定,经济结构合理,但企业投资并不旺盛,促使经济较快增长成为主要目标	通胀与经济停滞并存,产业结构和产品结构失衡,治理滞胀、刺激经济增长成为首要目标
具体政策	财政扩大支出,降低税率;同时央行采取扩张性的货币政策,增加货币供应,降低市场利率,以抵消财政政策的"挤出效应"	财政削减政府支出,提高税率;央行紧缩货币政策,减少货币供应,调高利率	财政削减政府支出,提高税率	紧的货币政策同时实施减税和增加财政支出,利用财政杠杆调节产业结构和产品结构

总而言之,财政政策与货币政策的配合既是必要的、可能的,又是十分复杂、难以操作

的。这就对政府决策部门提出很高的要求,只有在把握社会经济运行的客观规律、充分而又准确地掌握经济信息的前提条件下,确定适当的宏观调控目标,选择恰当的财政政策与货币政策搭配类型及实施方案,才能有效地发挥财政政策与货币政策的作用,实现政府的经济政策目标。

◆ 技能训练题

一、单项选择题

1. 财政政策的( )是指从财政政策的出台实施到对社会经济产生影响存在一定的时间差。

　　A. 稳定性　　　　B. 变动性　　　　C. 直接性　　　　D. 时滞性

2. ( )是对付经济波动的财政政策,在经济萧条时靠付出一定数额的公共投资使经济自动恢复其活力的政策。

　　A. 自动稳定政策　　B. 相机抉择政策　　C. 汲水政策　　D. 补偿政策

3. ( )是指中央银行针对某些特殊的经济领域或特殊用途的信贷而采用的信用调节工具。

　　A. 一般性政策工具　　　　　　B. 直接性政策工具
　　C. 选择性政策工具　　　　　　D. 间接性政策工具

二、多项选择题

1. 货币政策的最终目标是中央银行通过调节货币和信用在一段较长时期内所要达到的目标,它与政府的宏观经济目标相吻合。具体包括( )。

　　A. 稳定物价　　B. 充分就业　　C. 经济增长　　D. 国际收支平衡

2. 财政政策的协调功能是指其所具有的调解各社会经济主体之间的物质利益矛盾、协调各种社会关系的功能。财政政策协调功能的特征是( )。

　　A. 多维性　　B. 可控性　　C. 灵活性　　D. 适度性

3. 国债最初是用来弥补财政赤字的,随着信用制度的发展,国债已成为调节货币供求、协调财政与金融关系的重要政策手段。国债作用主要体现( )。

　　A. 排挤效应　　B. 收入效应　　C. 代际效应　　D. 货币效应

三、思考题

1. 简述财政政策的内涵、类别和构成要素。
2. 简述财政政策目标。
3. 简述自动稳定的财政政策。
4. 简述相机抉择的财政政策。
5. 试论财政政策手段。
6. 试论财政政策与金融政策协调的必要性。
7. 试论财政政策与金融政策协调的内容与形式。

四、实践课堂

试结合"供给侧"改革的政策内容分析这一政策对自身生活的影响。

税收篇

第六章

税收原理

◆ 技能要求

(1) 能对税收与税法的基本理论及其在经济生活中的重要性有正确认识。

(2) 能分辨不同税类、不同税种的基本特征,能对我国税制有基本认知。

背景资料

去年新增减税降费超 2.5 万亿元 市场主体信心足活力强

"2020 年,全年新增减税降费超 2.5 万亿元,圆满完成全年减负目标。一系列实打实的减税降费政策减轻了企业负担,增强了企业获得感。"2021 年 1 月 20 日,国家税务总局收入规划核算司司长蔡自力在新闻发布会上表示。

数据显示,2020 年,全国税务部门组织的税收收入(已扣除出口退税)完成 136 780 亿元,税收收入占 GDP 比重下降约 0.82 个百分点,企业税费负担进一步减轻,全年新办涉税市场主体 1 144 万户,高于前两年水平。一年来,一系列大规模减税降费政策措施落实落地,支持市场主体纾困解难,为做好"六稳"工作、落实"六保"任务提供了可靠支撑。

超 2.5 万亿元的新增减税降费规模带来了什么?

——企业生产经营逐期向好,发展信心更足。

去年,河北秦皇岛港湾水产有限公司经营遇到难题,关键时刻减税降费政策为企业减轻了负担。"去年前三季度,公司累计免征社保费 25 万余元,除了税费优惠支持,税务部门通过大数据分析下游企业和国内终端需求,协助我们打通销售渠道,拓宽国内市场。"公司财务负责人王建中说,"截至去年 11 月底,公司完成国内市场销售额 5 077 万元,与 2019 年同期相比,内销业务增长了 20.65%,我们对未来发展越来越有信心了。"

增值税发票数据显示,2020 年全国企业销售收入同比增长 6%,比前三季度提高 4.2 个百分点。其中第四季度增长 15.7%,比第三季度提高 3.3 个百分点。

——企业创新能力加速释放,发展动力更强。

"企业得以开足马力安心搞研发,离不开税费优惠政策的支持。"江苏天宏机械工业有限公司总经理助理汤建军说:"去年以来,公司享受软件产品增值税即征即退 114 万元,前三季度高新技术企业所得税减免 154 万元等,一系列税收政策激发了企业研发动力,有效缓解了资金压力。"

新动能加速发展,新经济茁壮成长。数据显示,2020年,全国高技术产业保持较快增长态势,销售收入同比增长14.7%,增速快于全国企业平均水平8.7个百分点。受益于研发费用加计扣除等税收优惠政策,全国重点税源企业研发支出预计同比增长13.1%,其中,制造业增长9.6%,软件和信息技术服务业增长25.3%,均保持向好的创新发展势头。

——市场主体办税负担不断下降,发展潜力更大。

2020年受疫情影响,广东华艺卫浴实业有限公司一度面临出口订单下滑、物流受阻等困难,当地税务部门主动开展政策辅导,推出"远程报、提速批、容缺办"服务,确保出口退税办理时间压缩到最短。"去年7 796万元出口退税的快速到账,为我们转型升级、扩大市场提供了有力支撑。"公司财务总监梁柏志说,过去3年多来,公司研发费用加计扣除金额达1.11亿元,有力地促进了研发投产的良性循环。

2020年,税务部门推行多项便利举措,加快出口退税进度,正常退税业务办理平均时间比2019年提速20%;全年办理出口退税14 549亿元,缓解企业资金压力,有力支持稳外贸。

国家税务总局新闻发言人荣海楼表示,2021年,税务部门将更好发挥税收在国家治理中的基础性、支柱性、保障性作用,为保持经济运行在合理区间、实现"十四五"良好开局贡献力量。

资料来源:去年新增减税降费超2.5万亿元 企业创新能力加速释放[EB/OL].[2021-02-04].https://www.chinanews.com/m/cj/2021/02-04/9404136.shtml?from=timeline&isappinstalled=0. 人民日报、国家税务总局.

第一节 税收与税法

一、税收的概念

(一) 税收的定义

税收是国家为了向社会提供公共产品,凭借其政治权力,运用法律手段,按法律预先规定的标准,强制地、无偿地参与国民收入分配,取得财政收入的方式,同时也是国家实施宏观调控的重要手段。税收的概念包含以下含义。

(1) 税收与国家存在直接联系,两者密不可分,是政府机器赖以生存并实现其职能的物质基础。

(2) 税收是一个分配范畴,是国家参与并调节国民收入分配的一种手段,是国家财政收入的主要形式。

(3) 税收是国家在征税过程中形成的一种特殊分配关系,即以国家为主体的分配关系,因而税收的性质取决于社会经济制度的性质。

(二) 税收的特征

税收与其他财政收入形式相比,具有强制性、无偿性和固定性3个特征。这就是所谓的税收"三性",它是税收本身所固有的。

1. 强制性

强制性是指国家以社会管理者的身份,凭借政权力量,通过颁布法律或法规,按照一定的征收标准进行强制征税。负有纳税义务的社会集团和社会成员都必须遵守国家强制性的税收法律制度,依法纳税,否则就要受到法律制裁。

2. 无偿性

无偿性是指国家取得税收收入既不需偿还,也不需对纳税人付出任何对价。税收的无偿性特征是与税收是国家凭借政治权力进行收入分配的本质相关联的。它既不是凭借财产所有权取得的收入,也不像商品交换那样,需要用使用价值的转换或提供特定服务取得收入。

国家凭借政治权力强制征收的税收,既不需要向纳税人直接偿还,也不需要付出任何形式的直接报酬。税收的无偿性特征是区别于其他财政收入形式的最本质的特征。它既不同于国有资产收入或利润上缴,也不同于还本付息的国债,还区别于工商、交通等行政管理部门因服务社会而收取的各种形式的规费。税收的无偿性至关重要,体现了财政分配的本质,它是税收"三性"的核心。

3. 固定性

固定性是指国家征税以法律形式预先规定征税范围和征收比例,便于征纳双方共同遵守。税收的固定性既包括时间上的连续性,又包括征收比例的固定性。

税收是按照国家法律制度规定的标准征收的,在征税之前就以法律形式将课税对象、征收比例或数额等公布于众,然后按事先公布的标准征收。课税对象、征收比例或数额等制定公布后,在一定时期内保持稳定不变,未经严格的立法程序,任何单位和个人对征税标准都不得随意变更或修改,因此,税收是一种固定的连续性收入。

小贴士

2020年,全国税务部门组织的税收收入(已扣除出口退税)完成136 780亿元,同比下降2.6%,圆满完成财政预算安排的税收收入目标。自2020年3月"触底"后,税收收入增速连续9个月回升,反映了我国经济复苏向好的势头,但受疫情和落实减税降费影响,全年税收收入下降。税收收入占GDP比重下降约0.82个百分点,企业税费负担进一步减轻。

(三)税收的作用

在社会主义市场经济运行中,税收主要具有资源配置、收入再分配、稳定经济和维护国家政权4个方面的作用。

1. 税收具有资源配置的作用

税收的资源配置作用主要体现在为提供公共产品筹集资金,以及通过影响消费倾向改变社会的资源配置两个方面。从筹集公共产品的生产资金来看,主要目的在于协调公共产品和非公共产品的供给关系。

每个纳税人都有权享受公共产品的利益,政府通过提供公共产品介入生产和消费之中,直接联系生产者和消费者。从影响部门间的资源配置来说,主要是通过税收影响个人收入水平,从而影响人们的消费倾向,进而影响投资需求来改变资源配置。

2. 税收具有收入再分配的作用

税收的收入再分配作用一方面体现在通过税收征收,使市场机制下形成的高收入者多负担税收,低收入者少负担税收,从而使税后收入分配趋向公平。另一方面体现在通过税收支出、税收优惠,进而对国民收入进行再分配。

3. 税收具有稳定经济的作用

税收作为国家宏观经济调节工具的一种重要手段,其在政府收入中的重要份额决定了对公共部门消费的影响,进而会影响总需求。税收在税目、税率、减免税等方面的规定会直接影响投资行为,从而对总需求产生影响;这样就达到了调节社会生产、交换、分配和消费,促进社会经济健康发展的目的。

4. 税收具有维护国家政权的作用

国家政权是税收产生和存在的必要条件,国家政权的存在又有赖于税收的存在。没有税收,国家机器就不可能有效运转。同时,税收分配不是按照等价原则和所有权原则分配的,而是凭借政治权力,对物质利益进行调节,体现国家支持什么,限制什么,从而达到巩固国家政权的政治目的。

二、税收原则

税收原则是税收法律制度制定和实施的基本准则。在现代税收理论中,关于税收体系设计的最重要原则:一是效率原则;二是公平原则。

1. 效率原则

效率原则主要指发挥市场经济机制的效率。包括两层含义:第一层含义是税收要保持中立性,应当使市场经济机制发挥有效配置资源的调节作用。国家征税不能伤害市场经济机制的这种调节作用,否则会产生不良的影响。第二层含义是国家征税使纳税人除了因纳税而负担税款这笔资金外,不应再使纳税人产生额外经济负担。

2. 公平原则

公平原则是指征税应根据经济能力或纳税能力平等分配税收负担。经济能力或纳税能力相同的人,应当缴纳相同的税款;经济能力或纳税能力不同的人,应当负担的税收也不同。

 专栏 6-1

税收原则

税收原则就是政府征税(包括税制的建立和税收政策的运用)所应遵循的基本准则。那么政府征税究竟需要遵循什么原则呢?从税收发展史看,虽然在任何时期,人们对税收原则都存在不同的看法,但总的来说,随着经济的发展、政府职能的拓展和人们认识的提高,税收原则也经历着一个不断发展、不断完善的过程,而且这种过程仍将继续下去。

税收原则的思想萌芽可以追溯到很久以前。早在先秦时期就出现了平均税负的朴素思想,对土地划分等级分别征税;春秋时代的政治家管仲则更明确提出"相地而衰征"的税收原则,按照土地的肥沃程度来确定税负的轻重。

在16—17世纪,西方的重商主义时期也出现了比较明确的税收原则,如重商主义后期的英国经济学家威廉·配第就初步提出了"公平、便利、节省"等税收原则。但一般认为,最先系统、明确提出的税收原则是亚当·斯密的"税收四原则",即"公平、确实、便利、节省"原则。

此后,税收原则的内容不断得到补充和发展,其中影响最大的当属集大成者阿道夫·瓦格纳提出的"税收四方面九原则",即财政原则,包括充分原则和弹性原则;国民经济原则,包括税源的选择原则和税种的选择原则;社会公正原则,包括普遍原则和公平原则;税务行政原则,包括确实原则、便利原则、最少征收费原则即节省原则。而在现代西方财政学中,通常又把税收原则归结为"公平、效率、稳定经济"三原则。实际上还有多种税收原则的提法,但要数上述3种影响最大。这3种税收原则理论不仅代表和反映了3个不同时期对税收的认识,而且基本展示了税收原则理论发展和完善的脉络。

三、税法

(一)税法的概念

税收属于经济学概念,而税法则属于法学概念。

税法即税收法律制度,是国家权力机关和行政机关制定的用以调整国家与纳税人之间在征纳税方面的权利与义务关系的法律规范的总称,是国家法律的重要组成部分。税法是以宪法为依据,调整国家与社会成员在征纳税方面的权利与义务关系,维护社会经济秩序和纳税秩序,保障国家利益和纳税人合法权益的一种法律规范,是国家税务机关及一切纳税单位和个人依法征税、依法纳税的行为规则。税法与税收存在着密切的联系,税收活动必须严格依照税法的规定进行,税法是税收的法律依据和法律保障。税收以税法为其依据和保障,而税法又必须以保障税收活动的有序进行作为其存在的理由和依据。此外,税收作为一种经济活动,属于经济基础范畴;而税法则是一种法律制度,属于上层建筑范畴。国家和社会对税收收入与税收活动的客观需要,决定了与税收相对应的税法的存在;而税法则对税收的有序进行和税收目的的有效实现起着重要的法律保障作用。

按税法的立法目的、征税对象、权限划分、适用范围、功能作用的不同,可对税法做出不同的分类。通常采用按照税法的功能作用的不同,将税法分为税收实体法和税收程序法两类。税收实体法是指确定的税种立法,具体规定了税种的征收对象、征收范围、税目、税率、纳税地点等内容。例如,《中华人民共和国个人所得税法》(以下简称《个人所得税法》)就属于税收实体法。税收程序法是指税务管理方面的法律,具体规定了税收征收管理、纳税程序、发票管理、税务争议处理等内容。例如,《中华人民共和国税收征收管理法》(以下简称《税收征管法》)就属于税收程序法。

(二)税收法律关系

税收法律关系是指税收法律制度所确认和调整的国家与纳税人之间、国家与国家之间及各级政府之间在税收分配过程中形成的权利和义务关系。税收法律关系体现为国家征税与纳税人纳税的利益分配关系。总体上,税收法律关系与其他法律关系一样,也是由主体、客体和内容3个要素构成。这3个要素之间互相联系,形成统一的整体。

1. 税收法律关系的主体

税收法律关系的主体是指税收法律关系中享有权利和承担义务的当事人,即税收法律关系的参加者。分为征税主体和纳税主体。征税主体是指税收法律关系中享有征税权利的一方当事人,即税务行政执法机关。包括各级税务机关、海关等。纳税主体即税收法律关系中负有纳税义务的一方当事人,包括法人、自然人和其他组织。对这种权利主体的确定,我国采取属地兼属人原则,即在华的外国企业、组织、外籍人、无国籍人等,凡在中国境内有所得来源的,都是我国税收法律关系的纳税主体。

2. 税收法律关系的客体

税收法律关系的客体是指税收法律关系主体双方的权利和义务所共同指向、影响和作用的客观对象。税收法律关系客体与征税对象较为接近,在许多情况下是重叠的,但有时两者又有所不同。税收法律关系的客体属于法学范畴,侧重于其所连接的征税主体与纳税主体之间权利义务的关系,不注重具体形态及数量关系,较为抽象;而征税对象属于经济学范畴,侧重于表明国家与纳税人之间物质利益转移的形式、数量关系及范围,较为具体。例如,流转税的法律关系客体是纳税人生产、经营的商品、货物或从事的劳务,而征税对象是其商品流转额或非商品流转额;财产税的法律关系客体是纳税人所有的某些财产,征税对象是这些财产的价值额。

3. 税收法律关系的内容

税收法律关系的内容是指税收法律关系主体所享受的权利和应承担的义务,这是税收法律关系中最实质的内容,也是税法的灵魂。它具体规定了税收法律关系主体可以有什么行为,不可以有什么行为,如果违反了税法的规定,应该如何处罚等。

(1) 征税主体的权利与义务

根据我国税法规定,税务机关享有依法行政和征收国家税款的权力。主要有征税权;税务管理权;税法解释权;估税权;委托代征权;税收保全权;行政强制执行权;行政处罚权;税收检查权;税款追征权;代位权与撤销权;阻止欠税纳税人离境的权力;定期对纳税人欠缴税款情况予以公告的权力等。税务机关的义务包括依法办理税务登记、开具完税凭证的义务;保密的义务;宣传税法、无偿提供纳税咨询服务的义务;提供高质量纳税服务的义务;依法进行回避的义务;多征税款立即返还的义务;实施税收保全过程中的义务;出示税务检查证的义务;受理行政复议及应诉的义务等。

(2) 纳税主体的权利与义务

纳税主体的权利包括知情权;保密权;陈述权与申辩权;控告检举权;延期申报请求权;延期纳税请求权;减税、免税、出口退税请求权;多缴税款申请退还权;取得凭证权;税务人员未出示税务检查证和税务通知书时拒绝检查权;个人及其所扶养家属维持生活必需的住房和用品不被扣押的权利;委托税务代理权;要求税务机关承担赔偿责任权;申请行政复议和提起行政诉讼权。纳税主体的义务包括按期办理税务登记的义务;依法设置账簿、正确使用凭证的义务;按期办理纳税申报的义务;按期缴纳或解缴税款的义务;滞纳税款须缴纳滞纳金的义务;接受税务检查的义务;向税务机关报告的义务;离境前结清税款的义务;申请行政复议前缴纳税款、滞纳金或提供担保的义务。

(三) 税法的分类

税法体系中按各税法的效力、征税对象、适用范围、职能作用的不同,可分为不同类型的税法。

1. 按照税法效力分类

按照税法效力的不同,可以将税法分为税收法律、法规、规章。

(1) 税收法律是指享有国家立法权的国家最高权力机关,依照法律程序制定的规范性税收文件。我国税收法律是由全国人民代表大会及其常务委员会制定的,其法律地位和法律效力仅次于宪法,但高于税收法规、规章。我国现行税法体系中,《个人所得税法》《中华人民共和国企业所得税法》和《税收征管法》属于税收法律。

(2) 税收法规是指最高行政机关、地方立法机关根据其职权或国家最高权力机关的授权,依据宪法和税收法律,通过一定法律程序制定的规范性税收文件。

目前,我国税法体系的主要组成部分是税收法规,由国务院制定的税收行政法规和由地方立法机关制定的税收地方法规两部分构成,其具体形式主要是条例或暂行条例。税收法规的效力低于宪法、税收法律,但高于税收规章。

(3) 税收规章是指国家税收管理职能部门、地方政府根据其职权和国家最高行政机关的授权,依据有关法律、法规制定的规范性税收文件。在我国具体指财政部、国家税务总局、海关总署以及地方政府在其权限内制定的有关税收的办法、规则、规定,如《税务行政复议规则》《税务代理试行办法》等。

税收规章可以增强税法的灵活性和可操作性,是税法体系的必要组成部分,但其法律效力较低。一般情况下,税收规章不作为税收司法的直接依据,而只具有参考性效力。

2. 按照税法的职能分类

按照税法的职能作用的不同,可分为税收实体法和税收程序法。

(1) 税收实体法主要是指确定税种立法,具体规定各税种的征收对象、征收范围、税目、税率、纳税地点等。例如,《中华人民共和国外商投资企业和外国企业所得税法》《个人所得税法》就属于税收实体法。

(2) 税收程序法是指税务管理方面的法律,主要包括税收管理法、纳税程序法、发票管理法、税务机关组织法、税务争议处理法等。《税收征管法》就属于税收程序法。

3. 按照税法征收对象分类

按照税法征收对象的不同,可分为4种。

(1) 对流转额课税的税法

对流转额课税的税法主要包括增值税、消费税、关税等税法。这类税法的特点是与商品生产、流通、消费有密切联系。对什么商品征税,税率的高低,对商品经济活动都有直接的影响,易于发挥对经济的宏观调控作用。

(2) 对所得额课税的税法

对所得额课税的税法主要包括企业所得税、个人所得税。其特点是可以直接调节纳税人收入,发挥其公平税负、调整分配关系的作用。

(3) 对财产、行为课税的税法

对财产、行为课税的税法主要是对财产的价值或某种行为课税,包括房产税、印花税等税法。

(4) 对自然资源课税的税法

对自然资源课税的税法主要是为保护和合理使用国家自然资源而课征的税。我国现行的资源税、城镇土地使用税等税种均属于资源课税的范畴。

4. 按照主权国家行使税收管辖权分类

按照主权国家行使税收管辖权的不同,可分为国内税法、国际税法、外国税法等。

(1) 国内税法一般是按照属人或属地原则,规定一个国家的内部税收制度。

(2) 国际税法是指国家间形成的税收制度,主要包括双边或多边国家间的税收协定、条约和国际惯例等。外国税法是指外国各个国家制定的税收制度。

第二节　税法的构成要素

税法的构成要素又称课税要素,是指各种单行税法具有的共同的基本要素的总称。这一概念包含有以下基本含义:一是税法要素既包括实体性的,也包括程序性的;二是税法要素是所有完善的单行税法共同具备的,仅为某一税法所单独具有而非普遍性的内容,不构成税法要素,如扣缴义务人。税法的构成要素一般包括纳税义务人、征税对象、税目、税率、纳税环节、纳税期限、纳税地点、减税免税等,其中纳税义务人、征税对象、税率是税法的3个基本要素。

一、纳税义务人

纳税义务人简称纳税人,是税法中规定的直接负有纳税义务的自然人、法人或其他组织,也称"纳税主体"。纳税人的规定明确了国家向谁征税的问题,是正确处理国家与纳税人之间分配关系的首要条件,因而它是构成税法的基本要素。

在实际纳税过程中,与纳税义务人相关的概念有负税人、代扣代缴义务人。

1. 负税人

纳税人与负税人是两个既有联系又有区别的概念。负税人是经济学中的概念,即税收的实际负担者,而纳税人是法律用语,即依法纳税的人。纳税人如果能够通过一定途径把税款转嫁或转移出去,纳税人就不再是负税人,否则,纳税人同时也是负税人。税法只规定纳税人,不规定负税人。

2. 代扣代缴义务人

代扣代缴义务人是指有义务从持有的纳税人收入中扣除其应纳税款并代为缴纳的企业、单位或个人。对税法规定的扣缴义务人,税务机关应向其颁发代扣代缴证书,明确其代扣代缴义务。代扣代缴义务人必须严格履行扣缴义务。

二、征税对象

征税对象又称征税客体、课税对象。它是税法规定的征税针对的目的物,即对什么征税。它是税法的最基本要素,也是区分不同税种的主要标志。我国现行税收法律、法规都有自己特定的征税对象。比如,企业所得税的征税对象就是应税所得;增值税的征税对象就是货物或者应税劳务在生产和流通过程中的增值额。征税对象是一种抽象的概念,它只概括地表明了征税的标的物,在税法或税收条例中往往找不到有关征税对象的直接描述,而是通过规定计税依据和税目等方式将其具体化地表述出来。

1. 计税依据

计税依据又称税基,是计算应纳税额所依据的标准。它所解决的是在确定了征税对象之后如何计量的问题。计税依据分为从价计征和从量计征两种类型。从价计征的税款,以征税对象的价值量(如销售额、营业额)为计税依据。从量计征的税款,以征税的自然实物量(如体积、面积、数量、重量等)为计税依据。税种不同,计税依据也不相同。

2. 税目

税目是各个税种所规定的具体征税项目。它是征税对象的具体化。

税目的制定一般采用以下两种方法。

(1) 列举法。列举法是具体列举征税对象来确定对什么征税,对什么不征税的方式。

(2) 概括法。概括法是按照商品大类或行业设计税目。概括法适用于品种类别繁杂、界限不易划清的征税对象。

规定税目的另一个重要作用在于区别不同的具体对象,规定高低不同的税率,以体现国家的税收政策。

三、税率

税率是对征税对象的征收比例或征收额度。税率是计算税额的尺度,反映了征税的深度。在征税对象既定的情况下,税率的高低直接影响到国家财政收入的多少和纳税人税收负担的轻重,反映了国家与纳税人之间的利益分配关系。因此,税率是税法的核心要素,也是衡量税负轻重与否的重要标志。税率有名义税率与实际税率之分。名义税率是指税法规定的税率,是应纳税额与计税金额(或数量单位)的比例;实际税率是实际缴纳税额与实际计税金额(或数量单位)的比例。在实际征税时,由于计税依据等要素的变动和减免税等原因,名义税率与实际税率可能不一致。

我国现行税率有3种基本形式,即比例税率、累进税率和定额税率。

1. 比例税率

比例税率是指对同一征税对象,不分数额大小,规定相同的征收比例。我国的增值税、营业税、城市维护建设税、企业所得税等采用的是比例税率。

2. 累进税率

累进税率就是按征税对象数额的大小划分若干等级,每个等级由低到高规定相应的税率,征税对象数额越大,税率越高;数额越小,税率越低。一般多在收益课税中使用,有全额累进税率、超额累进税率、超率累进税率和超倍累进税率4种形式。我国现行税法体系采用的累进税率形式只有超额累进税率、超率累进税率。

(1) 超额累进税率

超额累进税率,即把征税对象按数额的大小分成若干等级,每一等级规定一个税率,税率依次提高,但每个纳税人的征税对象则依所属等级同时适用几个税率分别计算,将计算结果相加后得出应纳税款。目前采用这种税率的有个人所得税。

(2) 超率累进税率

超率累进税率,即以征税对象数额的相对率划分若干级距,分别规定相应的差别税率,相对率每超过一个级距的,对超过的部分就按高一级的税率计算征税。目前采用这种税率的是土地增值税。累进税率举例如表6-1所示,是一张简化了的累进税率表。

表6-1 累进税率表

级次	全年应纳税所得额级距/元	税率/%	速算扣除数
1	不超过5 000的	5	0
2	5 000~10 000的部分	10	250
3	10 000~30 000的部分	20	1 250

【例6-1】 纳税人甲全年应纳税所得额为10 000元,若实行全额累进,其应纳税额为:10 000×10%=1 000(元)。

【例6-2】 纳税人乙全年应纳税所得额为10 001元,按全额累进,其应纳税额为:100 001×20%=2 000.2(元)。

【例6-2】与【例6-1】相比,乙比甲只多了一元应纳税所得额,但要多交1 000.2元的税额。可见全额累进的累进幅度比较急剧。这对鼓励纳税人增加收入的积极性是不利的。而超额累进税率则只是将超过一定数额的部分按高一级的税率计征。

【例6-3】 若将【例6-2】改为按超额累进计算,其应纳税所得额为:

第一级 5 000×5%=250(元)

第二级(10 000-5 000)×10%=500(元)

第三级(10 001-10 000)×20%=0.2(元)

应纳税所得额=250+500+0.2=750.2(元)

【例6-1】与【例6-2】相比,对等量的应纳税所得额来说,超额累进的税负要比全额累进的税负轻些(上例中,超额累进要少负担税款约1 250元)。换句话说,超额累进的累进幅度比较缓和,更能体现合理负担原则。但计算比较复杂。为了简化超额累进的计算,可采用"速算扣除法",即按全额累进的方法计算出税额,再从中减去一个"速算扣除数",其差额即为超额累进的应纳税额。用公式表示为:

超额累进的应纳税额=应纳税所得额×按全额累进所适用的税率-速算扣除数

如【例6-3】用速算扣除法计算(速算扣除数见表6-1),结果相同:10 001×20%-1 250=750.2(元)。

表6-1中,本级速算扣除数的公式如下:

本级速算扣除数=前一级最高所得额×(本级税率-前一级税率)+前一级的速算扣除数

如第二级的速算扣除数=5 000×(10%-5%)+0=250(元)。

3. 定额税率

定额税率是按征税对象确定的计量单位,直接规定一个固定的税额,所以又称固定税额。定额税率的优点是计算简便,税负不受物价波动的影响,但有时也可能造成不公平的税负。目前采用定额税率的有资源税、城镇土地使用税、车船税等。

(1)地区差别定额税率是对同一课税对象按不同地区分别规定不同的税额。

(2)幅度定额税率是指在税法规定的征税幅度内,根据纳税人拥有的课税对象或征收行为的具体情况确定纳税人的适用税率。

（3）分类分级定额税率是把课税对象按一定的标志分为类、项或级，分别规定不同的税额。

（4）地区差别、分类分级和幅度相结合的定额税率。如城镇土地使用税采用分类分级的幅度定额税率，耕地占用税采用地区差别的幅度定额税率。

四、纳税环节

纳税环节是指税法上规定的课税对象从生产到消费的流转过程中应当缴纳税款的环节。纳税环节一般是根据有利于生产、有利于商品流通、便于征收管理和保证财政收入等原则确定。按照纳税环节的多少，可将税收课征制度划分为两类，即一次课征制和多次课征制。

一次课征制是指同一税种在商品流转的全过程中只选择某一环节课征的制度，是纳税环节的一种具体形式。实行一次课征制，纳税环节多选择在商品流转的必经环节和税源比较集中的环节，以便既避免重复课征，又避免税款流失。多次课征制是指同一税种在商品流转全过程中，选择两个或两个以上环节课征的制度。

五、纳税期限

纳税期限是纳税人向国家缴纳税款的法定期限。纳税期限是税法的强制性在时间上的体现，合理确定和严格执行纳税期限对于财政收入的稳定增长和及时入库起着重要的作用。不同性质的税种以及不同情况的纳税人，其纳税期限也不相同。确定纳税期限要根据国民经济各部门生产经营的不同特点、不同的征税对象、纳税人应纳税额的多少及距离纳税地点的远近等因素决定。大体可分为3种情况，即按期纳税，按次纳税，按期预缴、年终汇算清缴。

六、减税免税

减税免税是国家对某些纳税人和征税对象给予鼓励和照顾的一种特殊规定。它把税收的统一性和必要的灵活性结合起来，体现因地制宜和因事制宜的原则，更好地贯彻税收政策。减税、免税的具体形式有3种。

1. 税基式减免

税基式减免即通过缩小计税依据来实现减税、免税。具体又包括起征点、免征额、项目扣除、跨期结转等。

起征点是税法规定的征税对象达到开始征税数额的界限，征税对象的数额未达到起征点的不征税；达到或超过起征点的，则就其全部数额征税。

免征额是征税对象总额中免予征税的数额，它是按照税法规定的标准从征税对象总额中预先扣除的数额，免征额的部分不征税，只就其超过免征额的部分征税。

项目扣除是指在征税对象总额中允许扣除某些项目的金额，而只就其余额作为计税依据计算应纳税额。

【例 6-4】 某税种规定营业额每月 50 000 以下含 50 000(按 50 000)免征,50 000 以上按 10%的税率计征。纳税人王某 1 月收入 40 000,2 月收入 60 000。

分析:该税种规定的 50 000 即为免征额,超过 50 000 要全额计征,则该纳税人 1 月免税,2 月应纳税额为:60 000×10%=6 000(元),即要对 60 000 全额计征。

【例 6-5】 某税种规定每月收入允许扣除 3 500 元后的部分为计税金额,按 5%计征税款。纳税人王某 1 月收入 6 000 元。

分析:题中所指的 3 500 元为免征额。只对超过 3 500 元的部分征税。

$$当月应纳税额=(6\ 000-3\ 500)\times5\%=125(元)$$

跨期结转是将某些费用及损失向前或向后结转,抵消一部分收益,缩小税基,实现减免,如企业发生年度亏损,可用下一纳税年度的所得弥补。

2. 税率式减免

税率式减免即通过降低税率来实现减税、免税,包括规定低税率和零税率、暂定照顾性税率等。

3. 税额式减免

税额式减免即通过减少一部分或全部应纳税额,包括全部免征、减半征收、规定减征比例或核定减征额等。

第三节 我国现行税制

一、我国现行税制

1994 年我国通过进行大规模的工商税制改革,已形成了工商税制的整体格局。同时,各地陆续取消了牧业税和农林特产税,自 2006 年 1 月 1 日起,在全国范围内废除了农业税条例。2006 年 4 月 28 日,国务院颁布《中华人民共和国烟叶税暂行条例》,自公布之日起施行。

现阶段我国主要有如下税种:增值税、消费税、资源税、企业所得税(2007 年 3 月 16 日,第十届全国人民代表大会第五次会议通过《中华人民共和国企业所得税法》,自 2008 年 1 月 1 日起施行,原内资企业适用的《企业所得税暂行条例》和外资企业适用的《外商投资企业和外国企业所得税法》同时废止)、个人所得税、印花税、土地增值税、城镇土地使用税、房产税、车辆购置税、车船税、固定资产投资方向调节税(已停征)、城市维护建设税、城市房地产税、屠宰税、筵席税、耕地占用税、契税、关税、船舶吨税、烟叶税等。我国税收征收管理机关主要有国家税务局、地方税务局和海关。但 2018 年 6 月 15 日起,全国各省(自治区、直辖市)级以及计划单列市国税局、地税局已合并且统一挂牌。

二、我国税收制度的沿革

我国的税收制度自新中国成立 50 多年来,随着社会政治经济条件的变化,曾做过多次调整和改革。总体上看,我国的税收法律制度建设主要经历了3个重要时期:第一个时期是新中国成立初期至20世纪70年代的税收体制初创时期;第二个时期是20世纪80年代的重建与改革时期;第三个时期是从1994年至今的完善与发展时期。1992年年底,国家明确提出建立社会主义市场经济体制的改革目标,要求逐步建立起一个统一、开放、公平竞争、按照经济规律要求运行的市场,与此相适应的是要建立一个公平、合理、法治的税收体系。1993年下半年,国家着手对我国税制进行改革,并于1994年1月1日开始实施。这是新中国成立以来规模最大、范围最广、力度最大的一次税制改革。这次改革是根据社会主义市场经济体制改革的要求,借鉴国际惯例,按照统一税法、公平税负、简化税制、合理分权、理顺分配关系、保证财政收入的指导思想,对我国税制进行的全面改革。其主要内容是重点对流转税和所得税进行重大调整,对其他一些税种也进行了相应的改革,同时还改革了税收征收管理制度。

1. 流转税制改革

按照充分体现公平、中性、透明、普遍的原则,在保持总体税负基本不变的情况下,参照国际上的一般做法,改革流转税制。取消产品税,将原来征收产品税的产品全部改为征收增值税;扩大增值税的征收范围,对商品的生产、批发、零售和进口全面征收增值税;开征消费税,选择烟、酒等11种商品,在征收增值税后,再征收一道消费税,以调节消费结构、引导消费方向,保证国家财政收入;调整了营业税的适用范围和征收范围,简并了税目、税率;规定了新的流转税制度统一适用于内资企业、外商投资企业和外国企业。

1993年12月,全国人民代表大会常务委员会通过了《关于外商投资企业和外国企业适用增值税、消费税、营业税等税收暂行条例的决定》,同时废止工商统一税;开征土地增值税,对房地产交易中的过高利润进行调节。自2016年5月1日起,在全国范围内全面推开营业税改征增值税(以下简称"营改增")试点,建筑业、房地产业、金融业、生活服务业等全部营业税纳税人,纳入试点范围,由缴纳营业税改为缴纳增值税。

2. 所得税的改革

在企业所得税方面,统一内、外资企业所得税。在个人所得税方面,将原来的个人所得税、个人收入调节税、城乡个体工商户所得税三税合并,扩大了所得税法的适用范围,中国公民、外籍人员和个体工商户都执行统一的个人所得税法。

3. 农业税的改革

将农业税中的原农林特产农业税、原产品税和原工商统一税中的农林牧水产品税目合并,改为农业特产税,扩大了征收范围,适当降低了部分产品的税率,明确了减免税有关政策,规定了扣缴义务人。

4. 资源税的改革

扩大资源税的征收范围,将所有矿产资源都纳入征税范围,适当调整税负,并将盐税并入资源税。

5. 其他工商税的改革

取消集市交易税、牲畜交易税、烧油特别税、国有企业奖金税、集体企业奖金税、事业单位奖金税;将特别消费税并入消费税;将屠宰税、筵席税下放给地方,由省、自治区、直辖市人民政府根据本地区经济发展的实际情况,自行决定征收或者停止征收等。

6. 征收管理制度的改革

建立普遍纳税申报制度；积极推行税务代理制度；加速推进税收征管计算机化的进程；建立严格的税务稽核制度；适应实行分税制的需要，组建中央和地方两套税务机构；加强税收法制建设，逐步建立税收立法、司法、执法相互独立、相互制约的机制。

1994年税制改革后，税种减少，税制简化，结构趋于合理，税负趋于公平，越权减免税有所抑制，税收筹集财政收入和调控宏观经济的功能有所增强，标志着我国的税制改革取得了突破性进展和历史性成果。但正如其他改革一样，1994年的税制改革也具有阶段性，它并未解决现阶段中国税制的全部问题，仍存在一些亟待解决的矛盾和问题。

2006年4月28日，国务院颁布《中华人民共和国烟叶税暂行条例》，自公布之日起施行。2007年3月16日，第十届全国人民代表大会第五次会议通过《中华人民共和国企业所得税法》，统一了内、外资企业所得税，统一并适当降低了企业所得税税率，统一和规范了税前扣除办法和标准，统一了税收优惠政策，建立了"产业优惠为主、区域优惠为辅"的新税收优惠体系。2016年5月1日，全面实施"营改增"，使国家税收减少5 000亿元，这也是国家积极财政政策的重大举措。2018年5月1日起实施的调整增值税税率政策有助于降低企业税负，促进实体经济竞争力的提升。2018年6月至7月，全国各市级国税局、地税局合并且统一挂牌，标志着国税地税征管体制改革迈出关键性一步。2019年1月1日起正式实施新修订《个人所得法》、新修订《中华人民共和国个人所得税法实施条例》（以下简称《个人所得税法实施条例》）、《个人所得税专项附加扣除暂行办法》。

◆ **技能训练题**

一、单项选择题

1. 税收是个（　　）范畴。
   A. 生产　　　　B. 分配　　　　C. 交换　　　　D. 消费
2. 征税的依据是（　　）。
   A. 生产资料所有权　　　　　　B. 产品所有权
   C. 国家政治权力　　　　　　　D. 剩余价值支配权
3. 税收不具有（　　）形式特征。
   A. 强制性　　　B. 共享性　　　C. 无偿性　　　D. 自愿性
4. 在税收构成要素中，衡量税负轻重与否的重要标志是（　　）。
   A. 征税对象　　B. 税率　　　　C. 纳税人　　　D. 纳税环节
5. 关于税法构成要素，下列说法不正确的有（　　）。
   A. 纳税人是税法规定的直接负有纳税义务的单位和个人，是实际负担税款的单位和个人
   B. 征税对象是税法中规定的征税的目的物，是国家征税的依据
   C. 税率是对征税对象的征收比例或者征收额度，是计算税额的尺度
   D. 税目是课税对象的具体化，反映具体征税项目
6. 采用超额累进税率征收的税种是（　　）。
   A. 资源税　　　B. 土地增值税　　C. 个人所得税　　D. 企业所得税

7. 区分不同税种的主要标志是（　　）。
   A. 纳税义务人　　B. 征税对象　　C. 适用税率　　D. 纳税环节
8. （　　）税率就是根据课税对象数额的大小规定不同等级的税率。
   A. 比例　　B. 累进　　C. 定额　　D. 差别比例
9. （　　）是课税对象数额中免于征税的数额。
   A. 起征点　　B. 免征额　　C. 加成　　D. 附加
10. 印花税属于（　　）税类。
    A. 流转　　B. 所得　　C. 财产　　D. 行为

二、多项选择题

1. 目前我国税收实体法体系中，采用累进税率的税种有（　　）。
   A. 增值税　　B. 土地增值税　　C. 个人所得税　　D. 企业所得税
2. 税收具有（　　）的特征。
   A. 强制性　　B. 层次性　　C. 无偿性　　D. 固定性
   E. 深刻性
3. 税收三要素是指（　　）。
   A. 纳税义务人　　B. 征税对象　　C. 税率　　D. 附加和减免
   E. 违章处理
4. 比例税率可以分为（　　）几种类型。
   A. 比例税率　　B. 差别比例税率　　C. 定额税率　　D. 累进税率
   E. 幅度比例税率
5. 累进税率又分为（　　）几种税率。
   A. 超额累进税率　　B. 全率累进税率　　C. 全额累进税率　　D. 超值累进税率
6. 属于加重纳税义务人负担的措施是（　　）。
   A. 减税　　B. 附加　　C. 免税　　D. 加成
   E. 起征点
7. 税收按课税对象分类，可分为（　　）。
   A. 流转税　　B. 所得税　　C. 财产税　　D. 资源税
   E. 行为税
8. 税收按税负能否转嫁分类，可分为（　　）。
   A. 价内税　　B. 价外税　　C. 直接税　　D. 间接税
   E. 从价税
9. 税收按管理权限分类，可分为（　　）。
   A. 从量税　　B. 中央税　　C. 地方税　　D. 从价税
   E. 中央地方共享税
10. 我国现行流转税的税种有（　　）。
    A. 增值税　　B. 消费税　　C. 营业税　　D. 关税
    E. 盐税

三、判断并改错

1. 征税依据的是国家的财产权力。（　　）

2. 税收是个交换范畴。（　　）
3. 税收的固定性就是永远固定不变。（　　）
4. 纳税义务人就是负税人。（　　）
5. 确定税种的主要标志是纳税义务人。（　　）
6. 税源是课税对象的具体项目。（　　）
7. 定额税率是不分课税对象数额的大小，只规定一个比例的税率。（　　）
8. 起征点就是课税对象数额中免于征税的数额。（　　）
9. 凡是税负能够转嫁的税种，属于间接税。（　　）
10. 城市维护建设税、土地增值税、车辆购置税都属于特定目的税。（　　）

四、思考题
1. 税收具有哪些形式特征？
2. 税制要素有哪些？
3. 累进税率有哪几种形式？
4. 免征额与起征点有何差异？
5. 简述我国目前的税制体系。

五、实践课堂
搜集和阅读相关资料，结合所学知识，谈谈对调整我国个人所得税法的看法。

第七章

流 转 税

◆ 技能要求 ||||||||||||

(1) 能对流转税主要税种的征收范围、税目、税率、计税依据有正确理解。
(2) 能熟练掌握流转税主要税种应纳税额的计算。
(3) 运用所学知识对经济生活中流转税的相关问题进行基本分析。

背景资料

国家税务总局关于在新办纳税人中实行增值税专用发票电子化有关事项的公告

国家税务总局公告2020年第22号

为全面落实《优化营商环境条例》,深化税收领域"放管服"改革,加大推广使用电子发票的力度,国家税务总局决定在前期宁波、石家庄和杭州等3个地区试点的基础上,在全国新设立登记的纳税人(以下简称"新办纳税人")中实行增值税专用发票电子化(以下简称"专票电子化")。现将有关事项公告如下。

一、自2020年12月21日起,在天津、河北、上海、江苏、浙江、安徽、广东、重庆、四川、宁波和深圳等11个地区的新办纳税人中实行专票电子化,受票方范围为全国。其中,宁波、石家庄和杭州等3个地区已试点纳税人开具增值税电子专用发票(以下简称"电子专票")的受票方范围扩至全国。

自2021年1月21日起,在北京、山西、内蒙古、辽宁、吉林、黑龙江、福建、江西、山东、河南、湖北、湖南、广西、海南、贵州、云南、西藏、陕西、甘肃、青海、宁夏、新疆、大连、厦门和青岛等25个地区的新办纳税人中实行专票电子化,受票方范围为全国。

实行专票电子化的新办纳税人具体范围由国家税务总局各省、自治区、直辖市和计划单列市税务局(以下简称"各省税务局")确定。

二、电子专票由各省税务局监制,采用电子签名代替发票专用章,属于增值税专用发票,其法律效力、基本用途、基本使用规定等与增值税纸质专用发票(以下简称"纸质专票")相同。电子专票票样见附件。

三、电子专票的发票代码为12位,编码规则:第1位为0,第2~5位代表省、自治区、直辖市和计划单列市,第6~7位代表年度,第8~10位代表批次,第11~12位为13。发票号码为8位,按年度、分批次编制。

四、自各地专票电子化实行之日起,本地区需要开具增值税纸质普通发票、增值税电子普通发票(以下简称"电子普票")、纸质专票、电子专票、纸质机动车销售统一发票和纸质二手车销售统一发票的新办纳税人,统一领取税务UKey开具发票。税务机关向新办纳税人免费发放税务UKey,并依托增值税电子发票公共服务平台,为纳税人提供免费的电子专票开具服务。

五、税务机关按照电子专票和纸质专票的合计数,为纳税人核定增值税专用发票领用数量。电子专票和纸质专票的增值税专用发票(增值税税控系统)最高开票限额应当相同。

六、纳税人开具增值税专用发票时,既可以开具电子专票,也可以开具纸质专票。受票方索取纸质专票的,开票方应当开具纸质专票。

七、纳税人开具电子专票后,发生销货退回、开票有误、应税服务中止、销售折让等情形,需要开具红字电子专票的,按照以下规定执行:

(一)购买方已将电子专票用于申报抵扣的,由购买方在增值税发票管理系统(以下简称"发票管理系统")中填开并上传《开具红字增值税专用发票信息表》(以下简称《信息表》),填开《信息表》时不填写相对应的蓝字电子专票信息。

购买方未将电子专票用于申报抵扣的,由销售方在发票管理系统中填开并上传《信息表》,填开《信息表》时填写相对应的蓝字电子专票信息。

(二)税务机关通过网络接收纳税人上传的《信息表》,系统自动校验通过后,生成带有"红字发票信息表编号"的《信息表》,并将信息同步至纳税人端系统中。

(三)销售方凭税务机关系统校验通过的《信息表》开具红字电子专票,在发票管理系统中以销项负数开具。红字电子专票应与《信息表》一一对应。

(四)购买方已将电子专票用于申报抵扣的,应当暂依《信息表》所列增值税税额从当期进项税额中转出,待取得销售方开具的红字电子专票后,与《信息表》一并作为记账凭证。

八、受票方取得电子专票用于申报抵扣增值税进项税额或申请出口退税、代办退税的,应当登录增值税发票综合服务平台确认发票用途,登录地址由各省税务局确定并公布。

九、单位和个人可以通过全国增值税发票查验平台(https://inv-veri.chinatax.gov.cn)对电子专票信息进行查验;可以通过全国增值税发票查验平台下载增值税电子发票版式文件阅读器,查阅电子专票并验证电子签名有效性。

十、纳税人以电子发票(含电子专票和电子普票)报销入账归档的,按照《财政部 国家档案局关于规范电子会计凭证报销入账归档的通知》(财会〔2020〕6号)的规定执行。

十一、本公告自2020年12月21日起施行。

特此公告。

附件:增值税电子专用发票(票样)

```
┌─────────────────────────────────────────────────────────────────────┐
│                   ××增值税电子专用发票        发票代码：              │
│                   (国家税务总局 ××税务局)     发票号码：              │
│                                                 开票日期：              │
│   机器编号：                                    核 验 码：              │
├───┬───────────────────────┬─────────────────────────────────────────┤
│ 购│ 名    称：            │ 密                                        │
│ 买│ 纳税人识别号：        │ 码                                        │
│ 方│ 地 址 、电 话：       │ 区                                        │
│   │ 开户行及账号：        │                                           │
├───┴──────┬────────┬──┬──┬──────┬──────┬──────┬──────────────────────┤
│ 项目名称 │规格型号│单位│数量│ 单价 │ 金额 │ 税率 │       税  额        │
├──────────┼────────┼──┼──┼──────┼──────┼──────┼──────────────────────┤
│          │        │  │  │      │      │      │                      │
│          │        │  │  │      │      │      │                      │
├──────────┴────────┴──┴──┴──────┴──────┴──────┴──────────────────────┤
│   合   计                                                            │
├──────────────────┬──────────────────────────────────────────────────┤
│ 价税合计(大写)   │                        （小写）                   │
├───┬──────────────┴──────────────────────┬───────────────────────────┤
│ 销│ 名    称：                          │ 备                         │
│ 售│ 纳税人识别号：                      │                            │
│ 方│ 地 址 、电 话：                     │ 注                         │
│   │ 开户行及账号：                      │                            │
├───┴──────────────┬──────────────────┬──┴───────────────────────────┤
│ 收 款 人：       │ 复  核：         │ 开 票 人：                    │
└──────────────────┴──────────────────┴──────────────────────────────┘
```

国家税务总局
2020 年 12 月 20 日

第一节　流转税原理

一、流转税的概念

流转税是以商品和劳务的流转额为课税对象的税种统称。商品交易发生的流转额称为商品流转额，这个流转额既可以是指商品的实物流转额，也可以是指商品的货币流转额。流转税的课税对象是流转额，它包括商品流转额和非商品流转额。其中，商品流转额是指在商品交换（买进和卖出）过程中发生的交易额。对卖方来说，具体表现为商品销售额；对买方来说，则是购进商品支付金额。非商品流转额是指交通运输、邮电通信以及各种服务性行业的营业收入额。此外，流转课税既可以全部流转额作为课税对象，又可以部分流转额作为课税对象。

流转税与商品（或劳务）的交换相联系，商品无处不在，又处于不断流动之中，决定流转税的征税范围十分广泛；流转税的计征，只问收入有无，而不管经营好坏、成本高低、利润大小；流转税都采用比例税率或定额税率，计算简便，易于征收；流转税形式上由商品生产者或销售者缴纳,但其税款常附着于卖价,易转嫁给消费者负担,而消费者却不直接感受到税负的压力。由于以上这些原因,流转税对保证国家及时、稳定、可靠地取得财政收入有着重要的作用。同时,它对调节生产、消费也有一定的作用。因此,流转税一直是我国的主体税种。所谓主体税种(税类、税系),一是指它的收入在全部税收收入中所占的比重较大;二是它的调节面比较广泛,对经济的调节作用比较显著。我国的流转税主要有增值税、消费税、营业税和关税。

二、流转税特点

流转税既是整个税收体系中不可分割的重要组成部分,又具有不同于其他大类税收的特点。流转税有以下几个特点。

1. 课征普遍

流转税以商品交换为前提,课征普遍。由于流转税的课税对象是流转额,而流转额只能在商品(包括劳务)交换过程中形成,因此,流转税的征收必须以商品交换为前提。同时流转课税中的许多问题,像计税价格、纳税环节、重复征税、税负转嫁等,都直接同商品交换相联系。在现代社会中,商品经济高度发达,商品生产和商品交换是社会生产的主要形式,流转课税自然是最普遍的税类。

2. 按流转额征税

在税率已定的条件下,流转税额的大小直接依存于商品、劳务价格的高低及流转额的多少,而与成本、费用水平无关。即不论课税的商品有无盈利,只要发生了商品销售或提供劳务的行为,所发生的流转额都要课税。

3. 比例税率

流转税普遍实行比例税率。商品课税主要适用从价比例税率,但一般情况下均为差别比例税率,只有少数税种或税目实行定额税率。这是流转税的一个重要特征。

4. 计征简便

商品课税以流转额为计税依据,与商品成本和盈利水平无关,主要采用比例税率形式,因此计税简单。

三、流转税制的内容

任何一个税制都应考虑课税对象、纳税人、税率等内容。因此在设计流转税时,也必须考虑以上内容。下面分别对课税对象、征收范围、计税依据、税率进行介绍。

(一) 流转税课税对象

如前所述,流转税的课税对象为商品流转额和非商品流转额,具体又分为总值型和增值型两种类型。

所谓总值型的商品课税对象,即商品生产者商品销售收入总额,或提供劳务服务的营业收入总额,也就是以商品生产者商品销售收入总额或提供服务收入总额为课税对象。由于总值型的课税对象为收入总额,相对于以增值额为课税对象,它的税基增大,在多环节征税的情况下会引起重复征税、重叠征税,不利于产品间和企业间税负平衡,但税收核算简便,征管难度降低。

所谓增值型的流转税课税对象,即商品生产者经营或提供劳务服务的增值额。与总值型相比,它的税基缩小了,在多环节征税情况下可减少或消除重复征税、重叠征税,减少产品间或企业间税负不平衡的问题,但税收核算和征管难度加大了。

(二)流转税征收范围

对于流转税的征税范围有如下几种观点。

一种观点是对商品普遍征税。对商品普遍征税意味着流转税的征税范围既包括消费品,也包括资本品。第二种观点是只对消费品征税,对资本品不予征税。第三种观点是选择少数消费品征税,也就是资本品和大部分消费品不予征税,从而使税基缩小。我们国家在制定流转税制时,综合考虑了以上3种观点,既有普遍征税又分别不同情况对消费品征税。

(三)流转税计税依据

流转税的计税依据有从价计税和从量计税之分。从量计税就是按征税对象的实物量,如数量、重量、容积、体积等计税。从量计税由于以商品数量为依据,因此商品价格变化不影响税额变化,同种商品也不会因价格差异而引起税额差异。从价计税就是按征税对象的价值量(货币量)计税,计税金额是计税价格乘上计税数量。由于从价计税是以商品价格或劳务价格为依据,因此商品价格变化会影响计税金额变化,从而影响税额变化,同种商品由于价格不同其计税金额也不同。对于从价计征的还有含税价格计税和不含税价格计税之别。

含税价格是包含税金在内的计税价格,是由成本、利润和税金组成,税金内含于价格之中,也称价内税。一旦商品销售实现,就可取得包含在商品价格中的税款。一般在实行价内税的情况下,商品交易价格即为含税价格。如果商品价格为不含税价格,就要按组成计税价格计算含税价格。

组成计税价格计算公式为:

$$组成计税价格 = 不含税价格 \div (1 - 税率)$$

或

$$= (成本 + 利润) \div (1 - 税率)$$

【例7-1】 某厂将一批自制化妆品作为福利分给职工,该批化妆品成本30 000元,消费税税率30%,利润率5%,则:

$$组成计税价格 = (30\,000 + 30\,000 \times 5\%) \div (1 - 30\%) = 45\,000(元)$$

$$应纳消费税税额 = 45\,000 \times 30\% = 13\,500(元)$$

不含税价格是不包含税金的计税价格,是由成本、利润组成,税金依附于价格之外,也称价外税。一般在实行价外税的情况下,交易价格即为不含税价格。如果商品价格为含税价格,也要按不含税价格计算计税价格。不含税价格计算公式为:

不含税价格＝含税价格÷(1＋税率)

比如,某商店销售电视机收入为 93 600 元,增值税税率 17%,由于该销售额为含税销售额,因此在计算消费税额时应将含税的 93 600 元销售额转换为不含税的销售额,即不含税销售额＝93 600÷(1＋17%)＝80 000(元)。

(四) 流转税税率

税率是税收制度的中心环节,直接关系到国家税收收入和纳税人税收负担。流转税税率可分为定额税率和比例税率两种税率形式。税率形式同计税依据的确定方式是相联系的,凡是从量税一般适用定额税率,按商品销售的实物量计算税额;凡是从价税一般适用比例税率,按商品销售的价值量计算税额。比例税率有单一比例税率和差别比例税率之分。单一比例税率是一个税种只采用一种税率比例,主要发挥税收的收入功能;差别比例税率是一个税种采用多种税率比例,不但具有收入功能,同时也发挥税收的调节功能。差别比例税率既可按行业设计,也可按产品设计,还可按地区设计,主要取决于税收的政策目标。

第二节 增 值 税

一、增值税的概念

增值税是对纳税人在生产经营过程中实现的增值额征收的一种税。经国务院批准,自 2016 年 5 月 1 日起,在全国范围内全面推开营业税改征增值税(以下简称"营改增")试点,建筑业、房地产业、金融业、生活服务业等全部营业税纳税人,纳入试点范围,由缴纳营业税改为缴纳增值税。从理论上讲,增值额是一定时期内劳动者在生产商品和提供劳务及服务时新创造的价值。按照马克思的商品价值构成公式,任何一种商品或劳务的价值均由 C、V 和 M 三部分构成。其中 C 为生产经营过程中消耗掉的补偿价值,即由上一环节转移过来的投入物品或劳务的价值。商品或劳务的价值扣除 C 以后的部分,即为该商品或劳务的新增价值 V＋M,即增值额。

二、增值税税制要素

(一) 征收范围

1. 征税范围的一般规定

根据《增值税暂行条例》和"营改增"现行增值税的征收范围包括在中华人民共和国境内销售货物、发生应税行为、提供应税劳务、提供应税服务以及进口货物。销售或进口的货物是指有形动产,包括电力、热力、气体在内。

2. 应税行为的具体范围

(1) 销售货物。销售货物是指有偿转让货物的所有权,包括有形动产、不动产及无形资产;也包括电力、热力和气体。

（2）提供加工、修理修配劳务。

（3）进口货物。

（4）提供应税服务是指提供交通运输服务、邮政服务、电信服务、建筑服务、金融服务、现代服务、生活服务等。

（5）"营改增"范围。

销售服务、无形资产或者不动产是指有偿提供服务、有偿转让无形资产或者不动产，但对于实务中某些特殊项目或行为是否属于增值税的征税范围，还需要具体确定。

小贴士

增值税税率调整

2018年4月，财政部、国家税务总局关于调整增值税税率的通知财税〔2018〕32号，将纳税人发生增值税应税销售行为或者进口货物，原适用17%和11%税率的，分别调整为16%和10%；纳税人购进农产品，原适用11%扣除率的，扣除率调整为10%。

2019年3月，财政部、国家税务总局海关总署关于深化增值税改革有关政策的公告〔2019〕39号，将增值税一般纳税人（以下称纳税人）发生增值税应税销售行为或者进口货物，原适用16%税率的，税率调整为13%；原适用10%税率的，税率调整为9%；纳税人购进农产品，原适用10%扣除率的，扣除率调整为9%，纳税人购进用于生产或者委托加工13%税率货物的农产品，按照10%的扣除率计算进项税额；原适用16%税率且出口退税率为16%的出口货物劳务，出口退税率调整为13%；原适用10%税率且出口退税率为10%的出口货物、跨境应税行为，出口退税率调整为9%。

3. 属于征税范围的特殊行为

销售货物的实际情况是相当复杂的，税法除对销售货物作出一般规定外，为了公平税负并减少税收漏洞，条例还对某些货物销售的特殊情形作了明确的界定。

视同销售货物行为

销售货物是指有偿转让货物的所有权，而下列行为或者没有转让货物的所有权，或者只是无偿转让货物的所有权。为了平衡各类经营方式及各类货物之间的税负，便于控制税源，税法规定对这类货物视同销售，征收增值税。

（1）将货物交付他人代销。

（2）销售代销货物。

（3）设有两个以上机构并实行统一核算的纳税人，将货物从一个机构移送其他机构用于销售，但相关机构设在同一县（市）的除外。

（4）将自产或委托加工的货物用于非应税项目。

（5）将自产、委托加工或购买的货物作为投资，提供给其他单位或个体经营者。

（6）将自产、委托加工或购买的货物分配给股东或投资者。

（7）将自产、委托加工的货物用于集体福利或个人消费。

（8）将自产、委托加工或购买的货物无偿赠送他人。

上述8种行为确定为视同销售货物行为，均要征收增值税。其确定的目的有两个。

(1) 保证增值税税款抵扣制度的实施,不至于因发生上述行为而造成税款抵扣环节的中断。

(2) 避免因发生上述行为而造成货物销售税收负担不平衡的矛盾,防止以上述行为逃避纳税的现象。

(二) 纳税人

在中华人民共和国境内(以下称境内)销售服务、无形资产或者不动产(以下称应税行为)的单位和个人,为增值税纳税人,应当按照本办法缴纳增值税,不缴纳营业税。

单位是指企业、行政单位、事业单位、军事单位、社会团体及其他单位。个人是指个体工商户和其他个人。

单位以承包、承租、挂靠方式经营的,承包人、承租人、挂靠人(以下统称承包人)以发包人、出租人、被挂靠人(以下统称发包人)名义对外经营并由发包人承担相关法律责任的,以该发包人为纳税人。否则,以承包人为纳税人。所称个人是指个体经营者和其他个人。企业租赁或承包给他人经营的,以承包人或承租人为纳税义务人。

为了严格增值税的征收管理,考虑目前我国众多纳税人的会计核算水平参差不齐,加上某些经营规模小的纳税人因其销售货物或提供应税劳务的对象多是最终消费者而无须开具增值税专用发票,《增值税暂行条例》将纳税人按其经营规模大小及会计核算健全与否划分为一般纳税人和小规模纳税人。

1. 一般纳税人的认定及管理

一般纳税人是指年应征增值税销售额(以下简称年应税销售额,包括一个公历年度内的全部应税销售额),超过增值税暂行条例实施细则规定的小规模纳税人标准的企业和企业性单位。增值税一般纳税人需向税务机关办理认定手续,以取得法定资格。一般纳税人认定的审批权限在县级以上税务机关。下列纳税人不属于一般纳税人:年应税销售额未超过小规模纳税人标准的企业;个人(除个体经营者以外的其他个人);非企业性单位;不经常发生增值税应税行为的企业。被认定为一般纳税人的企业,可以使用增值税专用发票。如一般纳税人违反专用发票使用规定,税务机关除按税法规定处罚外,还要在6个月内停止其使用专用发票;对会计核算不健全,不能向税务机关提供准确税务资料的,停止其抵扣进项税额,取消其专用发票使用权。

2. 小规模纳税人的认定

小规模纳税人是指年应税销售额在规定标准以下,并且会计核算不健全,不能按规定报送有关税务资料的增值税纳税人。会计核算不健全是指不能正确核算增值税的销项税额、进项税额和应纳税额。

(三) 税率

一般纳税人销售或者进口货物,提供加工、修理修配劳务,除低税率适用范围和销售个别旧货适用征收率外,税率一律为13%,这就是通常所说的基本税率,小规模纳税人适用征收率为3%,如表7-1所示。

表 7-1 税率

纳税人	序号	税目	税率/%			
			2017年7月1日前	2017年7月1日后	2018年5月1日后	2019年4月1日后
一般纳税人	1	销售或者进口货物(另有列举的货物除外)	17	17	16	13
	2	(1)粮食、食用植物油、鲜奶 (2)自来水、暖气、冷气、热气、煤气、石油液化气、天然气、沼气,居民用煤炭制品 (3)图书、报纸、杂志 (4)饲料、化肥、农药、农机(整机)、农膜 (5)国务院规定的其他货物 (6)农产品(指各种动、植物初级产品);音像制品;电子出版物;二甲醚	13	11	10	9
	3	提供加工、修理修配劳务	17	17	16	13
	4	提供增值电信服务、金融服务、现代服务(租赁服务除外)、生活服务、转让土地使用权以外的其他无形资产	6	6	6	6
	5	提供交通运输、邮政、基础电信、建筑、不动产租赁服务,销售不动产,转让土地使用权	11	11	10	9
	6	提供有形动产租赁服务	17	17	16	13
	7	境内单位和个人发生的跨境应税行为。具体范围由财政部和国家税务总局另行规定	0	0	0	0
小规模纳税人			3	3	3	3

三、增值税的计算

(一)一般纳税人应纳税额的计算

销售货物的销售额乘以增值税税率得出的税款叫作销项税额;购进原材料等已纳的税款叫作进项税额。因此用公式表示一般纳税人应纳税额的计算为:

应纳税额＝当期销项税额－当期进项税额

或 应纳税额＝当期销售额×增值税税率－当期进项税额

这里要注意,纳税人销售货物(或应税劳务,下同),按照销售额和适用税率计算出来的销项税额是向购买方收取的。

这清楚地表明增值税是一种可以转嫁的税,其税款最终由消费者负担。同时也可以看出,在一项交易行为中,卖方的销项税额也就是买方的进项税额。

应纳税额的计算分为以下几个步骤。

1. 销售额的确定

销售额是指纳税人销售货物,向购买方收取的全部价款和价外费用,这体现了一切收入都要征税的原则。但不包括向购买方收取的销项税额,这表明增值税是一种价外税。价外费用包括向购买方价外收取的手续费、补贴、基金、集资费、返还利润、奖励费、违约金(延期付款利息)、包装费及其租金、储备费、优质费、运输装卸费、代收款项、代垫款项及其他各种性质的价外费用。但不包括以下两项。

(1) 受托方加工应征消费税的消费品所代收代缴的消费税。

(2) 纳税人代垫运费,但同时将承运部门开具给购货方的运费发票转交给购货方的。

凡随同销售货物向购买方收取的价外费用,无论其会计制度如何核算,均应并入销售额计算应纳税额。

销售额不包括向购买方收取的销项税额,但在实际生活中常常出现纳税人将销售货物的销售额和销项税额合并定价,成为含税的销售额。遇到这种情况,在计税时先要将含税销售额换算为不含税销售额,其换算公式为:

$$\text{不含税销售额}=\frac{\text{含税销售额}}{1+\text{税率}}$$

【例 7-2】 某商店向消费者销售电视机,某月销售 100 台,每台含税销售价为 1 130 元,增值税税率为 13%。则某商场这个月的销售额和销项税额分别为:

不含税销售额=(100×1 130)÷(1+13%)=100 000(元)

销项税额=100 000×13%=13 000(元)

或　　　　　　　　=(100×1 130)-100 000=13 000(元)

【例 7-3】 某公司销售船用柴油 10 吨,每吨单价 1 000 元,价外代有关部门收取渔业发展基金每吨 146.9 元。则这一笔销售的销售额应为:

$$1\,000\times10+\frac{146.9}{1+13\%}\times10=11\,300(\text{元})$$

《增值税暂行条例》对下列几种特殊销售方式的销售额分别作出规定。

(1) 采取折扣方式销售

折扣销售(又称商业折扣)是指销货方在销售货物或应税劳务时给予购货方的价格优惠。我国习惯用九折、八五折等表示,例如,一件单价为 100 元的货物,按八五折销售则卖 85 元。如果销售额和折扣额在同一张发票上分别注明的,可按折扣后的余额作为销售额计算增值税;如将折扣额另开发票,不论其在财务上如何处理,均不得从销售额中减除折扣额。

销售折扣(又称现金折扣)是指在采用赊销方式销售商品时,为了鼓励购货方在一定期限内尽早偿还货款,而规定一个短于规定期限的折扣。比如,合同规定的付款条件为2/10,1/20,N/30;即表示在 10 天内付款的给予 2%的货款折扣;20 天内付款给予折扣 1%;超过 20 天的,全价付款。这种折扣其实质是一种融资费用,税法规定销售折扣不得从销售额中减除,即应按货价全额计税。销售折让是销货方售出的产品在品种、质量等方面存在问题,而购货方未予退货,销货方给予购货方的一种价格折让,因此销售折让可以按折让后的销售额计税。

(2) 采取以旧换新方式销售

以旧换新是指纳税人在销售货物的同时有偿收回旧货物的行为。按税法规定,这种销售方式应按新货物的同期销售价格确定销售额,不得扣减旧货物的收购价格(金银商品除外)。

例如,某洗衣机厂为了促销采取以旧换新方式销售洗衣机,每台洗衣机不含税价为800元,同时回收一台旧洗衣机折价80元,即只收现金720元。而计税时,须按每台800元确定销售额。按对金银首饰以旧换新业务,可以按销售方实际收取的不含增值税的全部价款征收增值税。

(3) 采取以物易物方式销售

以物易物是指购销双方不是以货币结算,而是以同等价款的货物相互结算的一种购销方式。采取这种方式销售的双方都应作购销处理,以各自发出的货物核算销售额并计算销项税额,以各自收到的货物核算购货额并计算进项税额。

(4) 销售带包装的货物及包装物押金

前面说过,价外费用包括价外向购买方收取的包装费和包装费租金,因此,纳税人销售带包装的货物,无论包装物是否单独计价,在财务上如何核算,也无论这部分包装物是自制的还是外购的,销售额均应包括包装物的价格在内。但有的为了能收回包装物周转使用,对包装物不作价随同货物出售,而是另收取包装物押金,并单独记账核算,对包装物押金则不并入销售额计税。如果逾期(超过合同或双方协议约定的期限;如果收回期不明确的,一般不超过一年)未能收回包装物不再退还的押金,则应按所包装货物的适用税率计算销售额。这里需注意包装物押金一般视为含税收入,因此在将包装物押金并入销售额征税时,需先将这部分押金换算为不含税价。例如,粮食部门向某团体供应大米、面粉等粮食,在价外另收取米、面粉袋押金565元,因逾期不再退还,应按所包装货物的适用税率计税,其销售额约为 $565 \div (1+10\%) = 514(元)$。

1995年6月1日起,国家对销售除啤酒、黄酒外的其他酒类产品而收取的包装物押金,无论是否返还以及会计上如何核算,均应并入当期销项税额征税。对销售啤酒、黄酒所收取的押金,按上述一般押金的规定处理。

(5) 视同销售货物行为的销售额确定

对视同销售货物行为的销售额确定,应按下列顺序确定销售额。①按纳税人当月同类货物的平均市场销售价格确定。②按纳税人最近时期同类货物的平均市场销售价格确定。③按组成计税价格确定。组成计税价格的计算公式为:

$$组成计税价格 = 成本 \times (1 + 成本利润率)$$

若货物是消费税应税货物,则其组成计税价格中应加计消费税额。

(6) 混合销售行为的销售额的确定

混合销售行为和兼营的非应税劳务,经税务征收机关确定应当征收增值税的,其销售额分别为货物与非应税劳务的销售额的合计;货物或应税劳务与非应税劳务的销售额的合计。

(7) 外汇结算销售额的折算

销售额以人民币计算。纳税人以外汇结算销售额的,可以选择销售额发生的当天或当月1日的国家外汇牌价(原则上为中间价)折合成人民币计算。纳税人应在事先确定采用何种折合率,确定后一年内不能变更。

2. 销项税额的计算

销项税额是纳税人销售货物或者提供应税劳务,按照销售额和规定的税率计算并向购买方收取的增值税额。纳税人因销货退回或折让而退还给购买方的增值税额,应从发生销货退回或折让当期的销项税额中冲减。销项税额的计算公式为:

$$销项税额 = 销售额 \times 税率$$

需要强调的是,公式中的"销售额"必须是不包括收取的销项税额的销售额,销项税额应在增值税专用发票"税额"栏中填写。

3. 进项税额的确定

进项税额是纳税人购进货物或接受应税劳务所支付或负担的增值税额。它由销售方收取和缴纳,由购买方支付。销售方的销项税额就是购买方支付的进项税额,一般情况下不需要另外计算。在计算增值税时,纳税人将已支付的进项税额冲抵发生的销项税额,但不是所有的进项税额都可以抵扣。

(1) 准予从销项税额中抵扣的进项税额。根据税法规定,准予从销项税额中抵扣的进项税额,限于下列增值税扣税凭证上注明的增值税额。

① 纳税人购进货物或者接受应税劳务,从销售方取得的增值税专用发票上注明的增值税额。

② 纳税人进口货物,从海关取得的完税凭证上注明的增值税额。

③ 一般纳税人购进农产品,原适用10%扣除率的,扣除率调整为9%。纳税人购进用于生产或委托加工13%税率货物的农产品,按10%扣除率计算进项税额,从当期销项税额中扣除。即进项税额=买价×扣除率。

④ 一般纳税人外购货物(固定资产除外)所支付的运输费用,以及一般纳税人销售货物所支付的运输费用,准予根据运费结算单据(普通发票)所列运费金额的7%扣除率计算进项税额扣除,但随同运费支付的装卸费、保险费等其他杂费不得计算扣除进项税额。另外,需要把握以下几点。

第一,外购固定资产所支付的运输费用不得计算进项税额抵扣,购买或销售免税货物(购进免税农业产品除外)所发生的运输费用不得计算进项税额抵扣。

第二,准予计算进项税额抵扣的货物运费金额是指在运输单位开具的货票上注明的运费和建设基金。

另外,一般纳税人取得由税务所为小规模纳税人代开的专用发票,可以用专用发票上填写的税额作为进项税额计算抵扣。

(2) 不准从销项税额中抵扣的进项税额有以下几种。

① 用于非增值税应税项目、免征增值税项目、集体福利或者个人消费的购进货物或者应税劳务。

② 非正常损失的购进货物及相关的应税劳务。

③ 非正常损失的在产品、产成品所耗用的购进货物或者应税劳务。

④ 国务院财政、税务主管部门规定的纳税人自用消费品。

上述所称非正常损失是指生产经营过程中正常损耗外的损失,包括自然灾害损失,因管理不善造成货物被盗窃、发生霉变等的损失,其他非正常损失。

纳税人因进货退出或折让而收回的增值税税额,应从发生进货退出或折让当期的进项税额中扣减。纳税人发生《增值税暂行条例》规定不允许抵扣而已经抵扣进项税额的行为,应将该项购进货物或应税劳务的进项税额从当期发生的进项税额中扣减。无法准确确定该项进项税额的,按当期实际成本计算应扣减的进项税额。

4. 应纳税额的计算

一般纳税人销售货物或者提供应税劳务,应纳税额为当期销项税额抵扣当期进项税额后的余额。其计算公式为:应纳税额＝当期销项税额－当期进项税额。

上述公式中,如果当期销项税额小于进项税额时,其不足抵扣的部分可以结转到下期继续抵扣。当期购进的货物或应税劳务如果事先并未确定将用于非生产经营项目,其进项税额允许从当期销项税额中抵扣。但已抵扣进项税额的购进货物或应税劳务如果事后改变用途,用于非应税项目、免税项目、集体福利或个人消费,购进货物发生非正常损失、在产品或产成品发生非正常损失,应将该项购进货物或应税劳务的进项税额从当期发生的进项税额中扣减。纳税人因销货退回或折让而退还给购买方的增值税额,应从发生销货退回或折让当期的销项税额中扣减;因进货退出或折让而收回的增值税额,应从发生进货退回或折让当期的进项税额中扣减。

5. 计算应纳税额的时限

一般纳税人应纳税额计算公式中的当期是指税务机关依照税法规定对纳税人确定的纳税期限。在规定的纳税期限内实际发生的销项税额、进项税额,即为法定的当期销项税额和当期进项税额。

案 例

【例 7-4】 某工业企业当月销售货物的销售额为 300 万元;当月购进货物一批,取得的专用发票上注明的价款是 150 万元,货款已付,销货方保证于下月 5 日前发货;又接受修理修配劳务,已支付劳务费用 5 万元,并取得专用发票。该企业当月应纳增值税为:

(1) 当月销项税额＝300×13％＝39(万元)。

(2) 因购进货物未验收入库不得抵扣,因此当月可抵扣进项税额＝5×13％＝0.65(万元)。

(3) 当月应纳税额＝39－0.65＝38.35(万元)。

纳税人如当期销项税额小于当期进项税额不足抵扣时,其不足部分可以结转下期继续抵扣。

(二)小规模纳税人应纳税额的计算

1. 基本计算公式

与一般纳税人相比,小规模纳税人应纳税额的计算要简单得多。小规模纳税人销售货物或应税劳务,按不含税销售额和规定的征收率计算应纳税额,不得抵扣进项税额。其计算公式为:应纳税额＝销售额×征收率。

与一般纳税人相同的是,计算公式中的销售额也不包含增值税税额。当小规模纳税人采取价税合一方式销售货物或提供应税劳务时,应将含税销售额换算为不含税销售额。其换算公式为:销售额＝含税销售额÷(1＋征收率)。

需要注意两点:一是小规模纳税人不得抵扣进项税额;二是小规模纳税人取得的销售额与一般纳税人一样,都是销售货物或提供应税劳务向购买方收取的全部价款和价外费用,不包括收取的增值税税额。

【例 7-5】 某个体户开设的修车店修理自行车、三轮车、摩托车,某月营业收入额 50 000 元,该户这个月应纳增值税税额为:

不含税销售额(即计税销售额)＝50 000÷(1＋3％)＝48 543.69(元)

应纳税额＝48 543.69×3％＝1 456.31(元)

2. 销售特定货物应纳税额的计算

现行增值税法对一些特定货物的销售行为,无论其从事者是一般纳税人还是小规模纳税人,一律按小规模纳税人应纳税额计算办法计算应纳税额。自 1998 年 8 月 1 日起,下列特定货物销售行为的征收率由 6％调低至 4％。

(1) 寄售商店代销寄售物品。

(2) 典当业销售死当物品。

(3) 销售旧货(不包括使用过的固定资产)。

(4) 经有关机关批准的免税商店零售免税货物。

3. 兼营不同税率的货物或应税劳务的计算

纳税人兼营不同税率的货物或者应税劳务,应当分别核算不同税率货物或者应税劳务的销售额。未分别核算销售额的,从高适用税率。

4. 起征点

起征点制度是增值税制度的重要内容。考虑到个体经营方式的规模较小,成本相对较高,经营收益有限,世界上绝大多数国家的流转税制度都规定了起征点,对一定时期内营业额达不到规定标准的纳税人,免予征收流转税。

我国增值税和营业税原来的起征点是 1994 年时规定的。为了扶持个体经济的发展,鼓励国有企业下岗失业人员及其他人员自谋职业和自主创业,财政部、国家税务总局下发了《财政部 国家税务总局关于下岗失业人员再就业有关税收政策问题的通知》(财税〔2002〕208 号),对增值税和营业税的起征点做了如下调整。

(1) 提高增值税的起征点

将销售货物的起征点幅度由现行月销售额 600～2 000 元提高到 2 000～5 000 元;将销售应税劳务的起征点幅度由现行月销售额 200～800 元提高到 1 500～3 000 元;将按次纳税的起征点幅度由现行每次(日)销售额 50～80 元提高到每次(日)150～200 元。

(2) 提高营业税的起征点

将按期纳税的起征点幅度由现行月销售额 200～800 元提高到 1 000～5 000 元;将按次纳税的起征点由现行每次(日)营业额 50 元提高到每次(日)营业额 100 元。

5. 购置税控收款机的税款抵扣计算

自 2004 年 12 月 1 日起,增值税小规模纳税人购置税控收款机,经主管税务机关审核批准后,可凭购进税控收款机取得的增值税专用发票,按照发票上注明的增值税税额,抵免当期应纳增值税,或者按照购进税控收款机取得的普通发票上注明的价款,依下列公式计算可抵免税款:可抵免税款=价款÷(1+17%)×17%。

当期应纳税额不足抵免的,未抵免部分可在下期继续抵免。

(三) 进口货物应纳税额计算

纳税人进口货物按照组成计税价格和条例规定的税率计算应纳税额,不得抵扣任何税额。组成计税价格和应纳税额的计算公式为:

$$组成计税价格 = 关税完税价格 + 关税$$

$$应纳税额 = 组成计税价格 \times 增值税税率$$

如属于应征消费税的进口货物,则:

$$组成计税价格 = (关税完税价格 + 关税税额) \div (1 - 消费税税率)$$

$$= 关税完税价格 + 关税税额 + 消费税税额$$

$$应纳消费税税额 = 组成计税价格 \times 消费税税率$$

$$应纳增值税税额 = 组成计税价格 \times 增值税税率$$

进口货物的关税完税价格是指以海关审定的成交价格为基础的到岸价格。也就是说,进口货物先要征收具有保护作用的关税;对应征消费税的,还要先征收一道消费税,以进行特殊调节;然后以关税完税价格、关税和消费税之和为税基,征收增值税。进口货物的增值税由海关代征。个人携带或邮寄进境自用物品的增值税,连同关税一并计征。

【例 7-6】 某进出口公司进口应征消费税的小轿车一批,经海关审定的到岸价格折合人民币为 770 000 元。进口小轿车关税税率为 110%,消费税税率为 5%。其应纳增值税为:

$$应纳关税 = 770\,000 \times 110\% = 847\,000(元)$$

$$组成计税价格 = (770\,000 + 847\,000) \div (1 - 5\%) = 1\,702\,105.26(元)$$

$$应纳消费税 = 1\,702\,105.26 \times 5\% = 85\,105.26(元)$$

$$[组成计税价格 = 770\,000 + 847\,000 + 85\,105.26 = 1\,702\,105.26(元)]$$

$$应纳增值税 = 1\,702\,105.26 \times 13\% = 221\,273.68(元)$$

【例 7-7】 某公司 2020 年 4 月从国外进口一批应税消费品,该批应税消费品的关税完税价格为 90 万元,关税税率 20%,消费税税率 10%,则:

$$应纳关税 = 90 \times 20\% = 18(万元)$$

$$组成计税价格 = (90 + 18) \div (1 - 10\%) = 120(万元)$$

$$应纳消费税 = 120 \times 10\% = 12(万元)$$

$$应纳增值税 = 120 \times 13\% = 15.6(万元)$$

(四) 出口货物退免税的规定

我国的出口货物退(免)税是指在国际贸易业务中,对我国报关出口的货物退还或免征其在国内各生产和流转环节按税法规定缴纳的增值税和消费税,即对增值税出口货物实行零税率,对消费税出口货物免税。对货物出口的不同情况国家在遵循"征多少、退多少""未征不退和彻底退税"基本原则的基础上,制定了不同的税务处理办法。

出口货物退(免)税的范围参见《增值税暂行条例》和相关法规、通知。

1. 出口货物适用的退税率

出口货物的退税率,是出口货物的实际退税额与退税计税依据的比例。出口退税的中心环节,体现着国家在一定时期的财政、价格和对外贸易政策,体现着出口货物的实际税负水平和在国际市场上的竞争能力。

退税率的高低,影响和刺激对外贸易,影响和刺激国民经济的发展速度,也关系到国家、出口企业的经济利益,甚至关系到进口商的经济利益。我国现行货物的增值税退税率每年都在调整,退税率有16%、15%、14%、13%、10%、9%、5%等几档。不同退税率的货物应分开核算,凡未分开核算而划分不清适用税率的,一律从低适用税率计算退税。根据《财政部、税务总局、海关总署关于深化增值税改革有关政策的公告》(〔2019〕39号)规定,原适用16%税率且出口退税率为16%的出口货物劳务,出口退税率调整为13%;原适用10%税率且出口退税率为10%的出口货物、跨境应税行为,出口退税率调整为9%。

2. 出口货物应退税额的计算办法

我国《出口货物退(免)税管理办法》规定了两种退税计算办法:第一种办法是"免、抵、退"办法,主要适用于自营和委托出口自产货物的生产企业;第二种办法是"先征后退"办法,目前主要用于收购货物出口的外(工)贸企业。

(1)"免、抵、退"税的计算方法

按照《财政部、国家税务总局关于进一步推进出口货物实行免抵退税办法的通知》(财税〔2002〕7号)规定,自2002年1月1日起,生产企业自营或委托外贸企业代理出口自产货物,除另有规定外,增值税一律实行免、抵、退税管理办法。

通知所述生产企业是指独立核算,经主管国税机关认定为一般增值税纳税人,并且具有实际生产能力的企业和企业集团。增值税小规模纳税人出口自产货物继续实行免征增值税办法。生产企业出口自产的属于应征消费税的产品,实行免征消费税办法。

实行免、抵、退税管理办法的"免"税是指对生产企业出口的自产货物,免征本企业生产销售环节增值税;"抵"税是指生产企业出口自产货物所耗用的原材料、零部件、燃料、动力等所含应予退还的进项税额,抵顶内销货物的应纳税额;"退"税是指生产企业出口的自产货物在当月内应抵顶的进项税额大于应纳税额时,对未抵顶完的部分予以退税。

小贴士

2019年6月30日前(含2019年4月1日前),纳税人出口前款所涉货物劳务、发生前款所涉跨境应税行为,适用增值税免退税办法的,购进时已按调整前税率征收增值税的,执行调整前的出口退税率,购进时已按调整后税率征收增值税的,执行调整后的出口退税率;适用增值税免抵退税办法的,执行调整前的出口退税率,在计算免抵退税时,适用税率低于出口退税率的,适用税率与出口退税率之差视为零参与免抵退税计算。

出口退税率的执行时间及出口货物劳务、发生跨境应税行为的时间,按照以下规定执行:报关出口的货物劳务(保税区及经保税区出口除外),以海关出口报关单上注明的出口日期为准;非报关出口的货物劳务、跨境应税行为,以出口发票或普通发票的开具时间为准;保税区及经保税区出口的货物,以货物离境时海关出具的出境货物备案清单上注明的出口日期为准。

下面介绍具体计算方法与计算公式。

① 当期应纳税额的计算如下。

$$\text{当期应纳税额} = \text{当期内销货物的销项税额} - (\text{当期进项税额} - \text{当期免抵退税不得免征和抵扣税额}) - \text{上期留抵税额}$$

其中:

$$\text{当期免抵退税不得免征和抵扣税额} = \text{出口货物离岸价} \times \text{外汇人民币牌价} \times (\text{出口货物征税率} - \text{出口货物退税率})$$
$$- \text{免抵退税不得免征和抵扣税额抵减额}$$

出口货物离岸价FOB以出口发票计算的离岸价为准。出口发票不能如实反映实际离岸价的,企业必须按照实际离岸价向主管国税机关申报,同时主管税务机关有权依照《中华人民共和国税收征收管理法》《中华人民共和国增值税暂行条例》等有关规定予以核定。

$$\text{免抵退税不得免征和抵扣税额抵减额} = \text{免税购进原材料价格} \times (\text{出口货物征税率} - \text{出口货物退税率})$$

免税购进原材料包括从国内购进免税原材料和进料加工免税进口料件,其中进料加工免税进口料件的价格为组成计税价格。

$$\text{进料加工免税进口料件的组成计税价格} = \text{货物到岸价} + \text{海关实征关税和消费税}$$

如果当期没有免税购进原材料价格,前述公式中的免抵退税不得免征和抵扣税额抵减额,以及后面公式中的免抵退税额抵减额就不用计算。

② 免抵退税额的计算如下。

$$\text{免抵退税额} = \text{出口货物离岸价} \times \text{外汇人民币牌价} \times \text{出口货物退税率} - \text{免抵退税额抵减额}$$

其中:

$$\text{免抵退税额抵减额} = \text{免税购进原材料价格} \times \text{出口货物退税率}$$

③ 当期应退税额和免抵税额的计算如下。

如当期期末留抵税额小于或等于当期免抵退税额,则:

当期应退税额=当期期末留抵税额

当期免抵税额=当期免抵退税额-当期应退税额

如当期期末留抵税额大于当期免抵退税额,则:

当期应退税额=当期免抵退税额

当期免抵税额=0

当期期末留抵税额根据当期《增值税纳税申报表》中"期末留抵税额"确定。

④ 企业免、抵、退税计算实例如下。

案 例

【例7-8】 某自营出口的生产企业为增值税一般纳税人,出口货物的征税税率为16%,退税税率为10%。2020年4月的有关经营业务为购进原材料一批,取得的增值税专用发票注明的价款200万元,外购货物准予抵扣的进项税额26万元,货已验收入库。上月月末留抵税款 3 万元；本月内销货物不含税销售额 100 万元；收款 113 万元存入银行；本月出口货物的销售额折合人民币 200 万元。试计算该企业当期的"免、抵、退"税额。

当期免抵退税不得免征和抵扣税额 $=200\times(16\%-10\%)=12$（万元）

当期应纳税额 $=100\times16\%-(26-12)-3=-1$（万元）

出口货物"免、抵、退"税额 $=200\times10\%=20$（万元）

按规定，如当期期末留抵税额≤当期免抵退税额时：

当期应退税额＝当期期末留抵税额

即该企业当期应退税额 1（万元）

当期免抵税额＝当期免抵退税额－当期应退税额

当期免抵税额 $=20-1=19$（万元）

【例 7-9】 某自营出口的生产企业为增值税一般纳税人，出口货物的征税税率为 16%，退税率为 10%。2020 年 6 月有关经营业务为购原材料一批，取得的增值税专用发票注明的价款 400 万元，外购货物准予抵扣的进项税额 52 万元，货已验收入库。上期末留抵税款 5 万元。本月内销货物不含税销售额 100 万元，收款 113 万元存入银行。本月出口货物的销售额折合人民币 200 万元。试计算该企业当期的"免、抵、退"税额。

当期免抵退税不得免征和抵扣税额 $=200\times(16\%-10\%)=12$（万元）

当期应纳税额 $=100\times16\%-(52-12)-5=-29$（万元）

出口货物"免、抵、退"税额 $=200\times10\%=20$（万元）

按规定，如当期期末留抵税额＞当期免抵退税额时：

当期应退税额＝当期免抵退税额

即该企业当期应退税额 20（万元）

当期免抵税额＝当期免抵退税额－当期应退税额

该企业当期免抵税额 $=20-20=0$（万元）

6 月期末留抵结转下期继续抵扣税额为 9（29－20）万元。

【例 7-10】 某自营出口生产企业是增值税一般纳税人，出口货物的征税税率为 16%，退税率为 10%。2020 年 8 月有关经营业务为购原材料一批，取得的增值税专用发票注明的价款 200 万元，外购货物准予抵扣进项税额 26 万元，货已验收入库。当月进料加工免税进口料件的组成计税价格 100 万元。上期期末留抵税款 6 万元。本月内销货物不含税销售额 100 万元。收款 113 万元存入银行。本月出口货物销售额折合人民币 200 万元。试计算该企业当期的"免、抵、退"税额。

免抵退税不得免征和抵扣税额抵减额＝免税进口料件的组成计税价格 $\times$（出口货物征税税率－出口货物退税率）

$=100\times(16\%-10\%)=6$（万元）

免抵退税不得免征和抵扣税额＝当期出口货物离岸价 $\times$ 外汇人民币牌价 $\times$（出口货物征税税率－出口货物退税率）

$=200\times(16\%-10\%)-6=6$（万元）

当期应纳税额 $=100\times16\%-(26-6)-6=-10$（万元）

免抵退税额抵减额＝免税购进原材料 $\times$ 材料出口货物退税率

$=100\times10\%=10$（万元）

出口货物"免、抵、退"税额=200×10%-10=10(万元)

按规定,如当期期末留抵税额＞当期免抵退税额时:

当期应退税额=当期免抵退税额

即该企业应退税额=10(万元)

当期免抵税额=当期免抵退税额-当期应退税额

当期该企业免抵税额=10-10=0(万元)

8月期末留抵结转下期继续抵扣税额为0(10-10)万元。

(2) 外贸企业"先征后退"的计算方法

外贸企业以及实行外贸企业财务制度的工贸企业收购货物出口,其出口销售环节的增值税免征;其收购货物的成本部分,因外贸企业在支付收购货款的同时也支付了生产经营该类商品的企业已纳的增值税款,因此,在货物出口后按收购成本与退税率计算退税退还给外贸企业,征、退税之差计入企业成本。外贸企业出口货物增值税的计算应依据购进出口货物增值税专用发票上所注明的进项金额和退税率计算。

应退税额=外贸收购不含增值税购进金额×退税率

外贸企业收购小规模纳税人出口货物增值税的退税规定如下。

① 凡从小规模纳税人购进持普通发票特准退税的抽纱、工艺品等12类出口货物,同样实行销售出口货物的收入免税,并退还出口货物进项税额的办法。由于小规模纳税人使用的是普通发票,其销售额和应纳税额没有单独计价,小规模纳税人应纳的增值税也是价外计征的,这样必须将合并定价的销售额先换算成不含税价格,然后据以计算出口货物退税。其计算公式为:

应退税额=[普通发票所列(含增值税)销售金额]÷(1+征收率)×6%或5%

对出口企业购进小规模纳税人特准的12类货物出口,提供的普通发票应符合《中华人民共和国发票管理办法》的有关使用规定,否则不予办理退税。

② 凡从小规模纳税人购进税务机关代开的增值税专用发票的出口货物,按以下公式计算退税:

应退税额=增值税专用发票注明的金额×6%或5%

外贸企业委托生产企业加工出口货物的退税规定,外贸企业委托生产企业加工收回后报关出口的货物,按购进国内原辅材料的增值税专用发票上注明的进项金额,依原辅材料的退税率计算原辅材料应退税额。支付的加工费凭受托方开具货物的退税率计算加工费的应退税额。

【例7-11】某进出口公司2020年8月出口美国平纹布2 000米,进货增值税专用发票列明单价20元/平方米,计税金额40 000元,退税率13%,其应退税额:

2 000×20×13%=5 200(元)

【例7-12】 某进出口公司2020年4月购进某小规模纳税人抽纱工艺品200打(套)全部出口,普通发票注明金额6 000元;购进另一小规模纳税人西服500套全部出口,取得税务

机关代开的增值税专用发票,发票注明金额 5 000 元,该企业的应退税额:

$$6\ 000 \div (1+6\%) \times 6\% + 5\ 000 \times 6\% = 639.62(元)$$

【例 7-13】 某进出口公司 2020 年 6 月购进牛仔布委托加工成服装出口,取得牛仔布增值税发票一张,注明计税金额 10 000 元(退税率 13%);取得服装加工费计税金额 2 000 元(退税率 16%),该企业的应退税额:

$$10\ 000 \times 13\% + 2\ 000 \times 16\% = 1\ 620(元)$$

四、增值税征收管理

(一)增值税纳税义务发生时间及期限

1. 增值税纳税义务发生时间

纳税义务发生时间是纳税人发生应税行为应当承担纳税义务的起始时间。销售货物或者应税劳务的纳税义务发生时间,按权责发生制原则确定,具体确定办法如下。

(1)采取直接收款方式销售货物,不论货物是否发出,均为收到货款或取得索取货款的凭据,并将提货单交给买方的当天。

(2)采取托收承付和委托银行收款方式销售货物,为发出货物并办妥托收手续的当天。

(3)采用赊销和分期收款方式销售货物,为按合同约定的收款日期的当天。

(4)采取预收货款方式销售货物,为货物发出的当天。

(5)委托其他纳税人代销货物,为收到代销单位销售的代销清单的当天。

(6)销售应税劳务,为提供劳务同时收讫货款或取得索取货款的凭据的当天。

(7)纳税人发生按规定视同销售货物的行为(将货物交付他人代销、销售代销货物除外),为货物移送的当天。

(8)进口货物,为报关进口的当天。

2. 增值税的纳税期限

根据条例规定,增值税纳税期限分别为 1 日、3 日、5 日、10 日、15 日或 1 个月。纳税人的具体纳税期限,由主管税务机关根据纳税人应纳税额的大小分别核定;不能按期纳税的,可以按次纳税。

增值税的纳税期限分别为 1 日、3 日、5 日、10 日、15 日或 1 个月;不能按照固定期限纳税的,可按次纳税。纳税人的具体纳税期限,由主管税务机关根据纳税人应纳税额的大小分别核定。以 1 个月为一期纳税的,自期满之日起 15 日内申报纳税;以 1 日、3 日、5 日、10 日或 15 日为一期纳税的,自期满之日起 5 日内预缴税款,于次月 1 日起 10 日内申报纳税并结清上月应纳税款。

进口货物,自海关填发税款缴纳证的次日起 7 日内缴纳。

(二)增值税的纳税地点

纳税人在发生纳税义务后,一般应在其所在地缴纳增值税。由于纳税人情况不同,为有利于加强核算和征管,具体规定如下。

(1) 固定业户,向其机构所在地主管税务机关申报纳税。
(2) 非固定业户,销售货物或应税劳务向销售地主管税务机关申报纳税。
(3) 进口货物,由进口人或其代理人向报关地海关申报纳税。

五、增值税专用发票

增值税专用发票不仅是纳税人经济活动中的重要商事凭证,而且是兼记销货方纳税义务和购货方进项税额的合法证明。专用发票统一由国家税务总局授权印制。

(一) 专用发票领购使用范围

增值税专用发票只限于增值税的一般纳税人领购使用,但一般纳税人有下列情形之一者,不得领购使用专用发票。

(1) 会计核算不健全,即不能按会计制度和税务机关的要求准确核算和提供增值税的销项税额、进项税额和应纳税额数据有关资料的。

(2) 有下列行为,经税务机关责令限期改正而仍未改正的:①私印专用发票;②向税务机关以外的单位或个人买取专用发票;③借用他人专用发票;④向他人提供专用发票;⑤未按要求开具专用发票;⑥未按规定保管专用发票;⑦未按规定申报专用发票的购、用、存情况;⑧未按规定接受税务机关检查。

(3) 销售的货物全部属于免税项目的。

(二) 专用发票开具范围

增值税的一般纳税人销售货物(包括视同销售货物)、提供应税劳务,以及根据规定应当合并征收增值税的非应税劳务,必须向购买方开具专用发票。

不得开具专用发票,只开具普通发票的情形参见《增值税暂行条例》。

向小规模纳税人销售应税项目,可以不开具专用发票。

第三节 消 费 税

一、消费税概念

消费税是国际上普遍开征的一种税。消费税是以特定的消费品为课税对象所征收的一种税,属于流转税的范畴。现行消费税基本规范,是 2008 年 11 月 5 日国务院第 34 次常务会议修订颁布的《中华人民共和国消费税暂行条例》。

(一) 征收消费税的目的

消费税作为 1994 年税制改革的一个新税种,根据当时的社会经济状况,其主要目的是调节产品结构,正确引导消费方向,确保和增加国家财政收入。

(二)消费税的特点

1. 征税范围具有选择性

消费税不是对所有的消费品和消费行为都征税,而只是选择一部分消费品和消费行为征税。从各国开征消费税的实践看,一般是有选择地将那些消费量大、需求弹性大和税源普遍的消费品列入征税范围,主要包括非生活必需品、奢侈品、嗜好品、高档消费品、不可再生的稀缺资源产品以及高能耗产品等。

2. 征税环节具有单一性

由于消费税的征税对象大多为最终消费品,故一般采用单一环节课税制。有些国家规定在零售环节征收,有些国家在生产环节或生产商向批发商销货环节征税。我国除个别应税消费品选择在零售环节之外,其他应税消费品都确定在生产环节征收。

3. 平均税率水平较高

消费税属于国家运用税收杠杆对某些消费品进行特殊调节的税种。为体现国家政策,各国消费税的平均税率水平一般定得都比较高。同时,消费税往往同有关税种配合,实行加重或双重调节,通常采取增值税与消费税双重调节的办法。对某些需要特殊调节的消费品在征收增值税的同时,再征收一道消费税。

4. 一般没有减免税规定

开征消费税是为了对特殊消费品或消费行为进行调节,增加财政收入。征收消费税不会影响居民的基本生活,如确实需要照顾,可以不列入消费税征税范围。

二、消费税制构成要素

(一)纳税人

在中华人民共和国境内生产、委托加工和进口应税消费品的单位和个人,为消费税纳税义务人。

单位是指国有企业、集体企业、私有企业、股份制企业、外商投资企业和外国企业、其他企业和行政单位、事业单位、军事单位、社会团体及其他单位。

个人是指个体经营者及其他个人。

在中华人民共和国境内是指生产、委托加工和进口属于应当征收消费税的消费品的起运地或所在地在境内。

(二)税目和税率

按照《中华人民共和国消费税暂行条例》规定,确定征收消费税的有烟、酒、化妆品等14个税目及其子目。确定对哪些消费品征收消费税,并根据不同的征税对象规定不同的税率,体现了国家的产业政策和消费政策。

消费税采用比例税率和定额税率两种形式。其中卷烟和白酒实行复合计税方式,同时适用比例税率和定额税率。消费税税目、税率如表7-2所示。

表 7-2 消费税税目、税率(税额)表

税 目	税 率
一、烟	
1. 卷烟	
(1)甲类卷烟	56%加 0.003 元/支
(2)乙类卷烟	36%加 0.003 元/支
2. 雪茄烟	36%
3. 烟丝	30%
二、酒及酒精	
1. 白酒	20%加 0.5 元/500 克(或者 500 毫升)
2. 黄酒	240 元/吨
3. 啤酒	
(1)甲类啤酒	250 元/吨
(2)乙类啤酒	220 元/吨
4. 其他酒	10%
5. 酒精	5%
三、化妆品	30%
四、贵重首饰及珠宝玉石	
1. 金银首饰、铂金首饰和钻石及钻石饰品	5%
2. 其他贵重首饰和珠宝玉石	10%
五、鞭炮、焰火	15%
六、成品油	
1. 汽油	
(1)含铅汽油	0.28 元/升
(2)无铅汽油	0.20 元/升
2. 柴油	0.10 元/升
3. 航空煤油	0.10 元/升
4. 石脑油	0.20 元/升
5. 溶剂油	0.20 元/升
6. 润滑油	0.20 元/升
7. 燃料油	0.10 元/升
七、汽车轮胎	3%
八、摩托车	
1. 气缸容量(排气量,下同)在 250 毫升(含 250 毫升)以下的	3%
2. 气缸容量在 250 毫升以上的	10%
九、小汽车	
1. 乘用车	
(1)气缸容量(排气量,下同)在 1.0 升(含 1.0 升)以下的	1%
(2)气缸容量在 1.0 升以上至 1.5 升(含 1.5 升)的	3%
(3)气缸容量在 1.5 升以上至 2.0 升(含 2.0 升)的	5%
(4)气缸容量在 2.0 升以上至 2.5 升(含 2.5 升)的	9%
(5)气缸容量在 2.5 升以上至 3.0 升(含 3.0 升)的	12%
(6)气缸容量在 3.0 升以上至 4.0 升(含 4.0 升)的	25%
(7)气缸容量在 4.0 升以上的	40%
2. 中轻型商用客车	5%

续表

税　　目	税　率
十、高尔夫球及球具	10％
十一、高档手表	20％
十二、游艇	10％
十三、木制一次性筷子	5％
十四、实木地板	5％

三、应纳税额的计算

（一）纳税环节

消费税实行单环节一次征收,只在生产销售环节和进口环节征税(除金银首饰),在以后的批发、零售等环节不再征收消费税。其纳税环节具体有以下5种情况。

(1) 纳税人生产的应税消费品,由生产者于销售时纳税。对于由受托方提供原材料生产,或者受托方先将原材料卖给委托方,然后再接受加工的,以及由受托方以委托方名义购进原材料生产的应税消费品,不论纳税人在财务上是否作销售处理,都不能作为委托加工产品,而须按照销售自制应税消费品缴纳消费税。

(2) 纳税人自产应税消费品,用于其他方面视同销售的,于移送使用时纳税。

(3) 委托加工的应税消费品,由受托方于委托方提货时代收代缴税款。

(4) 进口的应税消费品,于报关进口时纳税,由海关代征。个人携带或邮寄进境的应税消费品的消费税,连同关税一并计征。

(5) 金银首饰在零售环节征税。

（二）计税依据

1. 应纳税销售额（量）的确定

（1）从价定率计税销售额的确定

① 销售额的确定。销售额是从价计征消费税的计税依据,是指纳税人销售应税消费品而向购买方收取的全部价款和价外费用。"价外费用"是指价外收取的基金、集资费、返还利润、补贴、违约金(延期付款利息)和手续费、包装费、储备费、优质费、运输装卸费、代收款项、代垫款项以及其他各种性质的价外收费,但下列款项不包括在内。

　　a. 应向购买方收取的增值税税款。

　　b. 承运部门的运费发票开给购货方的。

　　c. 纳税人将购货发票转交给购货方的。

确定销售额时应注意消费税和增值税两者的计税依据是否一致。消费税作为价内税,其应税销售额是含税(消费税)销售额,销售额中含消费税,但不含增值税。作为价外税的增值税,其计税销售额为不含税(增值税)销售额,即不含增值税的销售额,如果该课税对象同时征收消费税,其应税销售额中应包含消费税。因此,消费税和增值税都是同口径的销售

额,即含消费税但不含增值税的销售额。消费税在计算销售额时,如果其中含有增值税要进行调整,其换算公式为:

$$应税消费品的销售额＝含增值税的销售额÷(1＋增值税税率或征收率)$$

② 包装物的处理。税法根据包装物在产品销售中的不同特点,划分为3种情况,并作出了相应的规定。

第一种情况,随同产品销售的包装物无论是否单独计价,均应并入应税消费品的销售额中计算征收。

第二种情况,对不作价随同产品销售而收取押金的,其收取的押金不并入销售额中计算征收,但对逾期未收回的包装物不再退还,同时应将收取的1年以上的押金并入应税消费品的销售额中,按照应税消费品的适用税率征税。

第三种情况,对既作随同产品销售,又收取押金的包装物,凡包装物押金在规定的时间内不退还给购买方的,应并入应税消费品的销售额中,按照应税消费品的适用税率征税。

销售除啤酒和黄酒外的其他酒类无论是否返还以及会计上如何核算,均应并入当期销售额中纳税。

③ 销售额以外币结算的处理。纳税人销售的应税消费品以外汇结算的,可以选择结算当天或者当月1日的国家外汇牌价(原则上为中间价)折合成人民币计算销售额。

(2) 销售量的确定

销售数量是指应税消费品的数量,具体如下。

① 销售应税消费品的,为应税消费品的销售数量。

② 自产自用应税消费品的,为应税消费品移送使用数量。

③ 委托加工应税消费品的,为纳税人收回的应税消费品数量。

④ 进口的应税消费品,为海关核定的应税消费品进口征税数量。

对不同产品的计量单位,具体规定了吨与升两个计量单位的换算标准。

啤酒 1 吨＝988 升;黄酒 1 吨＝962 升;汽油 1 吨＝1 388 升;柴油 1 吨＝1 176 升。

2. 计税依据的特殊规定

(1) 计税价格的核定

纳税人应税消费品的计税价格是指正常交易价格,对于计税价格明显偏低又无正当理由的,税务机关有权核定其计税价格。应税消费品计税价格的核定权限规定如下。

① 烟类和酒类产品的计税价格由国家税务总局核定。

② 其他应税消费品的计税价格由各省、自治区、直辖市国家税务局核定。

③ 进口的应税消费品的计税价格由海关核定。

(2) 销售额中扣除外购或委托加工收回的已税消费品已纳消费税的规定

对于用已税消费品连续生产的应税消费品,在计算应纳消费税时,允许扣除生产实际耗用的已税消费品中包含的消费税。

① 允许扣除的范围如下。

a. 外购或委托加工收回的已税烟丝生产的卷烟。

b. 外购或委托加工收回的已税珠宝玉石生产的贵重首饰及珠宝玉石。

c. 外购或委托加工收回的已税化妆品生产的化妆品。

d. 外购或委托加工收回的已税护肤护发品生产的护肤护发品。

e. 外购或委托加工收回的已税鞭炮焰火生产的鞭炮焰火。
f. 外购或委托加工收回的已税汽车轮胎(内胎和外胎)生产的汽车轮胎。
g. 外购或委托加工收回的已税摩托车生产的摩托车。

② 扣除的方法。按税法规定,对用于连续生产的外购或委托加工收回的已纳消费税,应按生产领用量扣除。

a. 当期准予扣除的外购应税消费品的已纳税款的计算公式为:

$$当期准予扣除的外购应税消费品已纳消费税税款 = 当期准予扣除的外购应税消费品买价 \times 外购应税消费品的适用税率$$

其中,当期准予扣除的外购应税消费品的买价,就是当期领用的外购应税消费品实际耗用部分的买价,用公式表示为:

$$当期准予扣除的外购应税消费品买价 = 期初库存的外购应税消费品的买价 + 当期购进的应税消费品的买价 - 期末库存的外购应税消费品买价$$

b. 当期准予扣除的委托加工应税消费品已纳税款的计算公式为:

$$当期准予扣除的委托加工应税消费品已纳税款 = 期初库存的委托加工应税消费品已纳税款 + 当期收回的委托加工应税消费品已纳税款 - 期末库存的委托加工应税消费品已纳税款$$

3. 自产自用应税消费品计税依据的确定

(1) 纳税人自产自用应税消费品的税务处理

自产自用应税消费品通常是指纳税人生产应税消费品,不是直接用于对外销售而是用于连续生产应税消费品,或是用于其他方面的应税消费品。这种自产自用销售形式在纳税上的规定,直接影响着消费税的计征问题。在实际经济活动中,自产自用有以下 3 种情况。

① 自产消费品用于连续生产其他应税消费品。

税法规定纳税人自产自用的应税消费品,用于连续生产非应税消费品的不纳税。例如,卷烟厂生产的烟丝属于应税消费品,卷烟厂再用该烟丝连续生产卷烟,这样用于连续生产卷烟的烟丝就不缴纳消费税,也不纳增值税,只对生产的最终产品——卷烟征收消费税,同时征增值税。

② 自产消费品用于连续生产非应税消费品。

纳税人自产自用的应税消费品用于连续生产非应税消费品是指把自产的应税消费品用于生产消费税税率税目表所列 11 类产品以外的产品。对这种情况缴纳消费税,但不纳增值税。

③ 自产消费品用于其他方面。

自产消费品用于其他方面是指纳税人将自产消费品用于生产非应税消费品和在建工程、管理部门、非生产机构、提供劳务以及用于馈赠、赞助、集资广告、样品、职工福利、奖励等其他方面。对这种情况应视同销售,于其移送使用时,缴纳增值税和消费税。判断自产自用应税消费品是否要缴纳消费税,关键看两条:一看是否用于连续生产;二看连续生产的产品是否是应纳消费税的产品。判断是否需缴纳增值税,只要看是否用于连续生产这一个条件。

(2) 自产自用应税消费品的计税依据确定

由于自产自用应税消费品没有销售额,因此计算税额的关键是确定其计税依据。办法是看自产自用应税消费品是否有同类消费品的销售价格可供参考。具体分为两种情况。

① 有同类消费品的销售价格的。有同类消费品的销售价格的,按照纳税人生产的同类消费品的销售价格计算纳税;如果当月同类消费品的各期销售价格高低不同,应按纳税人生产的同类消费品当月或最近时期的加权平均销售价格计算。但销售的应税消费品有下列情况之一者,不得列入加权平均数中计算:一是销售价格明显偏低又无正当理由的;二是无销售价格的。

② 无同类消费品的参考价格的。如果没有同类消费品销售价格的,应按照组成计税价格计算纳税。组成计税价格的计算公式为:

组成计税价格＝成本＋利润＋消费税＝(成本＋利润)÷(1－消费税税率)

＝[生产成本×(1＋成本利润率)]÷(1－消费税税率)

应纳消费税额＝组成计税价格×适用税率

4. 委托加工应税消费品计税依据的确定

(1) 委托加工应税消费品的确定

消费税法规定,委托加工的应税消费品是指由委托方提供原料和主要材料,受托方只收取加工费和代垫部分辅助材料加工的应税消费品。对于由受托方提供原材料生产的应税消费品,或者受托方先将原材料卖给委托方,然后接受加工的应税消费品,以及由受托方以委托方名义购进原材料生产的应税消费品,无论纳税人在财务上是否作销售处理,都不得作为委托加工应税消费品,而应当按照销售自制应税消费品缴纳消费税。作为委托加工的应税消费品,必须具备两个条件:一是原料必须由委托方提供;二是受托方只能收取加工费或代垫部分辅助材料。

(2) 委托加工应税消费品税务的基本规定

对于符合税法规定条件的委托加工应税消费品,由委托方承担纳税义务,受托方承担代收代缴义务。但是如果纳税人委托的是个体经营者加工的应税消费品,一律由委托方所在地缴纳消费税。委托加工的应税消费品,受托方在交货时已代收代缴消费税,委托方收回后用于连续生产应税消费品的或非应税消费品的不用缴纳消费税和增值税;委托方收回后直接销售或用于其他方面的,不再征收消费税,但应视同销售,缴纳增值税。

(3) 委托加工应税消费品的计税依据

受托方负有计算和代收代缴消费税的义务,确定消费税的计税依据关键是价格,价格的确定分为两种情况。

① 如果委托加工的应税消费品,受托方有同类应税消费品的销售价格的,按照受托方的当月销售的同类消费品的销售价格计算纳税;如果当月同类消费品各期销售价格高低不同,则应按销售数量加权平均计税。

② 如果委托加工的应税消费品,受托方无同类应税消费品销售价格,受托方应按组成计税价格计算代扣代缴的消费税税款。组成计税价格的计算公式为:

组成计税价格＝(材料成本＋加工费)÷(1－消费税税率)

5. 进口应税消费品计税依据的确定

进口的应税消费品实行从量定额办法计算应纳税额的,按照进口应税消费品的数量计算纳税;实行从价定率办法计算纳税的,按照组成计税价格计算纳税。应税消费品的组成计税价格为:

组成计税价格＝(关税完税价格＋关税)÷(1－消费税税率)

公式中的关税完税价格是由海关核定的关税计税价格。以上自产自用、委托加工和进口货物的组成计税价格,同样适用于双重征税的组成计税价格的计算。由于从量计征以应税消费品的数量为计税依据与应税消费品的价格高低无关,因此计算应税消费品的组成计税价格不考虑从量计征的消费税税额的因素。

(三)消费税应纳税额的计算

消费税按从价定率计征、从量定额计征以及从价定率与从量定额双重征收的复合计征,相应地有不同的计算方法。

1. 从价定率应纳消费税额的计算

实行从价定率办法征税的应税消费品,计税依据为应税消费品的销售额。实行从价定率征收办法的消费品,其应纳税额计算公式为:

$$应纳税额 = 应税消费品的销售额 \times 适用税率$$

【例 7-14】 某化妆品生产企业为增值税一般纳税人,2020 年 11 月销售给某超市化妆品一批,开具增值税专用发票,取得销售额 1 000 万元,增值税额 170 万元;另销售给一个体经营者,开具普通发票价税合并收取 113 万元,计算该化妆品厂 11 月应纳消费税税额。化妆品适用税率 30%。

解析:

销售给某超市化妆品的不含增值税销售额为 1 000 万元,所以销售给某超市化妆品应纳消费税税额 = 1 000 × 30% = 300(万元)。

在计算销售给个体经营者的应纳消费税税额时,要将价税合一的销售额 117 万元转换为不含增值税的销售额,即组成计税价格:

$$销售给个体经营者的组成计税价格 = 113 \div (1 + 13\%) = 100(万元)$$

$$销售给个体经营者的应纳消费税税额 = 100 \times 30\% = 30(万元)$$

$$该化妆品厂 11 月应纳消费税税额 = 300 + 30 = 330(万元)$$

【例 7-15】 某酒厂当月领用自产酒精成本 10 万元,同类酒精的市场销售价为 12 万元,该厂用这批酒精生产出冰醋酸 20 吨,本月对外销售 12 吨,取得不含税销售收入 16 万元。试计算该笔业务的应纳消费税税额。酒精的消费税率是 5%,成本利润率为 5%。

解析:

根据消费税条例实施细则规定纳税人自产自用的应税消费品,用于连续生产应税消费品的,不纳税;用于生产非应税消费品的,应在移送使用时纳税。酒精属于应税的中间产品,而冰醋酸属于非应税消费品,因此将酒精用于连续生产冰醋酸,应视同销售,按规定计算缴纳消费税。在此题中,由于已知同类酒精的市场销售价,所以可按酒精的市场销售价乘以税率来计算应纳税额,即应纳消费税 = 120 000 × 5% = 6 000(元)。若不知同类酒精的市场销售价,则需要计算组成计税价格,即按前面所述公式:

$$组成计税价格 = 成本 + 利润 + 消费税 = (成本 + 利润) \div (1 - 消费税税率)$$
$$= [生产成本 \times (1 + 成本利润率)] \div (1 - 消费税税率)$$

$$应纳消费税额 = 组成计税价格 \times 适用税率$$

组成计税价格＝100 000×(1＋5％)÷(1－5％)＝110 526.31(元)

应纳消费税＝110 526.31×5％＝5 526.32(元)

2. 从量定额计征应纳消费税额的计算

我国现行消费税对黄酒、啤酒、汽油、柴油等实行定额税率，采用从量定额的办法征税，其计税依据是纳税人销售应税消费品的数量，其计算公式为：

应纳税额＝应税消费品数量×消费税单位税额

【例7-16】 某炼油厂2020年6月销售无铅汽油6 000吨，柴油4 000吨，规定的换算标准为柴油1吨＝1 176升；汽油1吨＝1 388升。汽油计税价格为0.20元/升，柴油计税价格为0.10元/升。计算该厂当月应纳消费税。

汽油应纳消费税税额＝6 000×1 388×0.2＝1 665 600(元)

柴油应纳消费税税额＝4 000×1 176×0.1＝470 400(元)

该厂当月应纳消费税税额＝1 665 600＋470 400＝2 136 000(元)

【例7-17】 某啤酒厂2020年8月销售啤酒1 000吨，每吨出厂价为4 000元，计算该啤酒厂8月应纳消费税税额。

应纳税额＝1 000×250＝250 000(元)

3. 从量定额与从价定率结合应纳消费税的计算

对烟类、酒类产品实行从量定额与从价定率结合的复合计税办法，其计税依据是纳税人应税消费品的数量和销售额，其应纳税额的其计算公式为：

应纳税额＝销售数量×定额税率＋销售额×比例税率

【例7-18】 某粮食白酒生产企业2020年2月将新生产的粮食白酒1 000千克用于招待客人，账面单位成本为10元/每千克，该粮食白酒无同类售价，成本利润率为10％，消费税税率20％，定额税率每市斤(500克)0.5元。试计算该笔业务应纳消费税。

组成计税价格＝[1 000×10×(1＋10％)]÷(1－20％)

＝11 000÷(1－20％)＝13 750(元)

应纳消费税税额＝13 750×20％＋1 000×2×0.5

＝2 750＋1 000＝3 750(元)

4. 其他情况应纳消费税计算举例

【例7-19】 某日用化工厂新自制化妆品一批，分给本厂职工，无同类产品销售价，已知这批化妆品的成本为30 000元，该类产品成本利润率为5％。其应纳消费税税额为：

组成计税价格＝(30 000＋30 000×5％)÷(1－30％)＝45 000(元)

应纳消费税税额＝45 000×30％＝13 500(元)

【例 7-20】 某化妆品厂为增值税一般纳税人,用外购已税化妆品继续生产应税化妆品。2011 年 9 月销售化妆品一批,开具增值税专用发票,取得销售额 1 000 万元,销项税额 170 万元;当月外购初级化妆品一批,取得增值税专用发票注明价款 300 万元,增值税额 51 万元。原材料期初库存买价 100 万元,期末库存买价 200 万元。计算该化妆品厂 9 月应纳消费税税额。化妆品适用税率 30%。

应纳消费税税额 = 1 000 × 30% − (100 + 300 − 200) × 30% = 240(万元)

【例 7-21】 某摩托车厂将自产摩托车 10 辆用于赞助摩托车拉力赛,每辆摩托车出厂价 9 000 元。计算该厂应纳消费税。该款摩托车适用税率 10%。

应纳消费税税额 = 10 × 9 000 × 10% = 9 000(元)

【例 7-22】 某化妆品厂从国外进口一批散装护肤品,关税完税价格为 200 000 元,计算该批化妆品应纳消费税。关税税率为 40%,化妆品消费税税率为 30%。

组成计税价格 = (关税完税价格 + 关税) ÷ (1 − 消费税税率)
= (200 000 + 200 000 × 40%) ÷ (1 − 30%) = 400 000(元)

应纳税额 = 400 000 × 30% = 120 000(元)

四、消费税的退(免)税

消费税除出口应税消费品以外,一般不设置减免税。因为消费税实行选择性征收,其目的在于调节消费和收入。但为了鼓励出口,对出口应税消费品实行减免税的优惠。

出口应税消费品同时涉及退免消费税和增值税,消费税和增值税在退免的审核和管理上有许多一致的地方,但是在退税的比例上,消费税和增值税存在差异,增值税是按规定的退税率计算退税,而消费税则是按该应税消费品所适用的消费税的适用税率退税。

(一)出口应税消费品退(免)消费税政策

出口应税消费品退(免)消费税在政策上有 3 种形式。

1. 出口免税并退税

适用出口免税并退税政策的是有出口经营权的外贸企业购进应税消费品直接出口,以及外贸企业受其他外贸企业委托、代理出口应税消费品。如果外贸企业受其他企业(主要是非生产性的商贸企业)委托、代理出口的应税消费品,不给予退免税。

2. 出口免税不退税

适用出口免税不退税政策的是有出口经营权的生产性企业自营出口或生产企业委托外贸企业代理出口自产的应税消费品,依据其实际出口数量免征消费税,不予办理退还消费税。这里的免征消费税是指对生产性企业按其实际出口数量免征生产环节的消费税。不予办理退还消费税是指因已免征生产环节消费税,该应税消费品出口时,已不含有消费税,所以也无须再办理退税。这一政策的限定与前述出口货物退(免)增值税的政策规定是不一致的。其原因是消费税是单环节征税,在生产环节免税了,出口的应税消费品就不含税了。

3. 出口不免税也不退税

适用出口不免税也不退税政策的是除生产企业、外贸企业以外的其他企业,具体是指一般商贸企业,这类企业委托外贸企业代理出口应税消费品的,一律不予退(免)税。

(二)出口退税额的确定

外贸企业出口应税消费品应退消费税分为两种情况。

1. 属于从价定率计征应税消费品退税额的计算

应依照外贸企业从工厂购进该出口消费品的价格(即不含增值税的工厂销售额)按消费税适用税率计算应退消费税。其计算公式为:

$$应退消费税税款＝出口货物的工厂销售额×消费税税率$$

2. 属于从量计征应税消费品退税额的计算

外贸企业或工厂在出口对应税消费品从量征税后,应根据报关出口的数量(购进货物数量与出口报关的数量进行核对后)计算应退消费税。其计算公式为:

$$应退消费税税款＝出口消费品的数量×单位税额$$

(三)出口应税消费品退(免)税后的管理

出口应税消费品退(免)税后的管理是对纳税人出口的应税消费品办理退税后发生退关进行管理。纳税人出口的应税消费品办理免税后,如因发生退关或退货,报关者必须及时向税务主管机构申报补交已退的消费税税款。

五、消费税的征收管理

(一)消费税的纳税时间

消费税纳税义务的发生时间,按不同的生产经营方式和货款的不同结算方式进行。

1. 生产、经营应税行为的纳税义务发生时间

(1)纳税人采取赊销和分期收款结算方式的,其纳税义务的发生时间为销售合同规定的收款日期的当天。

(2)纳税人采取预收货款结算方式的,其纳税义务的发生时间为发出应税消费品的当天。

(3)纳税人采取托收承付和委托银行收款方式销售的应税消费品,其纳税义务的发生时间为发出应税消费品并办妥托收手续的当天。

(4)纳税人采取其他结算方式的,其纳税义务的发生时间为收讫销售款或者取得索取销售款凭据的当天。

2. 其他应税行为的纳税义务发生时间

(1)纳税人自产自用的应税消费品,其纳税义务发生时间为移送使用的当天。

(2)纳税人委托加工的应税消费品,其纳税义务发生时间为纳税人提货的当天。

(3)纳税人进口的应税消费品,其纳税义务的发生时间为报关进口的当天。

3. 消费税的纳税期限

《中华人民共和国消费税暂行条例》规定消费税的纳税间隔期限分别为1日、3日、5日、10日、15日或者1个月。纳税人的具体纳税期限,由主管税务机关根据纳税人应纳税额的大小分别核定;不能按固定期限纳税的,可以按次纳税。

纳税人以1个月为1期纳税的,自期满之日起15日内申报纳税;以1日、3日、5日、10

日或者15日为1期纳税的,自期满之日起5日内预缴税款,于次月1日起15日内申报纳税并结清上月应纳税款。

纳税人进口应税消费品,应当自海关填发税款缴纳证的次日起7日内缴纳税款。

如果纳税人不能按照规定的纳税期限依法纳税,将按税收征管法的有关规定处理。

(二) 消费税的纳税地点

(1) 纳税人销售的应税消费品,以及自产自用的应税消费品,除国家另有规定外,应当向纳税人核算地主管税务机关申报纳税。

(2) 委托加工的应税消费品,由受托方向所在地主管税务机关解缴消费税税款。

(3) 进口的应税消费品,由进口人或者其代理人向报关地海关申报纳税。

(4) 纳税人到外县(市)销售或委托外县(市)代销自产应税消费品的,于应税消费品销售后,回纳税人核算地或所在地缴纳消费税。

(5) 纳税人的总机构与分支机构不在同一县(市)的,应在生产应税消费品的分支机构所在地缴纳消费税。但经国家税务总局批准,纳税人应税消费品税款,也可以由总机构所在地主管税务机关缴纳。纳税人的总分支机构在同一省(自治区、直辖市)内,而不在同一县(市)的,如需该总机构汇总在总机构所在地纳税的,需经过国家税务总局所属分局批准。

第四节 关 税

一、概述

(一) 关税的概念

关税是指国家对进出我国国境或关境的货物和物品征收的一种税。

货物是指属于贸易性进出口的商品;物品属于入境旅客携带的、个人邮递的、运输工具服务人员携带的,以及用其他方式进口个人自用的非贸易性商品。

国境是一个主权国家的领土、领空、领海范围;关境是指一个国家的关税法令完全实施的领域。在一般情况下,国境和关境是一致的,但两者又不完全相同。当一个国家不存在贸易自由港、自由区和未加入关税同盟时,其关税与国境是一致的,即在实施海关法令的范围上,关境等于国境;但当一国境内设有免征关税的自由港、自由贸易区时,关境就比国境小。当有关国家组成关税同盟时成员国之间取消关税,这时同盟的各成员国的关境就比国境大。

(二) 关税的特点

1. 以进出国境或关境的货物和物品为征税对象

关税的征税对象是进出国境或关境的货物和物品。关税不同于因商品交换或提供劳务取得收入而课征的流转税,也不同于因取得所得或拥有财产而课征的所得税或财产税,而是对特定货物和物品途经海关通道进出口征税。

2. 以货物进出口统一的国境或关境为征税环节

关税是主权国家对进出国境或关境的货物和物品统一征收的税种。

关税是在货物和物品进出境时才征税,而且在统一的关境内,按照统一的关税税则征收一次关税后,货物或物品即可在统一关境内流通,不再征收关税。

3. 实行复式税则

关税的税则是关税课税范围及其税率的法则。复式税又称多栏税则,是指一个税目设有两个或两个以上的税率,根据进口货物原产国的不同,分别适用高低不同的税率。复式税则是一个国家对外贸易政策的体现。目前,在国际上除极个别国家外,各国关税普遍实行复式税则。

根据我国《关税条例》和《进出口税税则》的规定,对每一税号所列的货物,分别设置最惠国待遇税率、特惠税率、协定税率和普通税率4种高低不等的税率。对产自与我国未订有关税互惠条款的贸易条约或者协定的国家或地区的进口货物,按普通税率征收;对产自与我国订有关税互惠条款的贸易条约或者协定的国家或地区的进口货物,按互惠税率、特惠税率征税;对产自WTO成员的国家与地区的进口货物按最惠国待遇税率征税。

4. 关税具有涉外统一性,执行统一的对外经济政策

关税是一个国家的重要税种。国家征收关税不单纯是为了满足政府财政上的需要,更重要的是利用关税来贯彻执行统一的对外经济政策,实现国家的政治经济目的。在我国现阶段,关税被用来争取实现平等互利的对外贸易,保护并促进国内工农业生产发展,为社会主义市场经济服务。

5. 关税由海关机构代表国家征收

关税由海关总署及所属机构具体管理和征收,征收关税是海关工作的一个重要组成部分。《中华人民共和国海关法》(以下简称《海关法》)规定:"中华人民共和国海关是国家的进出关境监督管理机关,海关依照本法和其他有关法律、法规,监督进出境的运输工具、货物、行李物品,征收关税和其他税费,查缉走私,并编制海关统计和其他海关业务。"监督管理、征收关税和查缉走私是当前我国海关的三项基本任务。

(三)关税的作用

关税是国家财政收入的重要组成部分,关税由海关在进出口环节征收,比其他税收更为方便、直接。关税在财政支出中占据重要地位,每一位公民都受惠于此,比如,国家将征收的关税用于教育、医疗、国防、科研、国家重点工程以及公务员涨工资等诸多方面。关税的再分配作用,一方面通过征收关税将进出口商品中的一部分价值收归国有,在通过财政支出重新分配给国家各部门、单位和个人;另一方面通过关税的征收与减免,人为地调节不同产业、不同企业的利益分配,影响其生产和经营活动,从而调节生产要素的流向、生产结构的变化和经济的发展。关税的再分配职能使其具有了调节经济和保护本国幼稚工业的作用,关税调节经济的作用就是通常所说的经济杠杆作用和宏观调控作用。比如,可以利用关税措施调节某种商品市场供求状况,保持该商品市场供求的平衡;还可以调节进出口商品的结构;调节分配和消费等作用。关税的保护作用就是通过征收关税,提高进口商品的销售价格,从而削弱其在进口国市场与本国产品的竞争能力,达到保护本国幼稚工业的目的。显然,关税的保护作用对发展中国家来说在一定的历史阶段具有重要的作用。

总之,关税对保护我国工农业生产的发展,在平等互利基础上发展对外经济贸易和技术交流,增加国家财政收入,起到了重要作用。

(四) 关税分类

1. 按货物的流向,可把关税分为进口关税、出口关税和过境关税

(1) 进口关税

进口关税即对国外转入本国的货物所征收的一种关税。

一般是在货物进入国境(关境)时征收,或在货物从海关保税仓库转出,投入国内市场时征收。进口关税是当前世界各国征关税的最主要的一种,在许多国家已不征出口关税与过境关税的情况下,它成为唯一的关税。

(2) 出口关税

出口关税是对本国出口货物在运出国境时征收的一种关税。由于征收出口关税会增加出口货物的成本,不利于本国货物在国际市场的竞争,目前西方发达国家都取消了出口税。还在征收的主要是发展中国家,目的是取得财政收入与调节市场供求关系。我国目前对少数货物还征收出口税。

(3) 过境关税

过境关税即对外国经过一国国境(关境)运往另一国的货物所征收的关税。由于过境货物对本国工农业生产和市场不产生影响,而且可以从交通运输、港口使用、仓储保管等方面获得收入,因而目前绝大多数国家都不征过境关税,仍在征收的只有伊朗、委内瑞拉等少数国家。

2. 按征税的目的不同,关税可以分为财政关税和保护关税

(1) 财政关税

财政关税即以增加财政收入为主要目的的关税。其基本特征是对进口产品与本国同类产品征同样的税,或者征收的关税既不引导本国生产该种产品,也不引导生产能转移该种产品需求的代用品。

(2) 保护关税

保护关税即为保护本国工农业生产而征收的关税。保护关税政策始于重商主义,现代各国关税保护的重点各有所不同,发达国家所要保护的通常是国际竞争性很强的商品,发展中国家则重在保护本国幼稚工业的发展。

3. 按计税标准不同,关税可分为从价关税、从量关税、复合关税和选择关税

(1) 从价关税

从价关税即以货物的价格为计征标准而计算征收的税。从价关税的优点是税负较为合理,关税收入随货物价格的升降而增减,其不足之处是完税价格必须严格审定,纳税手续比较复杂。从价关税是关税的主要征收形式。

(2) 从量关税

从量关税是以货物的计量单位(重量、数量、体积)为计征标准而计算征收的一种关税。从量关税的优点是无须审定货物的价格、品质、规格,计税简便,对廉价进口商品有较强的抑制作用。其缺点是对同一税目的商品,在规格、质量、价格相差较大的情况下,按同一定额税率计征,税额不够合理,且在物价变动的情况下,税收的收入不能随之增减。

(3) 复合关税

复合关税即对同一种进口货物采用从价、从量两种标准课征的一种关税。课征时,或以从价税为主,加征从量税;或以从量税为主,加征从价税。计征手续较为烦琐,但在物价波动时,可以减少对财政收入的影响。

(4) 选择关税

选择关税即在税则中对同一税目规定从价和从量两种税率,在征税时可由海关选择其中一种计征。一般是选择税额较高的一种。选择的基本原则是在物价上涨时,使用从价税;在物价下跌时,使用从量税。

4. 按对进口货物的转出国的差别待遇为标准,关税可以分为加重关税和优惠关税

(1) 加重关税

加重关税也称歧视关税,是指对某些输出国、生产国的进口货物,因某种原因(如歧视、报复、保护和经济方面的需要等)使用比正常税率较高的税率所征收的关税。在歧视关税中,使用较多的是反倾销税和反补贴税。反倾销税是指进口国海关对被认定构成出口倾销并对其国内相关工业构成损害的进口产品所征收的一种临时进口附加税。反补贴税是对于直接或间接接受任何津贴和补贴的外国商品在进口时所征收的附加关税。

(2) 优惠关税

优惠关税是指一国对特定的受惠国给予优惠待遇,使用比普通税率较低的优惠税率。具体形式有互惠关税、特惠关税、普惠关税、最惠国待遇。

互惠关税是两国间相互给予对方比其他国家优惠的税率的一种协定关税。其目的在于发展双方之间的贸易关系,促进双方国家工农业生产的发展。

特惠关税是对有特殊关系的国家,单方面或相互间按协定采用特别低的进口税率,甚至免税的一种关税。其优惠程度高于互惠关税,但只限对有特殊关系的国家适用。

普惠关税是经济发达国家对发展中国家出口货物普遍给予的一种关税优惠制度。普惠制是广大发展中国家长期斗争的结果,它对打破发达国家的关税壁垒,扩大发展中国家货物进入给惠国市场,推动本国经济的发展有积极意义。但在实施中,普惠制常常遇到发达国家为了自身的经济利益而设置的种种障碍和限制。

最惠国待遇是指缔约国一方现在和将来给予任何第三国的一切特权、优惠和豁免,也同样给予对方的一种优惠待遇。它通常是国际贸易协定中的一项重要内容。它的适用范围最初限于关税的优惠,以后扩大到其他税收、配额、航运、港口使用、仓储、输出等许多方面,但关税仍是主要的。

我国对外贸易条约或协定中也规定有最惠国待遇条款,以利于在平等互利的基础上扩大贸易往来,促进双方经济发展,以及避免歧视待遇。

二、我国关税税制基本要素

(一) 征税对象

进出口关税以国家准许进口和出口的应税货物和应税物品为征税对象。征税对象不

同、进出口方向不同,其适用的税率也不同。凡准许进出口的货物,除国家另有规定的以外,都要按照《海关进出口税则》征收进口税或出口税。

(二)纳税人

简单地说,进口货物的收货人、出口货物的发货人或他们的代理人,是关税的纳税义务人。具体地说,贸易性进出口货物的纳税人是指进出口货物的收货人、发货人或者进出口货物的代理人。具体包括外贸进出口公司、工贸或农贸的进出口公司、科技贸易进出口公司、大型商业集团以及以其他批准经营进出口商品的企业。非贸易性进出境货物的纳税人是指入境旅客随身携带自用的物品的持有人、各种运输工具上服务人员入境携带自用物品的持有人、馈赠物品以及以其他方式入境的个人物品的所有人、进口个人邮件的收件人。

(三)关税税则、税率

1. 税则

关税税则也称海关税则(customs tariff)。它是一国海关据以对进出口商品计征关税的规章和对进、出口的应税与免税商品加以系统分类的一类表。里面有海关征收关税的规章条例及说明;也有海关的关税税率表。关税税率表的主要内容有税则号例、商品分类目录和税率三部分。关税税则是关税制度的重要组成部分,也是海关征收关税的依据。海关税则的核心内容是规定进口商品的税率。由于税率的高低是根据国家的关税政策制定的,因此海关税则又是国家关税政策的具体体现。

海关税则可分为单式税则和复式税则两类。单式税则也称一栏税则。即一个税目只有一个税率,适用于来自任何国家的商品,没有差别待遇。目前,只有少数发展中国家如乌干达、巴拿马、委内瑞拉等实行单式税则。而主要发达国家为了在关税上搞差别和歧视待遇,或争取关税上的互惠,都放弃单式税则转为复式税则。复式税则也称多栏税则。即往往在一个税目下订有两个或两个以上的税率,对来自不同国家或地区的进口商品,给予不同的关税税率待遇。这种税则有两栏、三栏和四栏不等。

为满足产业发展和贸易管理需要,《国务院关税税则委员会关于2021年关税调整方案的通知》(税委会〔2020〕33号),对部分税目、注释进行调整,经调整后2021年税则税目数共计8 580个。

小贴士

为支持构建新发展格局 2021年1月1日起我国调整部分商品进口关税

2021年1月1日起,我国将对883项商品实施低于最惠国税率的进口暂定税率。其中,为减轻患者经济负担,改善人民生活品质,对第二批抗癌药和罕见病药品原料、特殊患儿所需食品等实行零关税,降低人工心脏瓣膜、助听器等医疗器材以及乳清蛋白粉、乳铁蛋白等婴儿奶粉原料的进口关税。为满足国内生产需要,降低燃料电池循环泵、铝碳化硅基板、砷烷等新基建或高新技术产业所需部分设备、零部件、原材料的进口关税。为促进航空领域的国际技术合作,对飞机发动机用燃油泵等航空器材实行较低的进口暂定税率。为改善空气质量,支持环保产品生产,降低柴油发动机排气过滤及净化装置、废气再循环阀等商品进口关税。为鼓励国内有需求的资源性产品进口,降低木材和纸制品、非合金镍、未锻轧铌等商品的进口暂定税率,并适度降低棉花滑准税。

与此同时,根据国内产业发展和供需情况变化,对 2020 年实施的进口暂定税率进行适当调整。为贯彻落实《固体废物污染环境防治法》,2021 年 1 月 1 日起,相应取消金属废碎料等固体废物进口暂定税率,恢复执行最惠国税率。

2021 年 7 月 1 日起,我国还将对 176 项信息技术产品的最惠国税率实施第六步降税。

资料来源:财政部网站.

2. 税率

(1) 进口关税税率

① 进口关税税率设置。我国加入 WTO 后,自 2002 年 1 月 1 日起,我国进口税则设有最惠国税率、协定税率、特惠税率、普通税率、关税配额税率共 5 栏税率,一定时期内可实行暂定税率。

最惠国税率适用原产于与我国共同适用最惠国待遇条款的 WTO 成员的国家或地区的进口货物,或原产于与我国签订有相互给予最惠国待遇条款的双边贸易协定的国家或地区进口的货物,以及原产于我国境内的进口货物。

协定税率适用原产于与我国参加的含有关税优惠条款的区域性贸易协定有关缔约方的进口货物。

特惠税率适用原产于与我国签订有特殊优惠关税协定的国家或地区的进口货物。

普通税率适用于原产于上述国家或地区以外的其他国家或地区的进口货物。

按照普通税率征税的进口货物,经国务院关税税则委员会特别批准,可以适用最惠国税率。

关税配额税率指国家在一定时期内对某些货物的进出口数量或金额直接加以限制的管理措施。即对某种商品规定具体的进口或出口的数量,在规定的进出口数量内使用较低的税率,对超过规定的数量则不允许进口或出口,或者虽然允许进出口,但要使用较高的关税税率。

根据《国务院关税税则委员会关于 2021 年关税调整方案的通知》(税委会〔2020〕33 号)的规定,最惠国税率:自 2021 年 1 月 1 日起对 883 项商品(不含关税配额商品)实施进口暂定税率;自 2021 年 7 月 1 日起,取消 9 项信息技术产品进口暂定税率(详见中华人民共和国中央人民政府网)。对《中华人民共和国加入世界贸易组织关税减让表修正案》附表所列信息技术产品最惠国税率自 2021 年 7 月 1 日起实施第六步降税(附表 2)。

关税配额税率:继续对小麦等 8 类商品实施关税配额管理,配额税率不变。其中,对尿素、复合肥、磷酸氢铵 3 种化肥的配额税率继续实施 1% 的暂定税率。继续对配额外进口的一定数量棉花实施滑准税,并进行适当调整。

协定税率和特惠税率:根据我国与有关国家或地区签署的贸易协定或关税优惠安排,除此前已经国务院批准实施到位的协定税率外,自 2021 年 1 月 1 日起,对中国与新西兰、秘鲁、哥斯达黎加、瑞士、冰岛、澳大利亚、韩国、智利、格鲁吉亚、巴基斯坦的双边贸易协定和亚太贸易协定的协定税率进一步下调,其中,原产于蒙古国的部分进口商品自 2021 年 1 月 1 日起适用亚太贸易协定税率。2021 年 7 月 1 日起,按照中国与瑞士的双边贸易协定和亚太贸易协定规定,进一步降低有关协定税率;根据《中华人民共和国政府和毛里求斯共和国政府自由贸易协定》,自 2021 年 1 月 1 日起,对原产于毛里求斯的部分商品实施协定第一年税率;当最惠国税率低于或等于协定税率时,协定有规定的,按相关协定的规定执行;协定无规定的,二者从低适用;继续对与我建交并完成换文手续的最不发达国家实施特惠税率,适用商品范围和税率维持不变。

暂定税率是根据我国的产业发展政策、国内不能生产的关键件、国内虽有生产但目前还暂时满足不了需求的产品,以及降税后的税率与原暂定税率差异较小等实际情况,来调整年度暂定税率表。暂定税率一年调整一次,有效期一年(年内可临时增加暂定税率商品)。由于设置暂定税率是一种较好的调整手段,又符合世界贸易组织的规定,因此暂定税率今后还会存在,只不过每年有的商品"进"、有的商品"出"而已,并且暂定税率低于最惠国税率。

适用最惠国税率、协定税率、特惠税率的国家或者地区名单,由国务院关税税则委员会决定。

② 税率的计征办法。我国对进口商品基本上都实行从价税。从1997年7月1日起,我国对部分产品实行从量税、复合税和滑准税。

复合税是对某种进口商品同时使用从价和从量计征的一种计征关税的方法,目前我国对录像机、放像机、摄像机、数字照相机和摄录一体机实行复合税。滑准税是一种关税税率随进口商品价格由高到低而由低到高的关税计征方法。其主要特点是可以保证滑准税商品的国内市场价格的相对稳定,尽可能减少国际市场价格波动的影响。目前我国对新闻纸实行滑准税。

③ 暂定税率与关税配额税率。根据经济发展需要国家对200多个税目的进口货物实行暂定税率。暂定税率优先适用于优惠税率和最惠国税率,按普通税率征税的进口货物不适用暂定税率。对小麦、豆油等10种农产品和尿素等3种化肥产品实行关税配额,即一定数量内的上述进口商品适用较低的配额内税率,超过该数量的进口商品适用税率较高的配额外税率。

(2) 出口关税税率

出口关税税率也是差别比例税率,但不再分为普通税率和优惠税率,同一种出口商品都按统一的税率征税。我国出口税则为一栏税率,即出口税率。国家仅对少数资源性产品及易于竞相杀价、需要规范秩序的半制成品征收出口关税。

三、关税计算

(一) 关税完税价格

《海关法》规定,进出口货物的完税价格,由海关以该货物的成交价格为基础审查确定。无论是出口关税还是进口关税,其完税价格都是不含关税和进出口环节其他税收的价格。

1. 一般进口货物的完税价格

(1) 以成交价格为基础的完税价格

进口货物的完税价格包括货物的货价、货物运抵我国境内输入地点起卸前的运费、包装费及相关费用、保险费。货物的货价以进口货物的成交价格为基础,而成交价格是指买方为购买该货物向卖方实际支付或应当支付的价格并《完税价格办法》的有关规定调整后的价格。该成交价格的核心内容是货物本身的价格,即货物的生产、销售等成本费用价格(不包括运输、保险和各项杂费)。

(2) 进口货物海关估价方法

如果进口的货物价格不符合成交价格条件,或者成交价格不能确定的,海关应当依次以相同货物成交价格方法、类似货物成交价格方法、倒扣价格方法、计算价格方法及其他合理方法确定的价格为基础,估定完税价格。

2. 特殊进口货物的完税价格

(1) 加工贸易进口料件及其制成品。加工贸易进口料件及其制成品需征税或内销补税的,海关按照一般进口货物的完税价格规定审定完税价格。

(2) 保税区、出口加工区货物。从保税区或出口加工区销往区外、从保税仓库出库内销的进口货物(加工贸易进口料件及其制成品除外),以海关审定的价格为完税价格。对经审核销售价格不能确定的,海关应当按照一般进口货物估价办法的规定,估定完税价格。

(3) 运往境外修理的货物。运往境外修理的机器、运输工具或其他货物,出境时已向海关报明,并在海关规定时间内复运进境的,应当以海关审定的境外修理费和料件费,以及该货物复运进境的运输及其相关费用、保险费,估定完税价格。

(4) 运往境外加工的货物。运往境外修理的货物,出境时已向海关报明,并在海关规定时间内复运进境的,应当以海关审定的境外加工费和料件费,以及该货物复运进境的运输及其相关费用、保险费,估定完税价格。

(5) 租赁方式进口货物。按租赁方式进口货物中,以租金方式对外支付的租赁货物,在租赁期间以海关审定的租金作为完税价格;留购的租赁货物,以海关审定的留购价格作为完税价格;承租人申请一次性缴纳税款的,按一般进口货物估价办法的规定估定完税价格。

(6) 留购的进口货样等。对于境内留购的进口货样、展览品和广告陈列品,以海关审定的留购价格作为完税价格。

(7) 暂时进境的货物。对于海关批准的暂时进境的货物,如超过半年仍留在境内,则应从第 7 个月起,计征关税。按照一般进口货物估价办法的规定,估定完税价格。

3. 出口货物完税价格

出口货物的完税价格,由海关以该货物向境外销售的成交价格为基础审查确定。它包括货物运至我国境内输出地点装载前的运费及其相关费用、保险费,但不包括关税。

出口货物的关税完税价格＝离岸价格÷(1＋出口税率)

(二) 关税应纳税额的计算

我国对进口商品基本上都实行从价税;但是对部分进口商品实行了从量税、复合税和滑准税。

1. 从价税应纳税额的计算

关税税额＝应税进(出)口货物数量×单位完税价格×税率

【例 7-23】 某进出口公司从日本进口甲醇,进口申报价格为 CFI 天津 USD500 000。当日外汇牌价(中间价)为 USD100＝￥680,甲醇税率为 12%。计算该批甲醇应纳进口关税税额。

$$进口关税税额 = 500\,000 \times 6.8 \times 12\% = 408\,000(元)$$

【例 7-24】 某单位委托香港某公司自英国进口柚木木材,运费计 44 200 元,保险费率为申报价格的 3‰,佣金为 CFI 价格的 3%,进口申报价格为 CFI 香港 USD520 000,当日外汇牌价为 USD100＝￥680,税率为 9%。计算该批柚木应纳进口关税税额。

先将进口申报价格折合为人民币:

$$520\,000 \times 6.8 = 3\,536\,000(元)$$
$$完税价格 = [3\,536\,000 \times (1+3\%+3‰) + 44\,200] = 3\,696\,888(元)$$
$$进口关税税额 = 3\,696\,888 \times 9\% = 332\,719.92(元)$$

【例 7-25】 某进出口公司将磷 5 000 吨出口到日本,每吨 FOB 天津 USD560,磷的关税税率为 10%,当日外汇牌价为 USD100＝￥680。计算该批磷的应纳出口关税税额。

$$完税价格 = 5\,000 \times 560 \div (1+10\%) = 2\,545\,455(美元)$$
$$折合为人民币完税价格 = 2\,545\,455 \times 6.8 = 17\,309\,094(元)$$
$$应纳关税税额 = 17\,309\,094 \times 10\% = 1\,730\,909.4(元)$$

2. 从量税应纳税额的计算

$$关税税额 = 应税进(出)口货物数量 \times 单位货物税额$$

3. 复合税应纳税额的计算

$$关税税额 = 应税进(出)口货物数量 \times 单位货物税额$$
$$+ 应税进(出)口货物数量 \times 单位完税价格 \times 税率$$

4. 滑准税应纳税额的计算

$$关税税额 = 应税进(出)口货物数量 \times 单位完税价格 \times 滑准税税率$$

四、关税减免

关税减免是对某些纳税人和征税对象给予鼓励和照顾的一种特殊调节手段,分为有法定减免税、特定减免税和临时减免税 3 种类型。

(一) 法定减免税

法定减免税是税法中明确列出的减税或免税。符合税法规定可予减免税的进出口货物,纳税人无须提出申请,海关可按规定直接予以减免税。

以下货物以海关审查无误的,可免征关税。

(1) 关税税额在人民币 50 元以下的一票货物。

(2) 无商业价值的广告品和货样。

(3) 外国政府、国际组织无偿赠送的物资。

(4) 进出境运输工具装载的途中必需的燃料、物料和饮食用品。

(5) 经海关核准暂时进境或者暂时出境,并在 6 个月内复运出境或复运进境的货样、展览品、施工机械。

(6) 为境外厂商加工、装配成品和为制造外销产品而进口的原材料、辅料、零件、部件、配套件和包装物料,海关按照实际加工出口的成品数量免征进口关税;或者对进口料件先征关税,再按照实际加工出口的成品数量予以退税。

(7) 因故退还的中国出口货物,经海关审查属实,可予免征进口关税,但已征收的出口关税不予退还。

(8) 因故退还的境外进口货物,经海关审查属实,可予免征出口关税,但已征收的进口关税不予退还。

(9) 进口货物如有如下情形,经查明属实,可酌情减免进口关税:在境外运输途中或者在起卸时,遭受损坏或者损失的;起卸后海关放行前,因不可抗力遭受损坏或者损失的;海关查验时已经破漏、损坏或者腐烂,经证明不是保管不慎造成的。

(10) 无代价抵偿货物,即进口货物在征税放行后,发现货物残损、短少或品质不良,而由国外承运人、发货人或保险公司免费补偿的或更换的同类货物,可以免税。

(11) 我国缔结或者参加的国际条约规定减征、免征关税的货物、物品。

(12) 法律规定减征、免征的其他货物。

(二) 特定减免税

特定减免又称政策性减免税。在法定减免税之外,国家按照国际通行规则和我国实际情况,制定发布了有关进出口货物减免关税的政策。目前对规定的科教用品、残疾人专用品、扶贫、慈善性捐赠物资、加工贸易产品、边境贸易进口物资、保税区进出口货物等实行相关的减免税。

(三) 临时减免税

临时减免税是由国务院根据我国《海关法》给予的特殊照顾,一案一批、专文下达的减免税。"入世"后,国家严格控制减免税,一般不办理个案临时减免税,特定减免税也在逐步规范和清理,对不符合国际惯例的税收优惠政策将逐步予以废止。

五、关税的征收管理

(一) 关税征收有关规定

1. 缴纳方式

所谓纳税方式是指关税税款的缴纳方式。确定纳税方式应坚持有利于税款及时入库、便于纳税人纳税和海关征税的原则。我国关税主要有以下几种纳税方式。

(1) 口岸纳税方式

这是关税最基本的纳税方式。采用这种方式时,由进出口人向货物进出口地海关进行申报,经当地海关对实际货物进行监管、查验后,逐票计算应纳关税并填发关税缴款书,由纳税人在规定的纳税期内凭以向指定的银行办理税款交付或转账入库手续后,海关再凭借银行的回执联办理结关放行手续。这种纳税方式的优点是由于征税手续在前,结关放行在后,因此有利于税款及时入库,可以防止拖欠、漏征和错征等问题。口岸纳税方式是各国普遍采用的纳税方式,也是我国关税的基本纳税方式。

(2) 先放行后纳税方式

这种方式是指海关允许某些纳税人在办理了有关担保手续后,先行办理放行货物,然后再办理纳税事项的一种纳税方式。该方式一般是在口岸纳税的基础上对某些易腐货物、急需货物或有关通关手续无法立即办理结关等特殊情况而采取的一种比较灵活的纳税方式。

(3) 定期汇总纳税方式

这种纳税方式是对进出境的应税货物,逐票申报并计算应纳税款,经纳税人汇总后每10天向管辖海关缴纳一次税款。该方式适用于有进出口经营权、进出口数量多、信誉高和管理好的企业。采取这种方式时,需由纳税人向所在地海关提出申请,经审核批准后方可实行。采取定期汇总纳税方式主要是为了简化纳税手续,便于纳税人纳税,提高工作效率。

2. 关税的缴纳

进口货物自运输工具申报进境之日起14日内,出口货物在货物运抵海关监管区后装货的24小时以前,应由进出口货物的纳税义务人向货物进(出)境地海关申报,海关根据税则归类和完税价格,计算其应缴纳的关税和进口环节代征税,并填发税款缴款书。纳税义务人应当自海关填发税款缴款书之日起15日内,向指定银行缴纳税款。如缴纳期限的最后一日是周末或法定节假日,则关税缴纳期限顺延至周末或法定节假日过后的第一个工作日。关税纳税义务人因特殊情况不能按期缴纳税款的,经海关批准,可对纳税义务人的全部或部分应纳税款的缴纳期限予以延长,但最长不超过6个月。纳税义务人因特殊情况不能按期缴纳税款的,即构成关税滞纳。我国《海关法》赋予海关对滞纳关税的纳税义务人进行强制执行的权利。强制措施主要有两类。

(1) 征收滞纳金

滞纳金自关税缴纳期限届满之次日起,至纳税义务人缴纳关税之日止,按滞纳税款一定比例按日征收,周末或法定节假日不予扣除。其计算公式为:

$$关税滞纳金金额 = 滞纳关税税额 \times 滞纳金征收比率 \times 滞纳天数$$

(2) 强制征收

纳税义务人自海关填发缴款书之日起3个月仍未缴纳税款,经海关关长批准,海关可以采取强制扣缴、变价抵缴等强制措施。强制扣缴是海关从纳税义务人在开户银行或者其他金融机构的存款中直接扣缴税款。变价抵缴是海关将应税货物依法变卖,以变卖所得抵缴税款。

3. 关税退税

关税退还是关税纳税义务人按海关核定的税额缴纳关税后因某种原因出现,海关将实际征收多于应当征收的税额退还给原纳税义务人的一种行为。海关发现后应当立即退还。有下列情形之一的,进出口货物的收发货人或者他们的代理人,可以自缴纳税款之日起1年内,书面声明理由,连同原纳税收据向海关申请退税,逾期不予受理。

(1) 因海关误征,多纳税款的。

(2) 海关核准免验进口的货物,在完税后,发现有短卸情事,经海关审查认可的。

(3) 征出口关税的货物,因故未装运出口,申报退关,经海关查验属实的,海关应当自受理退税申请之日起30日内做出书面答复并通知退税申请人。

4. 关税的补征和追征

纳税人因违反海关规定而造成短征关税的称为"追征";不是因纳税人违反海关规定而造成短征关税,称为"补征"。根据我国《海关法》,当海关发现少征或漏征时,应当自缴纳税款或者货物、物品放行之日起1年内,向纳税义务人补征;如纳税义务人因违反规定而造成的少征或漏征,海关在3年以内可以追征。

(二) 纳税地点和期限

关税的纳税人须在规定的报关期限内向货物进(出)境地海关申报,海关经过对实际货物进行查验,计算应纳关税和进口环节代征税费,填发税款缴纳证。进口货物自运输工具申报进境之日起14日内,出口货物在货物运抵海关监管区后装货的24小时以前,应由进出口货物的纳税义务人向货物进(出)境地海关申报;纳税义务人应当自海关填发税款缴款书之日起15日内,向指定银行缴纳税款。如关税缴纳期限的最后1日是周末或法定节假日,则关税缴纳期限顺延至周末或法定节假日过后的第1个工作日。为方便纳税义务人,经申请且海关同意,进出口货物的纳税义务人可以在设有海关的指运地(起运地)办理海关申报、纳税手续。关税纳税义务人因特殊情况不能按期缴纳税款的,经海关审核批准将纳税义务人的全部或部分应纳税款的缴纳期限予以延长,但最长不超过6个月。

六、行邮物品进口税

海关对入境旅客行李物品、个人邮递物品以及其他个人进口自用物品征收的进口税,简称行邮物品进口税。新的进口税办法规定,准许应税进口的旅客行李物品、个人邮递物品以及其他个人自用物品,除另有规定的以外,都要依法征收进口税。进口税的纳税人为携有应税个人自用物品的入境旅客及运输工具服务人员,进口邮递物品的收件人,以及其他方式进口应税个人自用物品的收件人。纳税人在海关放行物品之前缴纳税款。进口税采取从价计征,以完税价格乘以进口税税率为应纳进口税税额。其中完税价格由海关参照同类物品的境外正常零售平均价格确定。现行行邮税税率分为50%、20%、10%至200%3个档次,属于50%税率的物品有烟、酒;属于20%税率的物品有纺织品及其制成品、摄像机、摄录一体机、数码相机及其他电器用具,照相机、自行车、手表化妆品等;属于10%税率的物品有书报、刊物、教育专用电影片等。

◆ **技能训练题**

一、单项选择题

1. 某生产果酒企业为增值税一般纳税人,某月销售收入为140.4万元(含税),当期发生包装物收取押金为4.68万元,当期逾期未归还包装物押金为2.34万元。该企业本期应申报的销项税额为( )。

    A. 20.4万元   B. 20.74万元   C. 16.69万元   D. 20.797 8万元

2. 提供应税服务的增值税征收率是( )。

    A. 3%   B. 6%   C. 11%   D. 16%

3. 提供应税服务,是指有偿提供应税服务。有偿,包括取得货币、货物或者( )。
   A. 收入　　　　B. 利益　　　　C. 其他经济利益　D. 收益
4. 提供现代服务业服务(有形动产租赁服务除外),其增值税税率为( )。
   A. 6%　　　　B. 3%　　　　C. 11%　　　　D. 16%
5. 下列商品中,征收消费税的是( )。
   A. 冰箱　　　　B. 空调　　　　C. 彩电　　　　D. 酒精

二、多项选择题

1. 可以实行出口退免税政策的货物必须符合的条件是( )。
   A. 必须属于增值税、消费税征税范围的货物
   B. 必须是报关出口的货物
   C. 必须是财务上作销售处理的货物
   D. 必须是出口收汇并核销的货物
2. 下列关于目前税率的陈述,正确的有( )。
   A. 音像制品和电子出版物适用增值税低税率政策
   B. 小规模商业企业销售自己用过的汽车,适用3%(减按2%)征收率
   C. 增值税一般纳税人销售或者进口货物,提供加工、修理修配劳务,除低税率适用范围和销售个别旧货适用征收率外,税率一律为16%
   D. 建筑用砂、土、石料适用13%的低税率(6%,必须是自产)
3. 营业税改征增值税的意义包括( )。
   A. 有利于减少营业税重复征税
   B. 有利于在一定程度上完整和延伸二、三产业增值税抵扣链条,促进社会专业化分工,推动产业融合
   C. 有利于降低企业税收负担,扶持小型微利企业发展,带动扩大就业
   D. 通过增值税出口退税,有利于服务业出口
4. 交通运输服务具体包括的行业有( )。
   A. 陆路运输服务　　　　　　　B. 水路运输服务
   C. 航空运输服务　　　　　　　D. 管道运输服务
5. 境外单位或者个人在境内发生应税行为,在境内未设有经营机构的,下列计算扣缴义务人应扣缴税额错误的是( )。
   A. 应扣缴税额=购买方支付的价款÷(1+税率)×税率
   B. 应扣缴税额=购买方支付的价款×(1+税率)×税率
   C. 应扣缴税额=购买方支付的价款÷(1-税率)×税率
   D. 应扣缴税额=购买方支付的价款×税率

三、思考题

1. 什么是流转税,流转税的特点是什么?
2. 增值税的征税范围都有那些?
3. 增值税专用发票领购使用范围是什么?
4. 什么是消费税,消费税的构成要素都有哪些?
5. 关税能起到什么作用?

四、实践课堂

1. 某制药厂为增值税一般纳税人,2017年4—6月发生如下业务。

(1) 4月5日,销售药品价款10万元(不含税),货款及税款已经收到。

(2) 4月7日从某农场购进玉米100吨,单价1 000元,款已经付清,玉米验收入库。

(3) 4月13日收购农民个人玉米50吨,单价1 020元,开具由税务机关统一监制的"收购农产品专用发票",玉米验收入库。

(4) 4月20日销售药品一批,价值20万元(不含税),货物已经发出,款尚未收到。

(5) 5月8日从小规模纳税人购入玉米5吨,单价1 240元,取得普通发票。

(6) 5月15日采取分期收款发出药品一批20万元(不含税),制造成本15万元,合同约定分三期收款,发货时收取货款和税款的50%,其余货款和税款6、7月两月等额收回,5月份收到货款8万元。

(7) 5月19日销售药品一批,销售额100万元(不含税),支付运输部门运费2 000元,货款存入银行,取得运费票据。

(8) 5月21日购入原材料一批,取得增值税专用发票注明的价款为20万元,税款3.4万元,款项已付,原材料入库。

(9) 5月25日,上月发出货物被退回一部分(药品不符),有关证明齐全,价税合计58 500元,药品入库。

(10) 6月12日把一批药品销售给医院,价款12万元,税款2.04万元,货物已经发出,款项已经收到。

(11) 6月20日购入玉米10吨,增值税专用发票注明的单价为1 050元,付款并入库。

(12) 6月30日盘点原材料,4月从农民个人购入的库存玉米发生霉烂变质20吨,成本17 748元。上月赊销药品,本月未收到货款及税款。

根据上述资料计算药厂4—6月应纳增值税?(取得发票当月均已通过认证)

2. 某一般纳税人2017年3月取得交通运输收入111万元(含税),当月外购汽油10万元,购入运输车辆20万元(不含税金额,取得增值税专用发票),发生的联运支出40万元(不含税金额,营改增纳税人提供,取得专用发票),计算增值税。

3. 某纳税人提供应税服务的起征点为20 000元,某个体工商户(小规模纳税人)本月取得交通运输服务收入20 001元(含税),该个体工商户本月应缴纳多少增值税?

4. 某公司(一般纳税企业)当月销售摩托车(气缸容量在250毫升以上)10辆,每辆售价1.5万元(不含增值税),货款尚未收到,摩托车每辆成本0.5万元。适用消费税税率为10%,增值税率为13%。根据这项经济业务,计算税额。

5. 某外贸公司2017年7月22日从德国进口跑步机一批,该批跑步机采购地的货价为90万欧元(人民币外汇牌价1∶7.30),运抵境内口岸前所支付的运输费用5万欧元,保险费3万欧元。该跑步机的最惠国税率为12%,2017年关税暂定税率为6%。经海关审定成交价格正常。试计算该公司应纳的关税。

6. 某企业2017年7月进口原产于日本的磁带行广播级录像机20台,该批放像机单价为每台6 000美元(人民币外汇牌价1∶6.48),运费及保险费共6万元。已知放像机关税税率为每台完税价格低于或等于5 000美元:执行单一从价税,税率为15%;每台完税价格高于5 000美元:每台征收从量税,税额3 648元,加上3%从价税。试计算该企业应纳的关税。

7. 某进出口公司当月进口一批货物,海关审定的关税完税价格为700万元,该货物关税税率为10%,增值税税率为13%;当月销售一批货物销售额为1 800万元,适用13%的税率。计算该企业进口货物应纳增值税额和当月应纳增值税额。

8. 某酒厂2017年3月份外购散装粮食白酒10吨,取得增值税专用发票上注明的销售额4万元,税金0.52万元。当期领用5吨,用其中的3吨勾兑成其他酒销售,取得收入5.65万元(含增值税收入)。计算酒厂3月应缴纳的消费税和增值税。

9. 某机械进出口公司×年10月进口小轿车300辆,每辆货价7.5万元,该批小轿车运抵我国上海港起卸前的包装、运输、保险和其他劳务费用共计为15万元;当年小轿车关税税率110%。请计算该批小轿车应纳关税税额。

10. 某丝绸进出口公司出口生丝一批,离岸价格为550万元人民币,出口税率为100%。请计算应纳出口关税税率。

第八章

所 得 税

◆ 技能要求

(1) 能对所得税主要税种的征收范围、税目、税率、计税依据有正确理解。
(2) 能熟练掌握所得税主要税种应纳税额的计算。
(3) 运用所学知识对经济生活中所得税的相关问题进行基本分析。

背景资料

新旧个人所得税变化

个人所得税改革从 2019 年 1 月 1 日起正式实施,新旧个人所得税的变化如下。

1. 免征额变化。2019 年个人所得税的免征额从 3 500 元提升到了 5 000 元,这也就意味着月工资在 5 000 元以下的人都不需要缴纳个人所得税了,如表 8-1 所示。

表 8-1 居民个人工资、薪金所得预扣预缴个人所得税的预扣率表

级数	工资范围/元	免征额/元	税率/%
0	1～5 000	5 000	0
1	5 001～8 000	5 000	3
2	8 001～17 000	5 000	10
3	17 001～30 000	5 000	20
4	30 001～40 000	5 000	25
5	40 001～60 000	5 000	30
6	60 001～85 000	5 000	35
7	85 001～无限	5 000	45

2. 应纳税所得额变化。2019 年的个人所得税税率表仍然划分为 7 级,其中前四级的应纳税所得额发生了变化,主要表现为前三档的级距有所提高,而税率没有发生改变。如表 8-2 所示。

表 8-2　居民个人综合所得个人所得税的税率表(按年)

级数	全年应纳税所得额	税率/%	速算扣除数
1	不超过 36 000 元的部分	3	0
2	超过 36 000 元至 144 000 元的部分	10	2 520
3	超过 144 000 元至 300 000 元的部分	20	16 920
4	超过 300 000 元至 420 000 元的部分	25	31 920
5	超过 420 000 元至 660 000 元的部分	30	52 920
6	超过 660 000 元至 960 000 元的部分	35	85 920
7	超过 960 000 元的部分	45	181 920

3. 速算扣除数的变化。往年的速算扣除数都是按月计算的,从 2019 年开始,速算扣除数要按年计算,当然也可以换算成每月的数额进行计算。

速算扣除数＝上一级最高应纳税所得额×(本级税率－上一级税率)＋上一级速算扣除数

假如扣除各项基本费用后的工资是一万元,原来需要缴纳的个税费用是(10 000－3 500)×20％－555＝745 元,而个税改革后需要缴纳的费用是(10 000－5 000)×10％－210＝290 元,省下了 455 元(计算方法:(工资－免征额)×分级税率－速算扣除数)。

4. 新加专项扣除项目,主要包括子女教育支出、继续教育支出、大病医疗支出、住房租金支出、住房贷款利息支出、赡养老人支出六个项目,这些费用都会在税前扣除。

第一节　所得税原理

一、所得及其构成

所得税是国家对个人、企业公司或其他经济组织在一定期间内获得的各种收益所得为征税对象的税收体系。所得是指自然人、法人和其他经济组织从事生产、经营等项目活动获得的收入减去相应的成本费用之后的余额。所得税是世界各国普遍开征的税种,也是许多国家的主体税种,特别是经济发达国家财政收入的主要来源。为了税收征集的需要,各国立法主要按 4 条准则来确定应税所得项目和种类:一是以合法的所得为主;二是以具有持续稳定经济源泉的连续性所得为主;三是以实现所得为主;四是以净所得为主。根据各种所得经济来源的性质差别,目前各国税制普遍纳入应税范围的所得项目主要有四大类。

1. 劳动所得

劳动所得是通过提供劳务服务取得的收益所得。提供劳务的经济主体主要是自然个人。个人劳动者分为独立劳动者和雇佣劳动者。由此劳动所得区分为独立专业劳动者或自由职业者所得和雇佣劳动所得。前者是医师、律师、会计师、工程师、建筑师、设计师、农技师等从事独立专业劳动获得的所得。劳动所得是现代所得税的主要税基,它形成的经济源泉是劳动要素。

2. 经营所得

经营所得是指通过生产营销活动取得的收益所得,是经营活动性的收益所得。现代经济中,从事生产经营的组织有法人企业、自然个人业主以及合伙企业。经营所得属于直接投资活动的所得,其扣除成本垫付后的余额表现为企业经营的利润,所以一般也称为利润所得,它构成所得税的另一个重要税基。

3. 投资所得

投资所得是指经济主体通过购买金融资产,从事间接投资,凭借资本金所有权取得的各种所得。根据资本所有权的种类,分为股权股息红利、债权利息所得等。此外,因转让各种权力和技术(包括著作权、版权、商标权、专利权等)获取的收益,称特许权使用费,也可以归入投资权益类所得的范围内。

4. 财产所得

财产所得是指积累的财产在被利用、出租、有偿转让过程中给持有者带来的收益所得。常见的有财产租金、财产交易实现的收益所得、受益人通过他人财产的馈赠和遗留而获得的继承和赠予性所得等。

二、所得税的种类

现代所得税制主要根据纳税主体法律地位的差别设立税种。纳税主体按照法律地位一般分成两个大类:自然人和法人。由此现代所得税分成两大税种:一个是以自然人的各类收益所得为对象征集的个人所得税;另一个是以企业等法人实体各种收益所得(主要是经营所得)征收的企业所得税或者公司所得税。目前,我国所得税包括企业所得税和个人所得税两个税种。

三、所得税的征收制度

由于所得的来源不同,种类繁多,数额大小不一,为取得所得所支付的必要费用各异,因此国家对不同来源的所得采取的政策也不同。这就决定了对不同的所得采取不同的征收制度。

(一) 所得税制模式

1. 分类征税制

分类征税制是将各类所得分不同的来源,征收不同的所得税。如薪金、股息或者营业利润等,按照单独的税率征税。分类征税制的基本特征是不同的所得实行有差别的税负。其优点是计征简便;易于按各类所得的不同性质区别对待,采取不同的税率;既可避免税源流失,又可节约征管力量,提高征管效率。但是不利于实行累进税率,不能按纳税人的能力课征,从而不能体现合理负担的原则。

2. 综合征税制

综合征税制是对同一纳税人的各项各种来源所得的总额征税的一种制度。综合征税制的本质特征是各种所得的税收负担在归集后没有差别。实行综合征税制可以采用累进税率,根据纳税人的负担能力,体现合理负担的原则。但这种方法计算核实纳税人的各项所得总额比较困难和复杂,实践中它的税务成本比较大,管理要求更加高。

3. 分类综合所得税制（混合税制）

分类综合所得税制是将分类所得税与综合所得税相结合的一种税制模式，即对纳税人的各项所得按其来源和性质，有些采取分类方式计征税款，有些采取综合方式计征税款，从而兼容了两种税制模式的优点。混合税制是世界各国对个人所得税普遍采取的一种税制模式。这种税制模式既坚持了按纳税人实际负担能力征税的原则，同时又坚持了对不同来源或不同性质的收入实行区别对待的原则。

（二）累进税率和比例税率

税率是税制的核心。采用什么样的税率直接关系到国家财政收入和纳税人的负担水平。对所得额征税，税率采取累进税率和比例税率两种形式。采用累进税率可以使税率随所得额的增减而升降，所得多多征，所得少少征，可以照顾纳税人的负担能力，体现税负公平的原则，但计算比较麻烦。采用比例税率，税率不随所得额的增减变化而变化，不论所得额大小，均实行统一税率，征收简便。但对大小不等的所得额用同一比例征税，并不能照顾到各种纳税人的负担水平，失之公平。

（三）扣除费用制度

对所得额征税首先要准确地确定应纳税所得额，应纳税所得额不同于实现所得额，要允许扣除为取得所得而支付的必要成本和纳税人及受其抚养的直系亲属的生活费用。由于所得额的种类不同，扣除范围也不同，我国扣除费用的方法主要有两种。

1. 实报实销法

实报实销法是根据纳税人的实际开销来确定扣除额的一种方法。该方法比较符合实际，但计算复杂。

2. 标准扣除法

标准扣除法是指对纳税人的必要费用和基本生活费用确定一个或多个标准，作为固定数额。该方法计算简便，但不符合实际，而且不同的纳税人适用统一标准，不利于实行区别对待的政策。

（四）所得税的征收方法

所得额具有来源广，种类多等特点。对其征缴管理工作要求比较高，选择一个好的征税办法对加强税收征收管理有良好的促进作用。对所得税征收办法主要有两种形式。

1. 源泉课征法

源泉课征法是在所得额发生的地点课征的一种方法。这种方法能控制税源，防止偷漏和拖欠，手续简便；能保证税款及时均衡地入库，但只适用于分类征税制，适用比例税率，不能体现合理负担的原则。

2. 申报法

申报法是纳税人按税法规定自行申报所得额，由税务机关调查审核，然后根据申报所得依据计算税额，由纳税人一次或分次缴纳。这种方法一般适用于综合征税制，适用累进税率，符合按能力负担的原则。该方法要求纳税人具有良好的公民素质和纳税习惯。

四、所得税的特征

同其他类别的课税相比,所得税具有如下特点。

1. 税负不易转嫁

不论是企业所得税还是个人所得税都是对纳税人的最终所得征税,属于终端性质的税种,因而此类税收一般不易转嫁。利用这一特点可直接调节纳税人的收入,促进社会公平分配,正确处理各方面的利益关系。特别是通过累进税率,可以直接调节贫富悬殊,缩小纳税人实际收入差距。利用这一特点还能以所得税形式参与跨国所得的分配,维护国家主权。

2. 一般不存在重复征税,税负较公平

通常情况下,在本国内部对同一项所得只征收一次所得税,只要不存在两个或两个以上的课税主体,所得课税一般不存在重复征税问题。所得课税在保证纳税人正常生产和生活的前提下,照顾了纳税人的实际负担。以纳税人的实际所得为征税对象,并实行免征额以及允许扣除某些项目后计征税款的规定,尤其采用累进方式征税时,贯彻了所得多的多征、所得少的少征的应能负担原则。

3. 税源普遍,税负有弹性

凡有生产经营所得和其他所得的企业和个人,都要按规定缴纳所得税,所以该税种具有普遍征收的特点。随着社会生产力的发展和经济效益的提高,企业的生产经营所得以及社会居民的个人所得必然也会日益增加,国家就可以根据需要调高或调低所得税税负,以适应政府开支的增减变化。

4. 计税方法复杂,稽征管理难度较大

所得税税额的多少取决于纳税人所得额。从企业所得看,所得额的多少直接取决于成本、费用的高低,因而对企业所得征税同成本、费用有着密切联系,税款的计算同成本费用直接挂钩;从个人所得看,所得比较分散、隐蔽;所有这些因素决定了所得课税计税方法复杂,稽征管理难度较大的特点。

第二节 企业所得税

一、企业所得税概述

企业所得税法是国家制定的用以调整企业所得税征收与缴纳之间权利及义务关系的法律规范。2007年3月16日第十届全国代表大会第五次会议通过的《中华人民共和国企业所得税法》(以下简称《企业所得税法》)共8章,60条,该法自2008年1月1日起施行。《企业所得税法》的实施标志着我国"两税"合并,即对内、外资企业实行统一的企业所得税制,这是我国税收史上的一个重要的里程碑。

企业所得税是指对一国境内的企业和其他经济组织在一定期间内的生产经营所得和其他所得等收入,扣除生产成本、费用和损失等后的余额所征收的一种税。

在中华人民共和国境内,企业和其他取得收入的组织为企业所得税的纳税人,依法缴纳企业所得税。

（一）企业所得税特点

1. 将企业划分为居民企业和非居民企业

把企业分为居民企业和非居民企业是为了在税法中有效行使我国的税收管辖权。我国根据国际上通行做法同时选择地域管辖权和居民管辖权的原则。

2. 征税对象为应纳税所得额

企业所得税的征税对象是居民企业应当就其来源于中国境内、境外的所得缴纳企业所得税。所得包括销售货物所得、提供劳务所得、转让财产所得、股息红利等权益性投资所得、利息所得、租金所得、特许权使用费所得、接受捐赠所得和其他所得。对居民企业的征税范围不但来源于境内所得，还要来源于境外所得，作为全部要缴纳企业所得税，即居民企业为无限纳税人。非居民企业以其在中国境内获得特许权使用费、红利、利润、转让资产等作为应纳税所得额。

3. 征税以量能负担为原则

企业所得税的税基为企业和其他经济组织的生产经营所得和其他所得，即"所得多，纳税多；所得少，纳税少；无所得，不纳税"，从而将所得税负担的高低与纳税人所得的多少联系起来，充分体现出税收公平的原则。

4. 实行按年计征、分期预缴的办法

企业所得税实行按年计征、分期预缴、年终汇算清缴、多退少补的办法。企业应当自月份或者季度终了之日起15日内，向税务机关报送预缴企业所得税纳税申报表，预缴税款。企业应当自年度终了之日起5个月内，向税务机关报送年度企业所得税纳税申报表，并汇算清缴，结清应缴应退税款。

（二）企业所得税纳税人

在中华人民共和国境内，企业和其他取得收入的组织（以下统称企业）为企业所得税的纳税人。企业分为居民企业和非居民企业。

1. 居民企业

居民企业是指依法在中国境内成立，或者依照外国（地区）法律成立但实际管理机构在中国境内的企业。判断企业是否为居民企业，一要看注册地是否为中国境内，二是如果不在中国境内注册，但其实际管理机构（有效的管理中心、控制管理中心、董事会场所）在中国境内，也应看作居民企业。

实际管理机构地标准：按国际惯例，居民企业的判定标准有"登记注册地标准""实际管理机构地标准"和"总机构所在地标准"等，大多数国家都采用了多个标准相结合的办法。我国采用"登记注册地标准"和"实际管理机构地标准"相结合的办法。

实施实质性管理和控制：主要考虑日常管理地（如企业管理层所在地）、财务处理地（如企业账簿保存地）、经营决策地（如重要股东居住地或董事会议召开地）等。

一是对企业的经营活动能够起到实质性的影响；二是对企业的生产经营活动负总体责任；三是管理和控制的内容是企业的生产经营、人员、财务、财产等。这是最关键的标准。上述3个条件必须同时具备，才能认定为实际管理机构。

> **小贴士**
>
> **新冠肺炎疫情防控期间居住地变化使部分人员出现双重居民个人身份问题如何解决？**
>
> 构成双重居民个人的，在适用税收协定时，可以根据税收协定中的双重居民个人加比规则解决，通常依次按照个人永久性住所、重要利益中心、习惯性居处、国籍等标准判断其仅为缔约一方税收居民。
>
> 根据中新协定条文解释，永久性住所包括任何形式的住所，但该住所必须具有永久性，而非为了某些原因临时逗留。重要利益中心要参考个人家庭和社会关系、职业、政治、文化和其他活动、营业地点、管理财产所在地等因素综合评判。
>
> 根据上述规定，疫情防控措施下个人居住地的临时性变化通常不会造成个人永久性住所或重要利益中心所在地的改变，因此其税收协定下的居民身份通常不会发生改变。
>
> 资料来源：国家税务总局．

2. 非居民企业

非居民企业是指依照外国（地区）法律成立且实际管理机构不在中国境内，但在中国境内设立机构、场所的，或者在中国境内未设立机构、场所，但有来源于中国境内所得的企业。非居民企业的基本核心就是它在外国依照法律制设立的，而它的实际管理机构不在中国境内。一种情况是在中国境内设立机构，如外国代表处、办事处；另一种情况是不设立机构，但在中国境内获得特许权使用费、红利、利润、转让资产等。

（三）企业所得税税率

企业所得税的税率为25%。

非居民企业在中国境内未设立机构、场所的，或者虽设立机构、场所但取得的所得与其所设机构、场所没有实际联系的，应当就其来源于中国境内的所得按20%的税率缴纳企业所得税。

（四）应纳税所得额

企业每一纳税年度的收入总额，减除不征税收入、免税收入、各项扣除以及允许弥补的以前年度亏损后的余额，为应纳税所得额。

$$应纳税所得额＝收入总额－不征税收入－免税收入－各项扣除－允许弥补的以前年度亏损$$

亏损是指企业依照企业所得税法和企业所得税法实施条例的规定将每一纳税年度的收入总额减除不征税收入、免税收入和各项扣除后小于零的数额。

1. 收入总额

企业以货币形式和非货币形式从各种来源取得的收入，为收入总额，也称为应税收入。企业取得收入的货币形式，包括现金、存款、应收账款、应收票据、准备持有至到期的债券投资以及债务的豁免等。

企业取得收入的非货币形式，包括固定资产、生物资产、无形资产、股权投资、存货、不准备持有至到期的债券投资、劳务以及有关权益等。企业以非货币形式取得的收入，应当按照公允价值确定收入额。

　　企业发生非货币性资产交换，以及将货物、财产、劳务用于捐赠、偿债、赞助、集资、广告、样品、职工福利或者利润分配等用途的，应当视同销售货物；转让财产或者提供劳务，但国务院财政、税务主管部门另有规定的除外。

2. 不征税收入

　　不征税收入是指从性质和根源上不属于企业营利性活动带来的经济利益，不负有纳税义务并不作为应纳税所得额组成部分的收入。不征税收入不同于免税收入，从根源和性质来说，不征税收入不属于营利性活动带来的经济收益，是专门从事特定目的的收入，理论上不应列为征收范围的收入范畴；免税收入是纳税人的应税收入总额的组成部分，只是国家为了实现某些经济和社会目标，在特定时期或者对特定项目取得的经济利益给予的税收优惠，而在一定时期又有可能恢复征税的收入范围。

　　收入总额中的下列收入为不征税收入。

　　① 财政拨款。

　　财政拨款是指各级人民政府对纳入预算管理的事业单位、社会团体等组织拨付的财政资金，但国务院以及国务院财政、税务主管部门另有规定的除外。财政性资金是指企业取得的来源于政府及其有关部门的财政补助、补贴、贷款贴息，以及其他各类财政专项资金，包括直接减免的增值税和即征即退、先征后退、先征后返的各种税收，但不包括企业按规定取得的出口退税款。

　　② 依法收取并纳入财政管理的行政事业性收费、政府性基金。

　　行政事业性收费是指依照法律法规等有关规定，按照国务院规定程序批准，在实施社会公共管理，以及在向公民、法人或者其他组织提供特定公共服务过程中，向特定对象收取并纳入财政管理的费用。政府性基金是指企业依照法律、行政法规等有关规定，代政府收取的具有专项用途的财政资金。

　　③ 国务院规定的其他不征税收入。

　　其他不征税收入是指企业取得的，国务院财政、税务主管部门规定专项用途并经国务院批准的财政性资金。企业取得的各类财政性资金，除属于国家投资和资金使用后要求归还本金的以外，均应计入企业当年收入总额。对企业取得的由国务院财政、税务主管部门规定专项用途并经国务院批准的财政性资金，准予作为不征税收入，在计算应纳税所得额时从收入总额中减除。纳入预算管理的事业单位、社会团体等组织按照核定的预算和经费报领关系收到的由财政部门或上级单位拨入的财政补助收入，准予作为不征税收入，在计算应纳税所得额时从收入总额中减除，但国务院和国务院财政、税务主管部门另有规定的除外。

　　企业的不征税收入用于支出所形成的费用，不得在计算应纳税所得额时扣除；企业的不征税收入用于支出所形成的资产，其计算的折旧、摊销不得在计算应纳税所得额时扣除。

3. 准予扣除项目

　　企业实际发生的与取得收入有关的、合理的支出，包括成本、费用、税金、损失和其他支出，准予在计算应纳税所得额时扣除。

企业所得税税前扣除的重要条件:相关性和合理性。相关性是指与取得收入直接相关的支出。对相关性的判断一般从支出发生的根源和性质进行分析,而不是看费用支出的结果。相关性要求为限制取得的不征税收入所形成的支出不得扣除提供了依据。合理性是指符合生产经营活动常规,应当计入当期损益或者有关资产成本的必要和正常的支出。对合理性的判断主要是发生的支出的计算和分配方法是否符合一般经营常规。合理的支出是指符合生产经营活动常规,应当计入当期损益或者资产成本的必要与正常的支出。

成本是指企业为生产经营活动过程中发生的销售成本、销货成本、业务支出以及其他耗费。费用是指企业在生产经营活动过程中发生的销售费用、管理费用和财务费用。已经计入成本的有关费用除外。

税金是指企业发生的除企业所得税和允许抵扣的增值税以外的各项税金以及附加。

损失是指企业在生产经营活动过程中发生的固定资产和存货的盘亏、毁损、报废损失,转让财产损失,呆账损失,坏账损失,遭受自然灾害等不可抗力因素造成的损失以及其他损失。企业发生的损失,减除责任人赔偿和保险赔款后的余额,依照国务院财政、税务主管部门的规定扣除。企业已作为损失处理的资产,在以后纳税年度全部收回或者部分收回时,应当计入当期收入。

(1) 与职工有关的支出

企业实际发生的合理的工资薪金,准予扣除。

工资薪金是指企业每一纳税年度支付给在本企业任职或者受雇的员工的所有现金和非现金形式的劳动报酬,包括基本工资、奖金、津贴、补贴、年终加薪、加班工资,以及与任职或者受雇有关的其他支出。企业按照国务院有关主管部门或者省级人民政府规定的范围和标准为职工缴纳的基本养老保险费、基本医疗保险费、失业保险费、工伤保险费、生育保险费等基本社会保险费和住房公积金,准予扣除。企业为在本企业任职和受雇的全体员工支付的补充养老保险费、补充医疗保险费,在不超过职工工资总额的5%标准内的部分,在计算应纳税所得额时准予扣除。超过的部分,不予扣除。除企业依照国家有关规定为特殊工种职工支付的人身安全保险费和国务院财政、税务主管部门规定可以扣除的其他商业保险费外,企业为投资者或者职工支付的商业保险费,不得扣除。企业发生的职工福利费支出,不超过工资薪金总额14%的部分,准予扣除。企业拨缴的职工工会经费支出,不超过工资薪金总额2%的部分,准予扣除。企业发生的职工教育经费支出,不超过工资薪金总额2.5%的部分,准予扣除;超过部分,准予在以后纳税年度结转扣除。企业发生的合理的劳动保护支出,准予扣除。

企业的职工福利费包括以下内容。

(1) 尚未实行分离办社会职能的企业,其内设福利部门所发生的设备、设施和人员费用,包括职工食堂、职工浴室、理发室、医务所、托儿所、疗养院等集体福利部门的设备、设施即维修保养费用和福利部门工作人员的工资薪金、社会保险费、住房公积金、劳务费等。

(2) 为职工卫生保健、生活、住房、交通等所发放的各项补贴和非货币性福利,包括企业向职工发放的因公外地就医费用、未实行医疗统筹企业职工医疗费用、职工供养直系亲属医疗补贴、供暖费补贴、职工防暑降温费、职工困难补贴、救济费、职工食堂经费补贴、职工交通补贴等。

（3）按照其他规定发生的其他职工福利费，包括丧葬补助费、抚恤费、安家费、探亲假路费等。企业发生的职工福利费，应该单独设置账册，进行准确核算。没有单独设置账册准确核算的，税务机关应责令企业在规定的期限内进行改正。逾期仍未改正的，税务机关可对企业发生的职工福利费进行合理的核定。

> **小贴士**
>
> 对工资支出合理性的判断
>
> 主要包括两个方面：①雇员实际提供了服务；②报酬总额在数量上是合理的。实践中，主要考虑雇员的职责、过去的报酬情况，以及雇员的业务量和复杂程度等相关因素。同时，还要考虑当地同行业职工平均工资水平。
>
> 合理的工资薪金是指企业按照股东大会、董事会、薪酬委员会或相关管理机构制定的工资薪金制度规定实际发放给员工的工资薪金。税务机关在对工资薪金进行合理性确认时，应当遵循以下原则。
>
> （1）企业制定了较为规范的员工工资薪金制度。
>
> （2）企业所制定的工资薪金制度符合行业及地区水平。
>
> （3）企业在一定时期所发放的工资薪金是相对固定的，工资薪金的调整是有序进行的。
>
> （4）企业对实际发放的工资薪金，已依法履行了代扣代缴个人所得税义务。
>
> （5）有关工资薪金的安排，不以减少或逃避税款为目的。

（2）借款费用

企业在生产经营活动中发生的合理的不需要资本化的借款费用，准予扣除。企业在生产经营活动中发生的下列利息支出，准予扣除。

① 非金融企业向金融企业借款的利息支出、金融企业的各项存款利息支出和同业拆借利息支出、企业经批准发行债券的利息支出。

② 非金融企业向非金融企业借款的利息支出，不超过按照金融企业同期同类贷款利率计算的数额的部分。

（3）业务招待费

企业发生的与生产经营活动有关的业务招待费，按照发生额的60%扣除，但最高不得超过当年销售（营业）收入的5‰。

> **小贴士**
>
> 业务招待费是由商业招待和个人消费混合而成的，其中个人消费的部分属于非经营性支出，不应该税前扣除。因此就需要对业务招待费进行一定的比例限制。但商业招待和个人消费之间通常是难以划分的，国际上的处理办法一般是在两者之间人为规定一个划分比例，比如意大利，业务招待费的30%属于商业招待可在税前扣除，加拿大为80%，美国、新西兰为50%。
>
> 招待费具体范围如下：因企业生产经营需要而宴请或工作餐的开支；因企业生产经营需

要赠送纪念品的开支;因企业生产经营需要而发生的旅游景点参观费和交通费及其他费用的开支;因企业生产经营需要而发生的业务关系人员的差旅费开支。纳税人发生的与其经营活动有关的差旅费、会议费、董事费,主管税务机关要求提供证明资料的,应能够提供证明其真实性的合法凭证,否则不得在税前扣除。

【例 8-1】 某企业 2020 年度营业收入为 1 000 万元,发生业务招待费 6 万元。

可税前扣除业务招待费 $6×60\%=3.6$(万元)。如发生业务招待费 12 万元,则可税前扣除业务招待费 $1\,000×5‰=5$(万元),而不是 $12×60\%=7.2$(万元)。

(4) 广告费

企业发生的符合条件的广告费和业务宣传费支出,除国务院财政、税务主管部门另有规定外,不超过当年销售(营业)收入 15% 的部分,准予扣除;超过部分,准予在以后纳税年度结转扣除。

小贴士

企业在计算业务招待费、广告费和业务宣传费等费用扣除限额时,其销售(营业)收入额应包括企业发生非货币性资产交换,以及将货物、财产、劳务用于捐赠、偿债、赞助、集资、广告、样品、职工福利或者利润分配等用途等应当视同销售(营业)的收入额。

(5) 提取的专项资金

企业根据法律、行政法规有关规定提取的用于环境、生态恢复等专项资金,准予扣除。上述专项资金提取以后改变用途的,不得扣除。

(6) 管理费

企业之间支付的管理费、企业内营业机构之间支付的租金和特许权使用费,以及非银行企业内营业机构之间支付的利息,不得扣除。非居民企业在中国境内设立的机构、场所,就其中国境外总机构发生的与该机构、场所生产经营有关的费用,能够提供总机构出具的费用汇集范围、定额、分配依据和方法等证明文件,并合理分摊的,准予扣除。

(7) 公益救济性捐赠

企业发生的公益性捐赠支出,在年度利润总额 12% 以内的部分,准予在计算应纳税所得额时扣除。企业发生的公益性捐赠支出,不超过年度利润总额 12% 的部分,准予扣除。年度利润总额是指企业按照国家统一会计制度的规定计算的年度会计利润。

小知识

公益性捐赠是指企业通过公益性社会团体或者县级以上人民政府及其部门,用于《中华人民共和国公益事业捐赠法》规定的公益事业的捐赠。公益性捐赠具体范围包括救助灾害、救济贫困、扶助残疾人等困难的社会群体和个人的活动;教育、科学、文化、卫生、体育事业;环境保护、社会公共设施建设;促进社会发展和进步的其他社会公共和福利事业。公益性社会团体是指同时符合下列条件的基金会、慈善组织等社会团体:依法登记,具有法人资格;以发展公益事业为宗旨,且不以营利为目的;全部资产及其增值为该法人所有;收益和营运结余主要用于符合该法人设立目的的事业;终止后的剩余财产不归属任何个人或者营利组织;不经营与其设立目的无关的业务;有健全的财务会计制度;捐赠者不以任何形式参与社会团体财产的分配;国务院财政、税务主管部门会同国务院民政部门等登记管理部门规定的其他条件。公益性社会团体和县级以上人民政府及其组成部门和直属机构在接受捐赠时,捐赠资产的价值,按以下原则确认:接受捐赠的货币性资产,应当按照实际收到的金额计算;接受捐赠的非货币性资产,应当以其公允价值计算。

(8) 固定资产折旧

固定资产按照直线法计算的折旧,准予扣除。

企业应当从固定资产使用月份的次月起计算折旧;停止使用的固定资产,应当从停止使用月份的次月起停止计算折旧。下列固定资产不得计算折旧扣除:房屋、建筑物以外未投入使用的固定资产;以经营租赁方式租入的固定资产;以融资租赁方式租出的固定资产;已足额提取折旧仍继续使用的固定资产;与经营活动无关的固定资产;单独估价作为固定资产入账的土地;其他不得计算折旧扣除的固定资产。固定资产计算折旧的最低年限如下:房屋、建筑物,为20年;飞机、火车、轮船、机器、机械和其他生产设备,为10年;与生产经营活动有关的器具、工具、家具等,为5年;飞机、火车、轮船以外的运输工具,为4年;电子设备,为3年。企业应当根据固定资产的性质和使用情况,合理确定固定资产的预计净残值。固定资产的预计净残值一经确定,不得变更。

(9) 生物资产折旧

生产性生物资产按照直线法计算的折旧,准予扣除。企业应当从生产性生物资产投入使用月份的次月起计算折旧;停止使用的生产性生物资产,应当从停止使用月份的次月起停止计算折旧。企业应当根据生产性生物资产的性质和使用情况,合理确定生产性生物资产的预计净残值。生产性生物资产的预计净残值一经确定,不得变更。

生产性生物资产计算折旧的最低年限如下:林木类生产性生物资产,为10年;畜类生产性生物资产,为3年。

(10) 无形资产摊销

无形资产按照直线法计算的摊销费用,准予扣除。无形资产的摊销年限不得低于10年。作为投资或者受让的无形资产,有关法律规定或者合同约定使用年限的,可以按照规定或者约定的使用年限分期计算摊销。外购商誉的支出,在企业整体转让或者清算时,准予扣除。下列无形资产不得计算摊销费用扣除:自行开发的支出已在计算应纳税所得额时扣除的无形资产;自创商誉;与经营活动无关的无形资产;其他不得计算摊销费用扣除的无形资产。

(11) 长期待摊费用

企业发生的下列支出作为长期待摊费用,按照规定摊销的,准予扣除:已足额提取折旧的固定资产的改建支出,按照固定资产预计尚可使用年限分期摊销。租入固定资产的改建支出,按照合同约定的剩余租赁期限分期摊销。固定资产的改建支出是指改变房屋或者建筑物结构、延长使用年限等发生的支出。改建的固定资产延长使用年限的,除前述规定外,应当适当延长折旧年限。固定资产的大修理支出,按照固定资产尚可使用年限分期摊销,是指同时符合下列条件的支出:①修理支出达到取得固定资产时的计税基础50%以上;②修理后固定资产的使用年限延长2年以上。其他应当作为长期待摊费用的支出,自支出发生月份的次月起分期摊销,摊销年限不得低于3年。

(12) 投资资产

企业对外投资期间,投资资产的成本在计算应纳税所得额时不得扣除。

投资资产是指企业对外进行权益性投资和债权性投资形成的资产。企业在转让或者处置投资资产时,投资资产的成本,准予扣除。

(13) 存货

企业使用或者销售存货,按照规定计算的存货成本,准予在计算应纳税所得额时扣除。

存货是指企业持有以备出售的产品或者商品、处在生产过程中的在产品、在生产或者提供劳务过程中耗用的材料和物料等。存货按照以下方法确定成本:通过支付现金方式取得的存货,以购买价款和支付的相关税费为成本;通过支付现金以外的方式取得的存货,以该存货的公允价值和支付的相关税费为成本;生产性生物资产收获的农产品,以产出或者采收过程中发生的材料费、人工费和分摊的间接费用等必要支出为成本。企业使用或者销售存货的成本计算方法,可以在先进先出法、加权平均法、个别计价法中选用一种。计价方法一经选用,不得随意变更。

(14) 资产损失

企业发生资产损失,按规定须经有关税务机关审批的,应在按税收规定实际确认或者实际发生的当年申报扣除,不得提前或延后扣除。因各类原因导致资产损失未能在发生当年准确计算并按期扣除的,经税务机关批准后,可追补确认在损失发生的年度税前扣除,并相应调整该资产损失发生年度的应纳所得税额。调整后计算的多缴税额,应按照有关规定予以退税,或者抵顶企业当期应纳税款。企业实际发生的资产损失按税务管理方式可分为自行计算扣除的资产损失和须经税务机关审理后才能扣除的资产损失。

(15) 准予扣除的其他支出

企业参加财产保险,按照规定缴纳的保险费,准予扣除。

企业根据生产经营的需要租入固定资产支付的租赁费,按照以下方法扣除:以经营租赁方式租入固定资产发生的租赁费,按照租赁期限均匀扣除;以融资租赁方式租入固定资产发生的租赁费,按照规定构成融资租入固定资产价值的部分应当提取折旧费用,分期扣除。

企业发生的下列支出作为长期待摊费用,按照规定摊销的,准予扣除:已足额提取折旧的固定资产的改建支出;租入固定资产的改建支出;固定资产的大修理支出;其他应当作为长期待摊费用的支出。企业转让资产,该项资产的净值,准予在计算应纳税所得额时扣除。

4. 不准予扣除的项目

在计算应纳税所得额时,下列支出不得扣除:向投资者支付的股息、红利等权益性投资收益款项;企业所得税税款;税收滞纳金;罚金、罚款和被没收财物的损失;非公益性捐赠支出;赞助支出;未经核定的准备金支出;非金融企业坏账准备金不予计提,坏账发生后可在企业所得税税前扣除;与取得收入无关的其他支出。企业之间支付的管理费、企业内营业机构之间支付的租金和特许权使用费,以及非银行企业内营业机构之间支付的利息,不得扣除。

5. 亏损的弥补

企业纳税年度发生的亏损,准予向以后年度结转,用以后年度的所得弥补,但结转年限最长不得超过5年。企业在汇总计算缴纳企业所得税时,其境外营业机构的亏损不得抵减境内营业机构的盈利。

6. 非居民企业应纳税所得额的计算

非居民企业在中国境内未设立机构、场所的,或者虽设立机构、场所但取得的所得与其所设机构、场所没有实际联系的,来源于中国境内的所得,按照下列方法计算其应纳税所得额。

(1) 股息、红利等权益性投资收益和利息、租金、特许权使用费所得,以收入全额为应纳税所得额。

(2) 转让财产所得,以收入全额减除财产净值后的余额为应纳税所得额。

(3) 其他所得,参照前两项规定的方法计算应纳税所得额。

境内、境外的所得来源地的确定

(1) 销售货物所得,按照交易活动发生地确定。

(2) 提供劳务所得,按照劳务发生地确定。

(3) 转让财产所得,不动产转让所得按照不动产所在地确定,动产转让所得按照转让动产的企业或者机构、场所所在地确定,权益性投资资产转让所得按照被投资企业所在地确定。

(4) 股息、红利等权益性投资所得,按照分配所得的企业所在地确定。

(5) 利息所得、租金所得、特许权使用费所得,按照负担、支付所得的企业或者机构、场所所在地确定,或者按照负担、支付所得的个人的住所地确定。

(6) 其他所得,由国务院财政、税务主管部门确定。

弥补亏损、捐赠、加计扣除的计算顺序

先扣除捐赠款,后进行加计扣除,再进行亏损弥补。

【例8-2】 某地 ABC 公司 2020 年度财务会计报告及相关账簿、凭证,资料如下。

(1) 2020 年度会计利润总额 3 000 万元,2020 年已预缴所得税 700 万元。

(2) 该企业本年底进行技术创新,研究阶段支出 60 万元,开发阶段支出 40 万元。(注:根据新《企业会计准则第 6 号——无形资产》,研究阶段支出 60 万元计入了管理费用;该开发阶段支出 40 万元符合条件计入了无形资产,并且该科研项目符合技术开发费税前扣除优惠条件,并得到税务机关确认。)

(3) "营业外支出"账户列支了本年度发生的两笔公益、救济性捐赠。一是通过民政部门向南方某遭受自然灾害地区的捐赠 150 万元;二是通过民政部门向农村某九年制义务教育的小学捐赠 40 万元。

(4) 公司开业以来各年度经税务机关确认的应纳税所得额如下:2017 年为 -52 万元;

2018年为48万元;2019年为-100万元。

(5) 企业所得税适用税率25%。

要求:根据上述资料,计算ABC公司2020年度应纳所得税所得额。

解析:

当"弥补亏损""公益、救济性捐赠""技术开发费加扣""投资抵免"四项税收政策在同一企业同一年度适用时,应注意计算的先后顺序。正确的计算顺序应当是"先捐赠,后加扣,再补亏,最后抵免"。ABC公司应纳税额计算过程为:

(1) 捐赠扣除:允许扣除的捐赠限额=年度利润总额×12%=3 000×12%=360(万元)。实际捐赠额合计(40+150)万元<360万元,可在限额内据实扣除。

(2) 技术开发费加计扣除:根据新《中华人民共和国企业所得税法实施条例》规定:"研究开发费用的加计扣除,是指企业为开发新技术、新产品、新工艺发生的研究开发费用,未形成无形资产计入当期损益的,在按照规定据实扣除的基础上,按照研究开发费用的50%加计扣除;形成无形资产的,按照无形资产成本的150%摊销"。因此,加计扣除额=60×50%+40×150%=90(万元)。

(3) 补亏:2017年的亏损52万元由2018年的盈利48万元弥补后,剩余4万元可以2014年度所得弥补,2019年度的亏损100万元,也可以用2020年度所得弥补。弥补以前年度亏损=-52+48-100=-104(万元)。

应纳所得额=利润总额-允许扣除的公益救济性捐赠额
-加计扣除额-弥补以前年度亏损
=3 000-190-90-104
=2 616(万元)

二、企业所得税的计算

(一) 企业所得税的应纳税额计算

应纳税额=应纳税所得额×适用税率-减免税额-抵免税额

(二) 减免税额和抵免税额

减免税额和抵免税额是指根据企业所得税法和国务院的税收优惠规定减征、免征和抵免的应纳税额。企业取得的已在境外缴纳的所得税税额,可以从其当期应纳税额中抵免,抵免限额为该项所得依照企业所得税法规定计算的应纳税额;超过抵免限额的部分,可以在以后5个年度内,用每年度抵免限额抵免当年应抵税额后的余额进行抵补。

(1) 居民企业来源于中国境外的应税所得。

(2) 非居民企业在中国境内设立机构、场所,取得发生在中国境外但与该机构、场所有实际联系的应税所得。

已在境外缴纳的所得税税额是指企业来源于中国境外的所得依照中国境外税收法律以及相关规定应当缴纳并已经实际缴纳的企业所得税性质的税款。

抵免限额=中国境内、境外所得依照企业所得税法计算的应纳税总额×来源于某国(地

区)的应纳税所得额÷中国境内、境外应纳税所得总额

中国境内、境外所得的应纳税总额＝中国境内、境外所得×基本税率

简化的抵免限额的公式：

境外所得税税额的抵免限额＝境外的应纳税所得额×基本税率

5个年度是指从企业取得的中国境外所得已经在中国境外缴纳的企业所得税税额超过抵免限额的当年的次年起连续5个纳税年度。

【例8-3】 某企业2020年境内所得800万元，境外分回税后160万元，境外已按20%交所得税。该企业适用25%企业所得税税率，计算该企业2015年应交纳企业所得税是多少？

解析：

(1) 境外所得应纳税所得额＝160÷(1－20%)＝200(万元)。

(2) 境内、外所得应纳税总额＝(800＋200)×25%＝250(万元)。

(3) 境外所得税税额的抵免限额＝250×200÷(800＋200)＝50(万元)，或境外所得税税额的抵免限额＝200×25%＝50(万元)。

(4) 境外所得实际缴纳所得税＝200×20%＝40(万元)＜抵免限额50(万元)。

(5) 本年度应交纳企业所得税＝250－40＝210(万元)。

企业依照企业所得税法的规定抵免企业所得税税额时，应当提供中国境外税务机关出具的税款所属年度的有关纳税凭证。

【例8-4】 资料如【例8-2】，计算该企业2020年应纳所得税额是多少？

解析：

应纳所得税额＝2 616×25%－0－0＝654(万元)。

三、企业所得税税收优惠

1. 企业所得税法税收优惠的特点

2007年3月16日第十届全国人民代表大会第五次会议通过的《企业所得税法》，优惠政策的变化主要有以下几点。

(1) 产业优惠为主

确定享受优惠的产业是节能、节水、资源综合利用、高新技术产业、基础设施建设项目和煤矿安全设备等国家重点扶持的产业。

国家对重点扶持和鼓励发展的产业和项目，给予企业所得税优惠。强调了企业所得税在调整产业结构和调控经济方面的作用，有利于促进产业结构升级。

(2) 地区优惠为辅

区域性的税收优惠作为补充，倾向于给予中西部、少数民族、东北老工业基地等区域，而非给予经济特区、经济技术开发区等地区优惠。

(3) 优惠的方式将由直接转向间接

优惠政策将主要以亏损结转、投资抵免、加速折旧、专项扣除、税前列支等间接方式体现,而不再直接地定额减免税或降低税率。

(4) 取消低层次的税收优惠

将税收优惠重点放在发展高科技产业、提高技术含量等方面。如原来的新办企业的优惠政策全部取消,出台创业投资的优惠政策。

(5) 税收优惠形式多样化

税收优惠的形式由单一的直接减免税改为免税收入、定期减免税、降低税率、授权减免、加计扣除、投资抵免、加速折旧、减计收入、税额抵免共 9 种优惠方式。

2. 免税收入

(1) 国债利息收入

国债利息收入是指企业持有国务院财政主管部门发行的国债取得的利息收入。

(2) 符合条件的居民企业之间的股息、红利等权益性投资收益

符合条件的居民企业之间的股息、红利等权益性投资收益是指居民企业直接投资于其他居民企业取得的投资收益;居民与居民企业之间的投资收益属于免税范围;并将"投资于另一居民企业公开发行并上市流通的股票所取的投资收益"作为限制条件。

(3) 非居民企业的投资收益

在中国境内设立机构、场所的非居民企业从居民企业取得与该机构、场所有实际联系的股息、红利等权益性投资收益;不包括连续持有居民企业公开发行并上市流通的股票不足 12 个月取得的投资收益。

(4) 居民企业的投资收益

居民企业对来自所有非上市企业,以及连续持有上市公司股票 12 个月以上取得的股息、红利收入,给予免税。

(5) 符合条件的非营利组织的收入

符合条件的非营利组织的收入,不包括从事营利性活动所取得的收入,但国务院财政、税务主管部门另有规定的除外。

"不征税收入"不属于税收优惠,而"免税收入"属于税收优惠。"不征税收入"是指从性质和根源上不属于企业营利性活动带来的经济利益,不负有纳税义务,并不作为应纳税所得额组成部分的收入。"免税收入"是指属于企业的应纳税所得,但按照税法规定免予征收企业所得税的收入。

3. 免征、减征企业所得税

企业的下列所得,可以免征、减征企业所得税。

(1) 从事农、林、牧、渔业项目的所得。

(2) 从事国家重点扶持的公共基础设施项目投资经营的所得。

(3) 从事符合条件的环境保护、节能节水项目的所得。

小贴士

享受减免税优惠的项目,在减免税期限内转让的,受让方自受让之日起,可以在剩余期限内享受规定的减免税优惠;减免税期限届满后转让的,受让方不得就该项目重复享受减免税优惠。

(4) 符合条件的技术转让所得。

符合条件的技术转让所得免征、减征企业所得税是指一个纳税年度内居民企业技术所有权转让所得不超过 500 万元的部分,免征企业所得税;超过 500 万元的部分,减半征收企业所得税。

(5) 非居民企业的所得。

非居民企业在中国境内未设立机构、场所的,或者虽设立机构、场所但取得的所得与其所设机构、场所没有实际联系的所得,下列所得可以免征企业所得税:外国政府向中国政府提供贷款取得的利息所得;国际金融组织向中国政府和居民企业提供优惠贷款取得的利息所得;经国务院批准的其他所得。

4. 降低税率

(1) 减按 20% 税率

从 2019 年 1 月 1 日到 2021 年 12 月 31 日,小型微利企业每年应缴纳税所得额不超过 100 万的部分,应当按减 25% 的税率计入应纳税所得额,按 20% 的税率缴纳企业所得税;对年应纳税所得额超过 100 万元但不超过 300 万元的部分,减按 50% 计入应纳税所得额,按 20% 的税率缴纳企业所得税。

小贴士

小型微利企业是指从事国家非限制和禁止行业,并符合下列条件的企业:

1. 年度应纳税所得额不超过 300 万元。
2. 从业人数不超过 300 人。
3. 资产总额不超过 5 000 万元。

无论查账征收方式或核定征收方式均可享受优惠。

(2) 减按 15% 税率

减按 15% 税率计算缴纳所得税的企业包含:

① 国家需要重点扶持的高新技术企业。

国家需要重点扶持的高新技术企业,减按 15% 的税率征收企业所得税。

② 技术先进型服务企业。

对经认定的技术先进型服务企业,减按 15% 的税率征收企业所得税。

③ 横琴新区等地区现代服务业合作区的鼓励类产业企业。

对设在横琴新区、平潭综合实验区和前海深港现代服务业合作区的鼓励类产业企业减按 15% 的税率征收企业所得税。

④ 西部地区鼓励类产业。

对设在西部地区以《西部地区鼓励类产业目录》中新增鼓励类产业项目为主营业务,且其当年度主营业务收入占企业收入总额 70% 以上的企业,自 2014 年 10 月 1 日起,可减按 15% 税率缴纳企业所得税。

⑤ 集成电路线宽小于 0.25 微米或投资额超过 80 亿元的集成电路生产企业。

集成电路线宽小于 0.25 微米或投资额超过 80 亿元的集成电路生产企业,经认定后,减按 15% 的税率征收企业所得税。

⑥ 从事污染防治的第三方企业。

自 2019 年 1 月 1 日起至 2021 年 12 月 31 日,对符合条件的从事污染防治的第三方企业减按 15% 的税率征收企业所得税。

(3) 减按 10% 税率

① 重点软件企业和集成电路设计企业特定情形。

国家规划布局内的重点软件企业和集成电路设计企业,如当年未享受免税优惠的,可减按 10% 的税率征收企业所得税。

② 非居民企业特定情形所得。

非居民企业在中国境内未设立机构、场所的,或者虽设立机构、场所但取得的所得与其所设机构、场所没有实际联系的所得,减按 10% 的税率征收企业所得税。

5. 加计扣除

企业的下列支出,可以在计算应纳税所得额时加计扣除。

(1) 开发新技术、新产品、新工艺发生的研究开发费用

研究开发费用的加计扣除是指企业为开发新技术、新产品、新工艺发生的研究开发费用,未形成无形资产计入当期损益的,在按照规定据实扣除的基础上,按照研究开发费用的 50% 加计扣除;形成无形资产的,按照无形资产成本的 150% 摊销。

研究开发活动是指企业为获得科学与技术(不包括人文、社会科学)新知识,创造性运用科学技术新知识,或实质性改进技术、工艺、产品(服务)而持续进行的具有明确目标的研究开发活动。

创造性运用科学技术新知识,或实质性改进技术、工艺、产品(服务)是指企业通过研究开发活动在技术、工艺、产品(服务)方面的创新取得了有价值的成果,对本地区(省、自治区、直辖市或计划单列市)相关行业的技术、工艺领先具有推动作用,不包括企业产品(服务)的常规性升级或对公开的科研成果直接应用等活动(如直接采用公开的新工艺、材料、装置、产品、服务或知识等)。

企业根据财务会计核算和研发项目的实际情况,对发生的研发费用进行收益化或资本化处理的,可按下述规定计算加计扣除。

① 研发费用计入当期损益未形成无形资产的,允许再按其当年研发费用实际发生额的 50%,直接抵扣当年的应纳税所得额。

② 研发费用形成无形资产的,按照该无形资产成本的 150% 在税前摊销。除法律另有规定外,摊销年限不得低于 10 年。

企业申请研究开发费加计扣除时,应向主管税务机关报送如下资料。

① 自主、委托、合作研究开发项目计划书和研究开发费预算。

② 自主、委托、合作研究开发专门机构或项目组的编制情况和专业人员名单。
③ 自主、委托、合作研究开发项目当年研究开发费用发生情况归集表。
④ 企业总经理办公会或董事会关于自主、委托、合作研究开发项目立项的决议文件。
⑤ 委托、合作研究开发项目的合同或协议。
⑥ 研究开发项目的效用情况说明、研究成果报告等资料。

（2）安置残疾人员及国家鼓励安置的其他就业人员所支付的工资

企业安置残疾人员所支付的工资，在按照支付给残疾职工工资据实扣除的基础上，按照支付给残疾职工工资的100%加计扣除。残疾职工是指民政福利部门鉴定证明的盲、聋、哑、智障和肢体残疾等人员。

6. 投资抵免

创业投资企业采取股权投资方式投资于未上市的中小高新技术企业两年以上的，可以按照其投资额的70%在股权持有满两年的当年抵扣该创业投资企业的应纳税所得额，当年不足抵扣的，可以在以后纳税年度逐年延续抵扣。

中小高新技术企业是指企业职工人数不超过500人且年销售收入不超过两亿元、资产总额不超过两亿元的高新技术企业。

企业购置并实际使用《环境保护专用设备企业所得税优惠目录》《节能节水专用设备企业所得税优惠目录》和《安全生产专用设备企业所得税优惠目录》规定的环境保护专用设备、节能节水专用设备、安全生产专用设备，其设备投资额的10%可以从企业当年的应纳税额中抵免；当年不足抵免的，可以在以后5个纳税年度结转抵免。

7. 加速折旧

企业的固定资产由于技术进步等原因，确需加速折旧的，可以缩短折旧年限或者采取加速折旧的方法。采取缩短折旧年限或者采取加速折旧方法的固定资产，包括以下几种。

（1）由于科技进步，产品更新换代较快的固定资产。

（2）常年处于强震动、高腐蚀状态的固定资产。

采取缩短折旧年限方法的，最低折旧年限不得低于最低折旧年限的60%；采取加速折旧方法的，为双倍余额递减法或者年数总和法。

固定资产计算折旧的最低年限如下。

（1）房屋、建筑物，为20年。
（2）火车、轮船、机器、机械和其他生产设备，为10年。
（3）火车、轮船以外的运输工具以及与生产经营有关的器具、工具、家具等，为5年。
（4）电子设备，为3年。

8. 减计收入

减计收入是指企业以《资源综合利用企业所得税优惠目录》规定的资源作为主要原材料，生产非国家限制和禁止并符合国家和行业相关标准的产品取得的收入，减按90%计入收入总额。

小提示

企业同时从事适用不同行业或者区域企业所得税待遇项目的,其优惠项目应当单独计算应纳税所得额,并合理分摊企业的期间费用,计算享受企业所得税优惠的应纳税所得额;没有单独计算应纳税所得额的,不得享受企业所得税优惠。

9. 税额抵免

税额抵免是指企业购置并实际使用《环境保护专用设备企业所得税优惠目录》《节能节水专用设备企业所得税优惠目录》和《安全生产专用设备企业所得税优惠目录》规定的环境保护、节能节水、安全生产等专用设备的,该专用设备的投资额的 10% 可以从企业当年的应纳税额中抵免;当年不足抵免的,可以在以后 5 个纳税年度结转抵免。

税额抵免的顺序:①企业购置用于环境保护专用设备的投资额抵免的税额;②企业购置用于节能节水专用设备的投资额抵免的税额;③企业购置用于安全生产专用设备的投资额抵免的税额;④其他。

享受税额抵免的企业所得税优惠的企业,应当实际购置并自身实际投入使用前款规定的专用设备;企业购置上述专用设备在 5 年内转让、出租的,应当停止享受企业所得税优惠,并补缴已经抵免的企业所得税税款。

案 例

【例 8-5】 资料如【例 8-2】,公司于 2020 年 4 月投资兴建环保项目"企业购置用于环境保护专用设备",该项目已经税务机关审批确认符合投资抵免所得税优惠条件,环保设备 800 万元,取得设备发票。

要求:计算在进行环保项目投资后的企业所得税实际应纳税额是多少?

解析:

首先,应纳所得税额 = 2 616 × 25% = 654(万元)。

2015 年购置环保设备的抵免额:2015 年应纳所得税额为 654 万元,大于 80(800 × 10%),可以抵免 80 万元。

抵免后,2020 年实际应纳所得税额 = 654 − 80 = 574(万元),因已经预交 700 万元,余额为 700 − 574 = 126(万元),表示企业多预缴的所得税,根据税收相关规定,可以在下一年度内抵缴。

【例 8-6】 某居民企业 2020 年经营业务如下。

(1) 取得销售收入 2 500 万元。

(2) 销售成本 1 100 万元。

(3) 发生销售费用 670 万元(其中广告费 450 万元);管理费用 480 万元(其中业务招待费 15 万元);财务费用 30 万元。

(4) 销售税金 160 万元(含增值税 120 万元)。

(5) 营业外收入 70 万元,营业外支出 50 万元(含通过公益性社会团体向贫困山区捐款 30 万元,支付税收滞纳金 6 万元)。

(6) 计入成本、费用的实发工资总额 150 万元,上缴职工工会经费 3 万元,支出职工福利费和职工教育经费 29 万元。

计算该企业 2020 年度应交企业所得税。

解析:

(1) 会计利润 = 2 500 + 70 − 1 100 − 670 − 480 − 30 − (160 − 120) − 50 = 170(万元)。

(2) 广告费和宣传费应调增所得额 = 450 − 2 500 × 15% = 75(万元)。

(3) 业务招待费:2 500 × 5‰ = 12.5(万元) > 15 × 60% = 9(万元),按发生额的 60% 扣除。

应调增所得额 = 15 − 15 × 60% = 15 − 9 = 6(万元)。

(4) 捐赠支出应调增所得额 = 30 − 170 × 12% = 9.6(万元)。

(5) "三费"应调增所得额 = 3 + 29 − 150 × (14% + 2% + 2.5%) = 4.25(万元)。

(6) 应纳税所得额 = 170 + 75 + 6 + 9.6 + 4.25 + 6(支付税收滞纳金) = 270.85(万元)。

2020 年度应交企业所得税 = 270.85 × 25% = 67.71(万元)。

四、企业所得税的征收管理

(一)纳税地点

企业所得税除税收法律、行政法规另有规定外,居民企业以企业登记注册地为纳税地点;但登记注册地在境外的,以实际管理机构所在地为纳税地点。居民企业在中国境内设立不具有法人资格的营业机构的,应当汇总计算并缴纳企业所得税。非居民企业在中国境内未设立机构、场所的,或者虽设立机构、场所但取得的所得与其所设机构、场所没有实际联系的所得,以机构、场所所在地为纳税地点。非居民企业在中国境内设立两个或者两个以上机构、场所的,经税务机关审核批准,可以选择由其主要机构、场所汇总缴纳企业所得税。经税务机关审核批准是指经各机构、场所所在地税务机关的共同上级税务机关审核批准。

非居民企业经批准汇总缴纳企业所得税后,需要增设、合并、迁移、关闭机构、场所或者停止机构、场所业务的,应当事先由负责汇总申报缴纳企业所得税的主要机构、场所向其所在地税务机关报告;需要变更汇总缴纳企业所得税的主要机构、场所的,经税务机关审核批准,可以选择由其主要机构、场所汇总缴纳企业所得税。主要机构、场所应当符合下列条件。

(1) 对其他各机构、场所的生产经营活动负有监督管理责任。

(2) 设有完整的账簿、凭证,能够准确反映各机构、场所的收入、成本、费用和盈亏情况。

非居民企业在中国境内未设立机构、场所的,或者虽设立机构、场所但取得的所得与其所设机构、场所没有实际联系的所得,以扣缴义务人所在地为纳税地点。

(二)纳税时间

企业所得税按纳税年度计算。纳税年度自公历 1 月 1 日起至 12 月 31 日止。企业在一个纳税年度中间开业,或者终止经营活动,使该纳税年度的实际经营期不足 12 个月的,应当以其实际经营期为一个纳税年度。企业应当自月份或者季度终了之日起 15 日内,向税务机关报送预缴企业所得税纳税申报表,预缴税款。企业应当自年度终了之日起5个月内,向税务机关报送年度企业所得税纳税申报表,并汇算清缴,结清应缴应退税款。企业在年度中间终止经营活动的,应当自实际经营终止之日起60日内,向税务机关办理当期企业所得税汇算清缴。

企业应当在办理注销登记前,就其清算所得向税务机关申报并依法缴纳企业所得税。

(三)纳税申报

企业所得税分月或者分季预缴,由税务机关具体核定。

分月或者分季预缴企业所得税时,应当按照月度或者季度的实际利润额预缴;按照月度或者季度的实际利润额预缴有困难的,可以按照上一纳税年度应纳税所得额的月度或者季度平均额预缴,或者按照经税务机关认可的其他方法预缴。预缴方法一经确定,该纳税年度内不得随意变更。

企业在纳税年度内无论盈利或者亏损,都应当依照企业所得税法规定的期限,向税务机关报送预缴企业所得税纳税申报表、年度企业所得税纳税申报表、财务会计报告和税务机关规定应当报送的其他有关资料。企业所得以人民币以外的货币计算的,预缴企业所得税时,应当按照月度或者季度最后一日的人民币汇率中间价,折合成人民币计算应纳税所得额。年度终了汇算清缴时,对已经按照月度或者季度预缴税款的,不再重新折合计算,只就该纳税年度内未缴纳企业所得税的部分,按照纳税年度最后一日的人民币汇率中间价,折合成人民币计算应纳税所得额。经税务机关检查确认,企业少计或者多计前款规定的所得的,应当按照检查确认补税或者退税时的上一个月最后一日的人民币汇率中间价,将少计或者多计的所得折合成人民币计算应纳税所得额,再计算应补缴或者应退的税款。

第三节 个人所得税

个人所得税是国家对个人取得的各项应税所得征收的一种税,体现国家与个人之间的分配关系。它具有筹集财政资金、调节个人收入、维护社会公平和稳定等功能,是我国的一个重要税种。

我国个人所得税法经历了多次修正。1980年9月10日第五届全国人民代表大会第三次会议通过《中华人民共和国个人所得税法》;1993年10月31日第一次修正;1999年8月30日第二次修正;2005年10月27日第三次修正;2007年6月29日第四次修正;2007年12月29日第五次修正;2011年6月30日第六次修正。

一、个人所得税纳税人

个人所得税是对个人取得的各项应税所得所征收的一种所得税。在我国,依据住所和居住时间两个标准,将个人所得税的纳税人分为居民个人和非居民个人两大类,各自承担不同的纳税义务。包括中国公民,个体工商户,外籍个人,中国香港、澳门、台湾同胞等。

（一）居民纳税人

在中国境内有住所，或者无住所而一个纳税年度内在中国境内居住累计满183天的个人为居民个人。居民个人从中国境内和境外取得的所得，依照个人所得税法的规定缴纳个人所得税。

（二）非居民纳税人

在中国境内无住所又不居住，或者无住所而一个纳税年度内在中国境内居住累计不满183天的个人，为非居民个人。非居民个人从中国境内取得的所得，依照个人所得税法规定缴纳个人所得税。

（三）扣缴义务人

我国实行个人所得税代扣代缴和个人自行申报纳税相结合的征收管理制度。个人所得税采取代扣代缴办法，有利于控制税源，保证税收收入，简化征纳手续，加强个人所得税管理。税法规定，个人所得税以支付所得的单位或者个人为扣缴义务人。纳税人有中国公民身份号码的，以中国公民身份号码为纳税人识别号；纳税人没有中国公民身份号码的，由税务机关赋予其纳税人识别号。扣缴义务人扣缴税款时，纳税人应当向扣缴义务人提供纳税人识别号，扣缴义务人应当按照国家规定办理全员全额扣缴申报，并向纳税人提供其个人所得和已扣缴税款等信息。扣缴义务人在向纳税人支付各项应纳税所得时，必须履行代扣代缴税款的义务。

二、个人所得税征税对象

个人所得税的征税对象是个人取得的应税所得。个人所得的形式，包括现金、实物、有价证券和其他形式的经济利益。其中实物是按照取得凭证上所注明的价格计算应纳税所得额，有价证券是根据票面价格和市场价格核定应纳税所得额，其他形式参照市场价格核定应纳税所得额。

（一）工资、薪金所得

工资、薪金所得是指个人因"任职或者受雇"而取得的工资、薪金、奖金、年终加薪、劳动分红、津贴、补贴以及与任职或者受雇有关的其他所得。"年终加薪、劳动分红"不分种类和取得情况，一律按工资、薪金所得征税。

值得注意的是，不属于工资、薪金性质的"补贴、津贴"，不征收个人所得税，具体包括：①独生子女补贴；②执行公务员工资制度未纳入基本工资总额的补贴、津贴差额和家属成员的副食补贴；③托儿补助费；④差旅费津贴、误餐补助。

退休人员再任职取得的收入，在减除按税法规定的费用扣除标准后，按"工资、薪金所得"项目缴纳个人所得税。离退休人员按规定领取离退休工资或养老金外，另从原任职单位取得的各类补贴、奖金、实物，不属于免税项目，应按"工资、薪金所得"应税项目的规定缴纳个人所得税。

（二）劳务报酬所得

劳务报酬所得是指个人从事劳务取得的所得，包括从事设计、装潢、安装、制图、化验、测试、医疗、法律、会计、咨询、讲学、新闻、广播、翻译、审稿、书画、雕刻、影视、录音、录像、演出、表演、广告、展览、技术服务、介绍服务、经纪服务、代办服务以及其他劳务取得的所得。

上述各项所得一般属于个人独立从事自由职业取得的所得或属于独立个人劳动所得。

（三）稿酬所得

稿酬所得是指个人因其作品以图书、报刊形式出版、发表而取得的所得。作品包括文学作品、书画作品、摄影作品，以及其他作品。作者去世后，财产继承人取得的遗作稿酬，也应征收个人所得税。

（四）特许权使用费所得

特许权使用费所得是指个人提供专利权、商标权、著作权、非专利技术以及其他特许权的使用权取得的所得。提供著作权的使用权取得的所得，不包括稿酬所得。

（五）经营所得

经营所得是指：①个人通过在中国境内注册登记的个体工商户、个人独资企业、合伙企业从事生产、经营活动取得的所得；②个人依法取得执照，从事办学、医疗、咨询以及其他有偿服务活动取得的所得；③个人承包、承租、转包、转租取得的所得；④个人从事其他生产、经营活动取得的所得。

个体工商户或个人专营种植业、养殖业、饲养业、捕捞业，其经营项目属于农业税、牧业税征税范围，由于我国已取消农业税，因此从事上述行业目前暂不征收个人所得税。个体工商户和从事生产经营的个人，取得与生产、经营活动无关的其他各项应税所得，应分别按照有关规定，计算征收个人所得税。

出租车归属为个人的，属于"经营所得"，包括从事个体出租车运营的出租车驾驶员取得的收入；出租车属个人所有，但挂靠出租汽车经营单位或企事业单位，驾驶员向挂靠单位缴纳管理费的；或出租汽车经营单位将出租车所有权转移给驾驶员的，出租车驾驶员从事客货运营取得的收入。出租汽车经营单位对出租车驾驶员采取单车承包或承租方式运营，出租车驾驶员从事客运取得的收入，按"工资、薪金所得"项目征税。

（六）财产租赁所得

财产租赁所得是指个人出租不动产、土地使用权、机器设备、车船以及其他财产而取得的所得。

（七）财产转让所得

财产转让所得是指个人转让有价证券、股权、合伙企业中的财产份额、不动产、土地使用权、机器设备、车船以及其他财产取得的所得。转让境内上市公司股票净所得暂免征收个人所得税，但2010年1月1日起，对个人转让上市公司限售股征收个人所得税。转让境外上市公司股票所得按照财产转让所得缴纳个人所得税。

（八）利息、股息、红利所得

利息、股息、红利所得是指个人拥有债权、股权等而取得的利息、股息、红利性质的所得。

个人取得国债利息、国家发行的金融债券利息、教育储蓄存款利息，均免征个人所得税。

（九）偶然所得

偶然所得是指个人得奖、中奖、中彩以及其他偶然性质的所得。

三、个人所得税税率的判定

个人所得税分别按不同个人所得项目，规定了超额累进税率和比例税率两种形式。

（一）综合所得的适用税率

工资、薪金所得，劳务报酬所得，稿酬所得，特许权使用费所得统称为综合所得。综合所得，适用3%至45%的超额累进税率。居民个人工资、薪金所得预扣预缴个人所得税的预扣率表，如本章开篇背景知识中的表8-1所示。

（二）经营所得的适用税率

经营所得，适用5%～35%的超额累进税率。经营所得个人所得税的税率表如表8-3所示。

表 8-3 经营所得个人所得税的税率表

级数	全年应纳税所得额	税率/%	速算扣除数/元
1	不超过30 000元	5	0
2	30 000元至90 000元的部分	10	1 500
3	90 000元至300 000元的部分	20	10 500
4	300 000元至500 000元的部分	30	40 500
5	500 000元的部分	35	65 500

（三）财产租赁所得，财产转让所得，利息、股息、红利所得和偶然所得的适用率

财产租赁所得，财产转让所得，利息、股息、红利所得和偶然所得，适用比例税率，税率为20%。

四、个人所得税的计算

（一）居民个人工资薪金所得应纳税额的计算

扣缴义务人向居民个人支付工资、薪金所得，按如下方法预扣预缴个人所得税。

本期应预扣预缴税额＝（累计预扣预缴应纳税所得额×预扣率－速算扣除数）
－累计减免税额－累计已预扣预缴税额

累计预扣预缴应纳税所得额＝累计收入－累计免税收入－累计减除费用－累计专向扣除
－累计专向附加扣除－累计依法确定的其他扣除

公式中，累计减除费用，按照每月 5 000 元乘以纳税人当年截至本月在本单位的任职受雇月份数计算；专项扣除，包括居民个人按照国家规定的范围和标准缴纳的基本养老保险、基本医疗保险、失业保险等社会保险费和住房公积金等；专项附加扣除，包括子女教育、继续教育、大病医疗、住房贷款利息或者住房租金、赡养老人等支出，具体范围、标准和实施步骤由国务院确定，并报全国人民代表大会常务委员会备案。

公式中，计算居民个人工资、薪金所得预扣预缴税额的预扣率、速算扣除数，按表 8-2 执行。

享受子女教育、继续教育、住房贷款利息或者住房租金、赡养老人专项附加扣除的纳税人，自符合条件开始，可以向支付工资、薪金所得的扣缴义务人提供上述专项附加扣除有关信息，由扣缴义务人在预扣预缴税款时，按其在本单位本年可享受的累计扣除额办理扣除；也可以在次年 3 月 1 日至 6 月 30 日，向汇缴地主管税务机关办理汇算清缴申报时扣除。享受大病医疗专项附加扣除的纳税人，由其在次年 3 月 1 日至 6 月 30 日内，自行向汇缴地主管税务机关办理汇算清缴申报时扣除。

《个人所得税专项附加扣除暂行办法》和《个人所得税转向附加扣除工作办法（试行）》的主要内容如下。

1. 子女教育专项附加扣除

纳税人的子女接受学前教育和学历教育的相关支出，按照每个子女每年 12 000 元（每月 1 000 元）的标准定额扣除。

学前教育包括年满 3 岁至小学入学前教育。学历教育包括义务教育（小学和初中教育）、高中阶段教育（普通高中、中等职业教育）、高等教育（大学专科、大学本科、硕士研究生、博士研究生教育）。

受教育子女的父母分别按扣除标准的 50% 扣除；经父母约定，也可以选择由其中一方按扣除标准的 100% 扣除。具体扣除方式在一个纳税年度内不得变更。

值得注意的是，父母双方可以分别扣除标准的 50% 金额，就是父亲每月扣除 500 元计算个税，母亲每月扣除 500 元后计算个税。或者选择父母的一方按照扣除标准的 100% 就是 1 000 元扣除个税。

2. 继续教育专项附加扣除

纳税人接受学历继续教育的支出，在学历教育期间按照每年 4 800 元（每月 400 元）定额扣除。纳税人接受技能人员职业资格继续教育、专业技术人员职业资格继续教育支出，在取得相关证书的年度，按照每年 3 600 元定额扣除。个人接受同一学历教育事项，符合《个人所得税专项附加扣除暂行办法》扣除条件的，该项教育支出可以由其父母按照子女教育支出扣除，也可以由本人按照继续教育支出扣除，但不得同时扣除。

3. 大病医疗专项附加扣除

个纳税年度内，在社会医疗保险管理信息系统记录的（包括医保目录范围内的自付部分和医保目录范围外的自费部分)由个人负担超过15 000元的医药费用支出部分,为大病医疗支出,可以按照每年60 000元标准限额据实扣除。大病医疗专项附加扣除由纳税人办理汇算清缴时扣除。

4. 住房贷款利息专项附加扣除

纳税人本人或配偶使用商业银行或住房公积金个人住房贷款为本人或其配偶购买住房,发生的首套住房贷款利息支出,在偿还贷款期间,可以按照每年12 000元(每月1 000元)标准定额扣除。非首套住房贷款利息支出,纳税人不得扣除。纳税人只能享受一套首套住房贷款利息扣除。

经夫妻双方约定,可以选择由其中一方扣除,具体扣除方式在一个纳税年度内不得变更。纳税人应当留存住房贷款合同、贷款还款支出凭证。

5. 住房租金专项附加扣除

纳税人本人及配偶在纳税人的主要工作城市没有住房,而在主要工作城市租赁住房发生的租金支出,可以按照以下标准定额扣除。

(1) 承租的住房位于直辖市、省会城市、计划单列市以及国务院确定的其他城市,扣除标准为每年14 400元(每月1 200元)。

(2) 承租的住房位于其他城市的,市辖区户籍人口超过100万的,扣除标准为每年12 000元(每月1 000元)。

(3) 承租的住房位于其他城市的,市辖区户籍人口不超过100万(含)的,扣除标准为每年9 600元(每月800元)。

主要工作城市是指纳税人任职受雇所在城市,无任职受雇单位的,为其经常居住城市。城市范围包括直辖市、计划单列市、副省级城市、地级市(地区、州、盟)全部行政区域范围。

夫妻双方主要工作城市相同的,只能由一方扣除住房租金支出。夫妻双方主要工作城市不相同的,且各自在其主要工作城市都没有住房的,可以分别扣除住房租金支出。

住房租金支出由签订租赁住房合同的承租人扣除。

纳税人及其配偶不得同时分别享受住房贷款利息专项附加扣除和住房租金专项附加扣除。

纳税人应当留存住房租赁合同。

6. 赡养老人专项附加扣除

纳税人赡养60岁(含)以上父母以及其他法定赡养人的赡养支出,可以按照以下标准定额扣除。

(1) 纳税人为独生子女的,按照每年24 000元(每月2 000元)的标准定额扣除。

(2) 纳税人为非独生子女的,应当与其兄弟姐妹分摊每年24 000元(每月2 000元)的扣除额度,分摊方式包括平均分摊、被赡养人指定分摊或者赡养人约定分摊,具体分摊方式在一个纳税年度内不得变更。采取指定分摊或约定分摊方式的,每一纳税人分摊的扣除额最高不得超过每年12 000元(每月1 000元),并签订书面分摊协议。指定分摊与约定分摊不一致的,以指定分摊为准。纳税人赡养两个及以上老人的,不按老人人数加倍扣除。

其他法定赡养人是指祖父母、外祖父母的子女已经去世,实际承担对祖父母、外祖父母赡养义务的孙子女、外孙子女。

【例8-7】 李四为我国居民,独生子女,就职于我国的A公司。本年每月税前工资、薪金收入为30 000元,每月减除费用为5 000元。李四每月负担基本养老保险2 400元、医疗保险600元、失业保险150元、住房公积金2 400元,"三险一金"合计5 550元。假设赡养老人每月专项附加扣除金额为2 000元,李四没有其他专项附加扣除和依法确定的其他扣除。居民个人工资、薪金所得预扣预缴个人所得税的预扣率表如表8-2所示。

要求:计算李四本年每月工资、薪金所得应由甲公司预扣预缴的个人所得税。

解析:

李四1月工资、薪金所得应由A公司预扣预缴的个人所得税
=(30 000−5 000−5 550−2 000)×3%
=17 450×3%=523.5(元)

李四2月工资、薪金所得应由A公司预扣预缴的个人所得税
=(30 000×2−5 000×2−5 550×2−2 000×2)×3%−523.5
=34 900×3%−523.5(元)=1 047−523.5=523.5(元)

李四3月工资、薪金所得应由A公司预扣预缴的个人所得税
=(30 000×3−5 000×3−5 550×3−2 000×3)×10%−2 520−523.5−523.5
=1 668(元)

李四4月工资、薪金所得应由A公司预扣预缴的个人所得税
=(30 000×4−5 000×4−5 550×4−2 000×4)×10%−2 520−523.5−523.5−1 668
=1 745(元)

李四5月工资、薪金所得应由A公司预扣预缴的个人所得税
=(30 000×5−5 000×5−5 550×5−2 000×5)×10%−2 520−523.5−523.5
 −1 668−1 745
=1 745(元)

李四6月工资、薪金所得应由A公司预扣预缴的个人所得税
=(30 000×6−5 000×6−5 550×6−2 000×6)×10%−2 520−523.5−523.5
 −1 668−1 745−1 745
=1 745(元)

李四7月工资、薪金所得应由A公司预扣预缴的个人所得税
=(30 000×7−5 000×7−5 550×7−2 000×7)×10%−2 520−523.5−523.5
 −1 668−1 745−1 745−1 745
=1 745(元)

李四8月工资、薪金所得应由A公司预扣预缴的个人所得税
=(30 000×8−5 000×8−5 550×8−2 000×8)×10%−2 520−523.5−523.5
 −1 668−1 745−1 745−1 745−1 745
=1 745(元)

李四9月工资、薪金所得应由A公司预扣预缴的个人所得税
$=(30\ 000×9-5\ 000×9-5\ 550×9-2\ 000×9)×20\%-16\ 920-523.5-523.5-1\ 668-1\ 745-1\ 745-1\ 745-1\ 745-1\ 745$
$=3\ 050(元)$

李四10月工资、薪金所得应由A公司预扣预缴的个人所得税
$=(30\ 000×10-5\ 000×10-5\ 550×10-2\ 000×10)×20\%-16\ 920-523.5-523.5-1\ 668-1\ 745-1\ 745-1\ 745-1\ 745-1\ 745-3\ 050$
$=3\ 490(元)$

李四11月工资、薪金所得应由A公司预扣预缴的个人所得税
$=(30\ 000×11-5\ 000×11-5\ 550×11-2\ 000×11)×20\%-16\ 920-523.5-523.5-1\ 668-1\ 745-1\ 745-1\ 745-1\ 745-1\ 745-3\ 050-3\ 490$
$=3\ 490(元)$

李四12月工资、薪金所得应由A公司预扣预缴的个人所得税
$=(30\ 000×12-5\ 000×12-5\ 550×12-2\ 000×12)×20\%-16\ 920-523.5-523.5-1\ 668-1\ 745-1\ 745-1\ 745-1\ 745-1\ 745-3\ 050-3\ 490-3\ 490$
$=3\ 490(元)$

李四本年工资、薪金所得应由A公司预扣预缴的个人所得税合计
$=523.5+523.5+1\ 668+1\ 745+1\ 745+1\ 745+1\ 745+1\ 745+3\ 050+3\ 490+3\ 490+3\ 490$
$=24\ 960(元)$

(二)居民个人支付劳务报酬所得、稿酬所得、特许权使用费所得应纳税额的计算

居民个人支付劳务报酬所得、稿酬所得、特许权使用费所得,按次或者按月预扣预缴个人所得税,具体预扣预缴方法如下。

劳务报酬所得、稿酬所得、特许权使用费所得以收入减除费用后的余额为收入额。其中,稿酬所得的收入额减按70%计算。

劳务报酬所得、稿酬所得、特许权使用费所得每次收入不超过4 000元的,减除费用按800元计算;每次收入4 000元以上的,减除费用按20%计算。

劳务报酬所得适用税率为3级超额累进税率如表8-4所示。

表8-4 劳务报酬所得个人所得税税率表

级数	每次应纳税所得额	税率/%	速算扣除数/元
1	不超过20 000元的部分	20	0
2	20 000元至50 000元的部分	30	2 000
3	超过50 000元的部分	40	7 000

1. 劳务报酬所得

每次收入不足4 000元的:应纳税额=(每次收入额-800)×20%
每次收入在4 000元以上的:应纳税额=每次收入×(1-20%)×20%
每次收入的应纳所得额超过20 000元的:
  应纳税额=每次收入×(1-20%)×适用税率-速算扣除数

【例 8-8】 某演员参加一次演出,取得收入 8 万元,按规定将收入的 10% 上交其单位,并拿出 2 万元通过民政局捐给受灾地区。计算该演员应纳的个人所得税。

解析:每次收入 4 000 元以上的,减除 20% 的费用,其余额为应纳税所得额。个人将其所得通过中国境内的社会团体、国家机关向教育和其他公益事业以及遭受严重自然灾害地区、贫困地区捐赠,捐赠额未超过纳税人申报的应纳税所得额 30% 的部分,可从其应纳税所得额中扣除。应纳税所得额 1 次超过 2 万元至 5 万元的部分,依照税法规定加征 5 成;超过 5 万元的部分,加征 10 成。具体处理如下:

(1) 应纳税所得额 = (8 − 8 × 10%) × (1 − 20%) = 5.76(万元)
(2) 捐赠扣除限额 = 5.76 × 30% = 1.728(万元)
(3) 纳税额 = (5.76 − 1.728) × 30% − 0.2 = 1.009 6(万元)

2. 稿酬所得

每次收入不足 4 000 元的:应纳税额 = (每次收入 − 800) × 20% × (1 − 30%)
每次收入在 4 000 元以上的:应纳税额 = 每次收入 × (1 − 20%) × 20% × (1 − 30%)

【例 8-9】 某作家出版一部小说,取得稿酬 20 000 元。计算该作家应纳个人所得税额。

解析:每次稿酬所得收入不超过 4 000 元的,减除费用 800 元;4 000 元以上的,减除 20% 的费用,其余额为应纳税所得额。

应纳税额 = 20 000 × (1 − 20%) × 20% × (1 − 30%) = 2 240(元)

3. 特许权使用费所得、财产租赁所得

每次收入不足 4 000 元的:应纳税额 = (每次收入 − 800) × 20%
每次收入在 4 000 元以上的:应纳税额 = 每次收入 × (1 − 20%) × 20%

【例 8-10】 叶某发明一项自动化专利技术,2016 年 8 月将该项使用权转让给 A 公司,A 公司 8 月支付使用费 6 000 元,9 月支付使用费 9 000 元;9 月,叶某将该项使用权转让给 D 公司,获得转让费收入 8 000 元,计算叶某转让特许权使用费所得应缴的个人所得税额。

解析:叶某此项专利技术转让了两次,应分两次所得计算个人所得税。

(1) 转让给 A 公司应缴个人所得税税额 = (6 000 + 9 000) × (1 − 20%) × 20%
= 2 400(元)
(2) 转让给 D 公司应缴个人所得税税额 = 8 000 × (1 − 20%) × 20% = 1 280(元)
(3) 某转让此项专利技术共需缴纳个人所得税 = 2 400 + 1 280 = 3 680(元)

4. 财产转让所得

应纳税额 = (收入总额 − 财产原值 − 合理费用) × 20%

【例 8-11】 某居民转让自有房屋 3 间,取得转让收入 35 万元,在转让过程中按规定交纳各种税费1.8万元,支付中介机构介绍费0.5万元,主管税务机关核定的该房产原值为28万元。计算该居民转让房屋所得应纳的个人所得税。

解析:财产转让所得,以转让财产的收入额减除财产原值和合理费用后的余额,为应纳税所得额。

应纳个人所得税=(35-1.8-0.5-28)×20%=0.94(万元)

5. 利息、股息、红利所得,偶然所得,其他所得

应纳税额=每次收入额×20%

【例8-12】 卫某年初取得单位集资款的利息收入1 000元,计算应缴纳的个人所得税。

解析:利息、股息、红利所得、偶然所得和其他所得,以每次收入额为应纳税所得额。

应纳个人所得税税额=1 000×20%=200(元)

(三)居民个人综合所得应纳税额的计算

自2019年1月1日起,居民个人的综合所得(工资、薪金所得,劳务报酬所得,稿酬所得,特许权使用费所得),以每一纳税年度的收入额减除费用60 000元以及专项扣除、专项附加扣除和依法确定的其他扣除后的余额,为应纳税所得额。各项所得的计算,以人民币为单位。所得为人民币以外的货币的,按照人民币汇率中间价折合成人民币缴纳税款。

居民个人的综合所得适用七级超额累进税率,其应纳税额的计算公式为:

应纳税额=年应纳税所得额×适用税率-速算扣除数
　　　　=(每一纳税年度的收入额-60 000-专项扣除、专项附加扣除和依法确定的其他扣除)×适用税率-速算扣除数

劳务报酬所得、稿酬所得、特许权使用费所得以收入减除20%的费用后的余额为收入额。稿酬所得的收入额减按70%计算。专项扣除包括居民个人按照国家规定的范围和标准缴纳的基本养老保险、基本医疗保险、失业保险等社会保险费和住房公积金等;专项附加扣除,包括子女教育、继续教育、大病医疗、住房贷款利息或者住房租金、赡养老人等支出,具体范围、标准和实施步骤由国务院确定,并报全国人民代表大会常务委员会备案。

【例8-13】 2019年,某居民每月从任职单位取得工资10 000元。2019年全年从其他单位取得劳务报酬共计20 000元,取得稿酬共计15 000元,特许权使用费共计8 000元。上述收入均为税前收入。各相关单位已经代扣代缴了个人所得税共计3 204元。假设2019年计算个人所得税时的专项扣除、专项附加扣除和依法确定的其他扣除为12 000元,要求计算2019年该居民应缴纳的个人所得税。

解析:该居民应纳个人所得税=[10 000×12+20 000×(1-20%)+15 000×(1-20%)×70%+8 000×(1-20%)-60 000-12 000]×10%-2 520=78 800×10%-2 520=5 360(元)。

由于各相关单位已经代扣代缴了个人所得税共计3 204元,因此2020年3月1日至6月30日内汇算清缴时,该居民需要补缴个人所得税=5 360-3 204=2 156(元)。

(四) 非居民个人工资、薪金所得,应纳税额的计算

非居民个人的工资、薪金所得,以每月收入额减除费用5 000元后的余额为应纳税所得额。

非居民个人的工资、薪金所得适用七级超额累进税率,其应纳税额的计算公式为:

应纳税额＝月应纳税所得额×适用税率－速算扣除数
　　　　＝(每月工资、薪金所得的收入额－5 000)×适用税率－速算扣除数

【例8-14】 非居民个人汤姆2019年1月,从任职单位取得工资10 000元,该收入为税前收入,要求计算汤姆2019年1月应缴纳的个人所得税。

解析:汤姆2019年1月应纳(任职单位应代扣代缴)个人所得税＝(10 000－5 000)×10%－210＝5 000×10%－210＝290(元)。

(五) 非居民个人劳务报酬所得、稿酬所得、特许权使用费所得应纳税额的计算

非居民个人劳务报酬所得、稿酬所得、特许权使用费所得,以每次收入额为应纳税所得额。劳务报酬所得、稿酬所得、特许权使用费所得以收入减除20%的费用后的余额为收入额。稿酬所得的收入额减按70%计算。

非居民个人的劳务报酬所得适用七级超额累进税率,其应纳税额的计算公式为:

应纳税额＝应纳税所得额×适用税率－速算扣除数
　　　　＝每次收入额×适用税率－速算扣除数
　　　　＝劳务报酬所得收入×(1－20%)×适用税率－速算扣除数

【例8-15】 非居民个人乔治2019年1月一次性取得劳务报酬10 000元;一次性取得稿酬6 000元;一次性取得特许权使用费3 500元。上述收入均为税前收入。要求计算乔治2019年1月的应缴纳的个人所得税。

解析:2019年1月乔治应纳个人所得税＝[10 000×(1－20%)×10%－210]＋[6 000×(1－20%)×70%×10%－210]＋3 500×(1－20%)×3%＝800(元)。

(六) 特许权使用费所得、财产租赁所得

每次收入不足4 000元的:应纳税额＝(每次收入－800)×20%
每次收入在4 000元以上的:应纳税额＝每次收入×(1－20%)×20%

【例8-16】 叶某发明一项自动化专利技术,2018年8月将该项使用权转让给A公司,A公司8月支付使用费6 000元,9月支付使用费9 000元;9月,叶某将该项使用权转让给D公司,获得转让费收入8 000元,计算叶某转让特许权使用费所得应缴的个人所得税额。

解析：叶某此项专利技术转让了两次，应分两次所得计算个人所得税。

(1) 转让给 A 公司应缴个人所得税税额＝(6 000＋9 000)×(1－20%)×20%＝2 400(元)

(2) 转让给 D 公司应缴个人所得税税额＝8 000×(1－20%)×20%＝1 280(元)

(3) 叶某转让此项专利技术共需缴纳个人所得税＝2 400＋1 280＝3 680(元)

(七) 财产转让所得

$$应纳税额＝(收入总额－财产原值－合理费用)×20\%$$

【例 8-17】 某居民转让自有房屋 3 间，取得转让收入 35 万元，在转让过程中按规定交纳各种税费 1.8 万元，支付中介机构介绍费 0.5 万元，主管税务机关核定的该房产原值为 28 万元。计算该居民转让房屋所得应纳的个人所得税。

解析：财产转让所得，以转让财产的收入额减除财产原值和合理费用后的余额，为应纳税所得额。

$$应纳个人所得税＝(35－1.8－0.5－28)×20\%＝0.94(万元)$$

(八) 利息、股息、红利所得，偶然所得，其他所得

$$应纳税额＝每次收入额×20\%$$

【例 8-18】 卫某年初取得单位集资款的利息收入 1 000 元，计算应缴纳的个人所得税。

解析：利息、股息、红利所得、偶然所得和其他所得，以每次收入额为应纳税所得额。

$$应纳个人所得税税额＝1 000×20\%＝200(元)$$

五、个人所得税优惠政策的运用

(一) 免税项目

免税项目的内容为：①省级人民政府、国务院部委和中国人民解放军以上单位，以及外国组织、国际组织颁发的科学、教育、技术、文化、卫生、体育、环境保护等方面的奖金；②国债和国家发行的金融债券的利息；③按照"国家统一规定"发给的补贴、津贴(如政府特殊津贴、院士津贴、资深院士津贴)；④福利费、抚恤金、救济金；⑤保险赔款；⑥军人的转业费、复员费、退役金；⑦按照国家统一规定发给干部、职工的安家费、退职费、基本养老金或者退休费、离休费、离休生活补助费；⑧依照有关法律规定应予免税的各国驻华使馆、领事馆的外交代表、领事官员和其他人员的所得；⑨中国政府参加的国际公约、签订的协议中规定免税的所得；⑩国务院规定的其他免税所得。

(二) 减税项目

有下列情形之一的，可以减征个人所得税，具体幅度和期限，由省、自治区、直辖市人民

政府规定,并报同级人民代表大会常务委员会备案:①残疾、孤老人员和烈属的所得;②因自然灾害遭受重大损失的。

(三) 暂免征税项目

(1) 外籍个人以非现金形式或实报实销形式取得的住房补贴、伙食补贴、搬迁费、洗衣费。

(2) 外籍个人按合理标准取得的境内、境外出差补贴。

(3) 外籍个人取得的语言训练费、子女教育费等,经当地税务机关审核批准为合理的部分。

(4) 外籍个人从外商投资企业取得的股息、红利所得。

(5) 个人举报、协查各种违法、犯罪行为而获得的奖金。

(6) 个人转让自用达5年以上,并且是唯一的家庭生活用房取得的所得,暂免征收个人所得税。

(7) 对个人购买福利彩票、赈灾彩票、体育彩票,一次中奖收入在1万元以下的(含1万元),暂免征收个人所得税;超过1万元的,全额征收个人所得税。

(8) 达到离休、退休年龄,但确因工作需要,适当延长离休、退休年龄的高级专家(指享受国家发放的政府特殊津贴的专家、学者),其在延长离休、退休期间的工资、薪金所得,视同离休、退休工资,免征个人所得税。

(9) 对国有企业职工,因企业依法被宣告破产,从破产企业取得的一次性安置费收入,免予征收个人所得税。

(10) 职工与用人单位解除劳动关系取得的一次性补偿收入(包括用人单位发放的经济补偿金、生活补助费和其他补助费用),在当地上年职工年平均工资3倍数额以内的部分,可免征个人所得税;超过该标准的一次性补偿收入,应按照国家有关规定征收个人所得税。

(11) 城镇企业、事业单位及其职工个人按照《失业保险条例》规定的比例,实际缴付的失业保险费,均不计入职工个人当期的工资、薪金收入,免予征收个人所得税。

(12) 企业和个人按照国家或地方政府规定的比例,提取并向指定金融机构实际缴付的住房公积金、医疗保险金、基本养老保险金,免予征收个人所得税。

(13) 个人领取原提存的住房公积金、医疗保险金、基本养老保险金,以及具备《失业保险条例》中规定条件的失业人员领取的失业保险金,免予征收个人所得税。

(14) 个人取得的教育储蓄存款利息所得和按照国家或省级人民政府规定的比例缴付的住房公积金、医疗保险金、基本养老保险金、失业保险金存入银行个人账户所取得的利息所得,免予征收个人所得税。

(15) 自2008年10月9日(含)起,对储蓄存款利息所得暂免征收个人所得税。

(16) 自2009年5月25日(含)起,以下情形的房屋产权无偿赠予,对当事双方不征收个人所得税。

(17) 个体工商户、个人独资企业和合伙企业或个人从事种植业、养殖业、饲养业、捕捞业取得的所得。

(18) 企业在销售商品(产品)和提供服务过程中向个人赠送礼品,属于下列情形之一的,不征收个人所得税:企业通过价格折扣、折让方式向个人销售商品(产品)和提供服务;企业在向个人销售商品(产品)和提供服务的同时给予赠品,如通信企业对个人购买手机赠话费、入网费,或者购话费赠手机等;企业对累积消费达到一定额度的个人按消费积分反馈礼

六、个人所得税的征收管理

(一)个人所得税的代扣代缴

1. 个人所得税的扣缴义务人

我国实行个人所得税代扣代缴和个人自行申报纳税相结合的征收管理制度。个人所得税以支付所得的单位或者个人为扣缴义务人。纳税人有中国公民身份号码的,以中国公民身份号码为纳税人识别号;纳税人没有中国公民身份号码的,由税务机关赋予其纳税人识别号。扣缴义务人扣缴税款时,纳税人应当向扣缴义务人提供纳税人识别号扣缴义务人应当按照国家规定办理全员全额扣缴申报,并向纳税人提供其个人所得和已扣缴税款等信息。扣缴义务人在向纳税人支付各项应纳税所得时,必须履行代扣代缴税款的义务。扣缴义务人对纳税人的应扣未扣税款应由纳税人予以补缴。对扣缴义务人按照所扣缴的税款,税务机关应付2%的手续费。

2. 个人所得税代扣代缴的范围

居民个人取得综合所得,按年计算个人所得税;有扣缴义务人的,由扣缴义务人按月或者按次预扣预缴税款;需要办理汇算清缴的,应当在取得所得的次年3月1日至6月30日内办理汇算清缴。预扣预缴办法由国务院税务主管部门制定。居民个人向扣缴义务人提供专项附加扣除信息的,扣缴义务人按月预扣预缴税款时应当按照规定予以扣除,不得拒绝。

非居民个人取得工资、薪金所得,劳务报酬所得,稿酬所得和特许权使用费所得,有扣缴义务人的,由扣缴义务人按月或者按次代扣代缴税款,不办理汇算清缴。

纳税人取得利息、股息、红利所得,财产租赁所得,财产转让所得和偶然所得,按月或者按次计算个人所得税,有扣缴义务人的,由扣缴义务人按月或者按次代扣代缴税款。

3. 个人所得税的代扣代缴期限

扣缴义务人每月或者每次预扣、代扣的税款,应当在次月15日内缴入国库,并向税务机关报送扣缴个人所得税申报表。

4. 个人所得税代扣代缴的纳税申报

扣缴义务人代扣代缴个人所得税时,应当填报"扣缴个人所得税报告表""个人所得税基础信息表"和"个人所得税申报表"。

小贴士

关于《国家税务总局关于完善调整部分纳税人个人所得税预扣预缴方法的公告》的解读

为更好地贯彻落实党中央、国务院"六保""六稳"精神和要求,进一步减轻毕业学生等年度中间首次入职人员以及实习学生预扣预缴阶段的税收负担,国家税务总局制发了《关于完善调整部分纳税人个人所得税预扣预缴方法的公告》(以下简称《公告》)。

一、当年首次入职居民个人取得的工资、薪金所得,预扣预缴方法进行了什么完善调整?

对一个纳税年度内首次取得工资、薪金所得的居民个人,扣缴义务人在预扣预缴工资、薪金所得个人所得税时,可扣除从年初开始计算的累计减除费用(5 000元/月)。如大学生小李2020年7月毕业后进入某公司工作,公司发放7月工资、计算当期应预扣预缴的个人所得税时,可减除费用35 000元(7个月×5 000元/月)。

二、哪些人属于本公告所称首次取得工资、薪金所得的居民个人?

《公告》所称首次取得工资、薪金所得的居民个人是指自纳税年度首月起至新入职时,没有取得过工资、薪金所得或者连续性劳务报酬所得的居民个人。在入职新单位前取得过工资、薪金所得或者按照累计预扣法预扣预缴过连续性劳务报酬所得个人所得税的纳税人不包括在内。如果纳税人仅是在新入职前偶然取得过劳务报酬、稿酬、特许权使用费所得的,则不受影响,仍然可适用该公告规定。如纳税人小赵2020年1月到8月一直未找到工作,没有取得过工资、薪金所得,仅有过一笔8 000元的劳务报酬且按照单次收入适用20%的预扣率预扣预缴了税款,9月初找到新工作并开始领薪,那么新入职单位在为小赵计算并预扣9月工资、薪金所得个人所得税时,可以扣除自年初开始计算的累计减除费用45 000元(9个月×5 000元/月)。

三、学生实习取得劳务报酬所得的,预扣预缴方法进行了什么完善调整?

正在接受全日制学历教育的学生因实习取得劳务报酬所得的,扣缴义务人预扣预缴个人所得税时,可按照《国家税务总局关于发布〈个人所得税扣缴申报管理办法(试行)〉的公告》(2018年第61号)规定的累计预扣法计算并预扣预缴税款。根据个人所得税法及其实施条例有关规定,累计预扣法预扣预缴个人所得税的具体计算公式为:

本期应预扣预缴税额=(累计收入额-累计减除费用)×预扣率-速算扣除数-累计减免税额-累计已预扣预缴税额

其中,累计减除费用按照5 000元/月乘以纳税人在本单位开始实习月份起至本月的实习月份数计算。

上述公式中的预扣率、速算扣除数,按照2018年第61号公告所附的个人所得税预扣率表一执行。

如学生小张7月在某公司实习取得劳务报酬3 000元。扣缴单位在为其预扣预缴劳务报酬所得个人所得税时,可采取累计预扣法预扣预缴税款。如采用该方法,那么小张7月劳务报酬扣除5 000元减除费用后则无须预缴税款,比预扣预缴方法完善调整前少预缴440元。如小张年内再无其他综合所得,也就无须办理年度汇算退税。

四、纳税人如何适用上述完善调整后的预扣预缴个人所得税方法?

纳税人可根据自身情况判断是否符合本公告规定的条件。符合条件并按照本公告规定的方法预扣预缴税款的,应及时向扣缴义务人申明并如实提供相关佐证资料或者承诺书。如新入职的毕业大学生,可以向单位出示毕业证或者派遣证等佐证资料;实习生取得实习单位支付的劳务报酬所得,如采取累计预扣法预扣税款的,可以向单位出示学生证等佐证资料;其他年中首次取得工资、薪金所得的纳税人,如确实没有其他佐证资料的,可以提供承诺书。

扣缴义务人收到相关佐证资料或承诺书后,即可按照完善调整后的预扣预缴方法为纳税人预扣预缴个人所得税。

同时,纳税人需就向扣缴义务人提供的佐证资料及承诺书的真实性、准确性、完整性负责。相关佐证资料及承诺书的原件或复印件,纳税人及扣缴义务人需留存备查。

五、公告实施时间是什么？

《公告》自 2020 年 7 月 1 日起施行。2020 年 7 月 1 日之前就业或者实习的纳税人,如存在多预缴个人所得税的,仍可在次年办理综合所得汇算清缴时申请退税。

资料来源:国家税务总局.

(二) 个人所得税的自行申报

1. 个人所得税自行申报的范围

有下列情形之一的,纳税人应当依法办理纳税申报:取得综合所得需要办理汇算清缴;取得应税所得没有扣缴义务人;取得应税所得,扣缴义务人未扣缴税款;取得境外所得;因移居境外注销中国户籍;非居民个人在中国境内从两处以上取得工资、薪金所得;国务院规定的其他情形。

2. 个人所得税自行申报的期限

居民个人取得综合所得,按年计算个人所得税;有扣缴义务人的,由扣缴义务人按月或者按次预扣预缴税款;需要办理汇算清缴的,应当在取得所得的次年 3 月 1 日至 6 月 30 日内办理汇算清缴。预扣预缴办法由国务院税务主管部门制定。

纳税人取得经营所得,按年计算个人所得税,由纳税人在月度或者季度终了后 15 日内向税务机关报送纳税申报表,并预缴税款;在取得所得的次年 3 月 31 日前办理汇算清缴。

纳税人取得应税所得没有扣缴义务人的,应当在取得所得的次月 15 日内向税务机关报送纳税申报表,并缴纳税款。

3. 个人所得税自行申报的地点

(1) 在中国境内有任职、受雇单位的,向受雇单位所在地主管税务机关申报。

(2) 在中国境内有两处或者两处以上任职、受雇单位的,选择并固定向其中一处单位所在地主管税务机关申报。

(3) 在中国境内无任职、受雇单位,年所得项目中有个体工商户的生产、经营所得或者对企事业单位的承包经营、承租经营所得的,向其中一处实际经营所在地主管税务机关申报。

(4) 在中国境内无任职、受雇单位,年所得项目中无生产、经营所得的,向户籍所在地主管税务机关申报。在中国境内有户籍,但户籍所在地与中国境内经常居住地不一致的,选择并固定向其中一地主管税务机关申报。在中国境内没有户籍的,向中国境内经常居住地主管税务机关申报。

◆ **技能训练题**

一、单项选择题

1. 下列应计入企业应纳税所得额的收入是(　　)。

　　A. 企业逾期未退还的包装物押金　　B. 企业出售住房的净收入

　　C. 企业代收代缴的消费税　　D. 企业接受捐赠的收入

2. 纳税人在生产经营期间,向非金融机构借款的利息支出,应按(　　)。

　　A. 实际发生额扣除

B. 应纳税所得额 10% 以内的扣除

C. 不高于金融机构同类、同期贷款利率计算的数额以内的部分扣除

D. 应纳税所得额 5% 以内的扣除

3. 某企业在某一纳税年度发生与生产经营有关的业务招待费 15 万元。企业该年度全部营业收入为 2 000 万元,则准予在企业所得税前扣除的业务招待费是(　　)万元。

　　A. 15　　　　　　B. 10　　　　　　C. 9　　　　　　D. 6

4. 某国家重点扶持的高新技术企业 2020 年利润总额 150 万元,其中产品销售收入 1 800 万元,发生业务招待费支出 12 万元,假定不存在其他纳税调整事项,该企业 2020 年应缴纳企业所得税(　　)万元。

　　A. 23.22　　　　B. 38.7　　　　C. 25.41　　　　D. 25.79

5. 某生产性集体企业,2020 年全年销售额 1 600 万元,成本 600 万元,销售税金及附加 400 万元,各种费用 400 万元。已知上述成本费用中包括新产品开发费 40 万元,广告费支出 250 万元。该企业 2020 年应纳企业所得税(　　)万元。

　　A. 22.5　　　　B. 30　　　　C. 47.5　　　　D. 35

二、多项选择题

1. 在计算应纳税所得额时不得扣除的项目是(　　)。

　　A. 被没收财物的损失　　　　　B. 计提的固定资产减值准备

　　C. 迟纳税款的滞纳金　　　　　D. 法院判处的罚金

2. 在计算企业所得税应纳税所得额时,下列项目不得从收入总额中扣除的有(　　)。

　　A. 企业所得税税款

　　B. 企业对外投资转让时投资资产的成本

　　C. 房屋、建筑物以外未投入使用的固定资产折旧费

　　D. 未经核定的准备金支出

3. 按照企业所得税的有关规定,对特殊行业、部门的纳税人有特殊的规定,下列行业和部门集中在北京缴纳企业所得税的有(　　)。

　　A. 民航总局所属的航空公司　　　B. 民航总局举办的联营企业

　　C. 直属铁道部的运输企业　　　　D. 中国工商银行

4. 下列各项利息支出,在计算企业所得税应纳税所得额时,不予扣除的有(　　)。

　　A. 为对外投资而借入的资金发生的利息支出

　　B. 建造、购置固定资产过程中的利息支出

　　C. 因生产需要向金融机构借款的利息支出

　　D. 建造、购置固定资产竣工决算投产后发生的利息支出

5. 五级超额累进税率适用于(　　)。

　　A. 个人独资企业　　　　　　　B. 合伙企业

　　C. 承包、承租经营　　　　　　D. 个体工商户

三、思考题

1. 经济组织取得哪些所得应当缴纳企业所得税?

2. 在计算企业所得税应纳税额时不得扣除的项目有哪些?

3. 纳税人发生年度亏损,应如何进行亏损弥补?

4. 个人取得哪些所得应当缴纳个人所得税？

5. 个人取得哪些所得可以免纳个人所得税？

四、实践课堂

1. 某国有企业 2016—2021 年经营情况如下（单位：万元）：

年份	2016 年	2017 年	2018 年	2019 年	2020 年	2021 年
盈利（亏损）	20	（10）	5	（15）	8	80

要求：计算 2021 年度的应纳税所得额为多少。

2. 某生产企业 2021 年生产经营情况如下：

(1) 全年销售收入 2 000 万元，销售成本 1 000 万元，缴纳增值税 120 万元，销售税金及附加 16 万元，其他业务收入 100 万元，其他业务支出 30 万元。

(2) 销售费用 100 万元，其中广告费 50 万元。

(3) 管理费用 200 万元，其中业务招待费 12 万元。

(4) 财务费用 50 万元，其中在建工程借款利息支出 20 万元。

(5) 营业外支出 40 万元，其中支付罚款 2 万元，支付某公司开业赞助费 1 万元。

(6) 全年实际支付工资 130 万元，税务部门核定的计税工资应为 100 万元，三费按计税工资标准计提。

(7) 2021 年已预缴企业所得税 90 万元。

要求：2021 年汇算清缴应补（退）的企业所得税。

3. 居民个人王五为中国境内甲公司员工，本年取得的收入情况如下。

(1) 每月取得中国境内 A 公司支付的税前工资、薪金收入 15 000 元。

(2) 2 月，为中国境内 B 公司提供咨询服务取得税前劳务报酬收入 40 000 元。

(3) 4 月，出版小说一部，取得中国境内 C 出版社支付的税前稿酬收入 60 000 元。

(4) 8 月，取得中国境内 D 公司支付的税前特许权使用费收入 80 000 元。

(5) 9 月，将租入中国境内的一套住房转租，当月向出租方支付月租金 4 500 元，转租收取月租金 6 500 元，当月实际支付房屋租赁过程中的可以从租金收入中扣除的各种税费 500 元，并取得有效凭证。

(6) 10 月，以 150 万元的价格转让一套两年前无偿受赠获得的中国境内的房产。该套房产受赠时市场价格为 85 万元，受赠及转让房产过程中已缴纳的税费为 10 万元。

(7) 11 月，在中国境内 E 商场取得按消费积分反馈的价值 1 300 元的礼品，同时参加该商场举行的抽奖活动，抽中价值 6 820 元的奖品。

王五本年专项扣除、专项附加扣除和依法确定的其他扣除共计 50 000 元。

要求：

(1) 计算王五本年综合所得的应纳个人所得税。

(2) 计算王五 9 月转租住房取得的租金收入的应纳个人所得税。

(3) 计算王五 10 月转让受赠房产时计算缴纳个人所得税的应纳税所得额。

(4) 计算王五 11 月取得商场按消费积分反馈礼品和抽奖所获奖品的应纳个人所得税。

第九章

财产行为税

◆ **技能要求**

(1) 能对财产税和行为税主要税种的征收范围、税目、税率、计税依据有正确理解。
(2) 能掌握财产税和行为税主要税种应纳税额的计算。
(3) 运用所学知识对经济生活中财产税和行为税的相关问题进行基本分析。

背景资料

土地是一种稀缺资源,属于不动产。对土地征税是一种古老的税收形式,也是当代各国普遍征收的一个税种。对土地征税有两种形式:一种是单列税种,将土地单列出来征税;另一种是未单列税种,将土地、房屋及其他附着物一起征税。转让房屋或土地使用权的买卖双方应缴纳哪些税种?

【解析】

转让房屋或土地使用权的买方应缴纳契税和印花税,转让房屋或土地使用权的卖方应缴纳增值税,城市维护建设税,教育费附加,个人所得税,印花税,土地增值税。

第一节 财产行为税概述

一、财产税

财产税是以纳税人拥有或支配的财产为课税基础的税种。

财产税是一个古老的税种,因其独特的财政收入功能和调节财富分配的作用,一直在各国税制体系中占有一席之地,并在一些国家的地方税制中居于主体税地位,美国税制中财产税占地方税的比重在80%以上。

财产税的种类很多,依据不同标准有不同的分类方法。根据经济合作与发展组织拟订的国际税收协定范本的标准,财产税大体分为3类。

(1) 不动产税指土地、房屋、建筑物等不动产在产权不发生转移的情况下,对因让渡不动产的使用权而获得的收益所征的税,如土地税、房屋税等。

(2) 财产转移税是指对出售资产取得的收益和对转移财产征收的税,如资本利得税、遗产税和赠予税。

(3) 财产净值税或称财富税是对财产的产权人或使用人不论其是否取得收益,依据财产价值课征的税。

以征税范围为标准,财产税可以分为一般财产税和个别财产税。一般财产税也称"综合财产税",是对纳税人拥有的各类财产实行综合课税;个别财产税也称"单项财产税",是对纳税人拥有的土地、房屋、资本和其他财产分别征税的办法。

财产税的特点如下。

(1) 税收负担与财产价值、数量关系密切。

(2) 体现调节财富、合理分配原则。

经过数十年的税制建设,我国的财产税体系已初步建立起来,主要税种包括房产税、契税、车船使用税、城镇土地使用税和土地增值税。此外,还有适用于外商投资企业及外籍人员的城市房地产税和车船使用牌照税。本章重点介绍房产税、契税、车船税等税种。

二、行为税

行为税是以纳税人的特定行为作为课税对象。行为税大多为地方税,在税制体系中处于从属、辅助地位。行为税的主要特点如下。

(1) 征税对象的选择广泛而灵活。它在征税对象的选择上范围广泛而灵活,既可以聚集财政收入,又可以用于体现国家的政策。

(2) 税种多。它包括的税种较多,各个税种的具体课税对象差异较大,故这类税种的征税制度和办法也有很大不同。

(3) 征收是根据特定时期的需要而开征的。大多数行为税是国家根据一定时期的需要,尤其是为限制某种特定行为而开征的,因此,除印花税等税负较轻、长期征收的税种之外,其他一些行为税的税负一般比较重,税源不够稳定。

(4) 征收难度较大。此类税收的税源零星、征收范围有限,征收管理难度较大。

目前,我国纳入行为税体系的主要税种有印花税、城市维护建设税、耕地占用税等。

第二节 房 产 税

一、房产税概述

房产税是以城市、县城、建制镇和工矿区的房屋财产为征税对象,按房屋的计税余值或租金收入向房屋产权所有人征收的一种财产税。

1. 我国房产税的发展

我国于 1950 年在全国分别开征城市房产税和地产税;1951 年政务院颁布《城市房地产税暂行条例》将两税合并为城市房地产税,并规定只在核准的城市范围内征收;我国 1973 年简化税制,将工商企业缴纳的城市房地产税并入工商税,从而使房地产税的征税范围只限于城市房地产管理部门、有房地产的个人和外侨;自1978年起,中央把对个人自有房屋是否继续征税的权限授予省一级地方政府。根据这一规定,一些地区停止了对个人自有房屋征收房地产税;1984年第二步利改税时,我国重新确立了房产税这一税种,但暂缓征收;1986年将城市房地产税分为房产税和土地使用税,由国务院发布了《中华人民共和国房产税暂行条例》(以下简称《房产税暂行条例》),并于1986年10月1日起开始实施。

2. 开征房产税的意义

房产税是一个地方税种,税源稳定,不易转嫁,对房产征税有利于加强对房产的管理,提高房产使用效率;有利于控制固定资产投资规模和贯彻国家城市房产政策;有利于建立正常的租赁关系,适当调节房产所有人和经营人的收入;有利于为地方政府筹集较为稳定的财政资金。

二、房产税的基本要素

1. 房产税的纳税人

房产税以在征税范围内的房屋产权所有人为纳税人。具体规定如下。

(1) 产权属于国家所有的,由经营管理单位纳税;产权属集体和个人所有的,由集体单位和个人纳税。

(2) 产权出典的,由承典人纳税。所谓产权出典是指产权所有人将房屋、生产资料等的产权,在一定期限内典当给他人使用而取得资金的一种融资业务。这种业务大多发生于出典人急需用款,但又想保留产权赎回权的情况。

承典人向出典人交付一定的典价后,在质典期内即获得抵押物品的支配权,并可以转典。产权的典价一般要低于卖价。出典人在规定期间内须归还典价的本金和利息,方可赎回出典房屋等的产权。由于在房屋出典期间,产权所有人已无权支配自己的房屋,因此税法规定由承典人纳税。

(3) 产权所有人、承典人不在房屋所在地的,由房产代管人或使用人纳税。

(4) 产权未确定及租典纠纷未解决的,亦由房产代管人或使用人纳税。租典纠纷是指产权所有人在房产出典和租赁关系上,与承典人、租赁人发生各种争议,特别是权利和义务的争议悬而未决。

此外还有一些产权归属不清的问题,也都属于租典纠纷。对租典纠纷尚未解决的房产,规定由代管人或使用人为纳税人,主要目的在于加强征收管理,保证房产税及时入库。

(5) 纳税单位和个人无偿使用房产管理部门、免税单位及纳税单位的房产,应由使用人代为缴纳房产税。外商投资企业、外国企业、外籍个人以及华侨、港、澳、台同胞暂不缴纳房产税,仍适用城市房地产税。

2. 房产税的征税对象及征税范围

房产税的征税对象是房产。所谓房产是以房屋形态表现的财产。房屋则是指有屋面和围护结构(有墙或两边有柱),能够遮风避雨,可供人们在其中生产、工作、学习、娱乐、居住或储藏物资的场所。

至于那些独立于房屋之外的建筑物,如围墙、烟囱、水塔、变电塔、油池油柜、酒窖菜窖、酒精池、室外游泳池、玻璃暖房、砖瓦石灰窑以及各种油气罐等,则不属于房产。房产税的征税范围包括城市、县城、建制镇和工矿区的房屋。

3. 房产税的税率

我国现行房产税实行比例税率,具体有两种。

(1) 依据房产余值计算缴纳的,税率为1.2%。

(2) 依据房产租金收入计算缴纳的,税率为12%。从2001年1月1日起,对个人按照市场价格出租的居民住房,暂按4%的税率减收房产税。

三、房产税应纳税额的计算及减免

(一)房产税的计税依据

房产税计税依据分别为按计税余值计税和按租金收入计税两种。按照房产计税余值计算征税的,称为从价计征;按照房产租金收入计算征税的,称为从租计征。

1. 从价计征

房产税依照房产原值一次减除10%～30%后的余值计算缴纳。

房产原值是指纳税人按照会计制度规定,在账簿"固定资产"科目中记载的房屋原价。因此,凡按会计制度规定在账簿中记载有房屋原价的,应以房屋原价按规定减除一定比例后作为房产余值计征房产税;没有记载房屋原价的,按照上述原则,并参照同类房屋确定房产原值,按规定计征房产税。纳税人对原有房屋进行改建、扩建的,要相应增加房屋的原值。房产余值是房产的原值减除规定比例后的剩余价值。扣除比例由各地省、自治区、直辖市人民政府在税法规定的10%～30%减除幅度内自行确定。

此外还应注意以下问题。

(1) 对投资联营的房产,在计征房产税时应予以区别对待。对于以房产投资联营,投资者参与投资利润分红,共担风险的,按房产余值作为计税依据计征房产税;以房产投资,收取固定收入,不承担联营风险的,实际是以联营名义取得房产租金,应按租金收入计缴房产税。

(2) 对融资租赁房屋,由于租赁费包括购进房屋的价款、手续费、借款利息等,与一般房屋出租的租金内涵不同,且租赁期满后,当承租方偿还最后一笔租赁费时,房屋产权要转移到承租方。这实际上是一种变相的分期付款购买固定资产的形式,所以在计征房产税时应以房产余值计算征收,至于租赁期内房产税的纳税人,由当地税务机关根据实际情况确定。

(3) 新建房屋交付使用时,如中央空调设备已计算在房产原值之中,则房产原值应包括中央空调设备;如中央空调设备作单项固定资产入账,单独核算并提取折旧,则房产原值不应包括中央空调设备。旧房安装空调设备,空调设备一般都作单项固定资产入账,不应计入房产原值。

2. 从租计征

凡房产出租的,以房产的租金收入为房产税的计税依据。

房产的租金收入是房屋产权所有人出租房产使用权所得的报酬,包括货币收入和实物收入。对以劳务或者其他形式为报酬抵付房租收入的,应根据当地同类房产的租金水平,确定一个标准租金额依率计征。

（二）房产税应纳税额的计算

与房产税的计税依据相适应，房产税应纳税额的计算也分为两种：一种是从价计征的计算；另一种是从租计征的计算。

1. 从价计征的计算

$$应纳税额＝应税房产原值×(1－规定的扣除率)×1.2\%$$

【例9-1】某商店的经营用房账面原值为6 000万元，当地规定允许按照减除25%后的余值计算缴纳房产税，适用税率为1.2%。计算其应纳房产税税额。

$$应纳税额＝6\ 000×(1－25\%)×1.2\%＝54(万元)$$

2. 从租计征的计算

$$应纳税额＝房产租金收入×12\%$$

【例9-2】李某拥有两套住房，一套价值100万元，自己居住，另一套价值50万元给他人经商使用，每年租金5万元。计算李某今年应纳房产税税额。

（1）李某自己居住的一套住房免税。

（2）租给他人使用的经商用房应缴纳房产税。

$$应纳税额＝5×12\%＝0.6(万元)$$

（三）房产税的减免税

为贯彻国家有关政策，照顾纳税人的负担能力，房产税制度规定给予地方一定的减免权限。由于房产税属于地方税，这样做有利于地方因地制宜处理问题。

房产税的减免税政策主要有以下几种。

1. 国家机关、人民团体、军队自用的房产

国家机关、人民团体、军队自用的房产免征房产税。自用的房产是指这些单位本身的办公用房和公务用房。但上述免税单位的出租房产以及生产、营业用房，不属于免税范围。

2. 事业单位的自用房产

由国家财政部门拨付事业经费的单位自用房产免税。事业单位自用的房产是指这些单位本身的业务用房。上述单位所属的附属工厂、商店、招待所等不属单位公务、业务的用房，应照章纳税。

3. 宗教寺庙、公园、名胜古迹自用的房产

宗教寺庙、公园、名胜古迹自用的房产免税。宗教寺庙、公园、名胜古迹中附设的营业单位，如影剧院、饮食部、茶社、照相馆等所使用的房产及出租的房产，不属于免税范围，应照章纳税。

4. 个人拥有的非营业用房产

个人所有的非营业用房免税，主要是指居民住房，不论面积多少，一律免征房产税。对个人拥有的营业用房或者出租的房产，不属于免税房产，应照章纳税。

5. 中国人民银行总行所属分支机构自用的房产

对行使国家行政管理职能的中国人民银行总行(含国家外汇管理局)所属分支机构自用的房产,免征房产税。

6. 经财政部批准免税的其他房产

这类免税房产,情况特殊,范围较小,可由地方政府根据实际情况确定。

四、房产税的缴纳与征收

1. 房产税纳税义务发生时间及纳税期限

(1) 纳税人将原有房产用于生产经营的,从生产经营之月起,缴纳房产税。

(2) 纳税人自行新建房屋用于生产经营的,从建成之次月起,缴纳房产税。

(3) 纳税人委托施工企业建设的房屋,从办理验收手续之次月起,缴纳房产税。纳税人在办理手续前已经使用或出租、出借的新建房屋,应从使用或出租、出借的当月起,缴纳房产税。房产税实行按年征收、分期缴纳的方法,具体纳税期限由省、自治区、直辖市人民政府确定。各地一般规定按季或按半年缴纳一次,数额小的也可按年缴纳。

2. 房产税的纳税地点

房产税在房产所在地缴纳。房产不在同一地方的纳税人,应按房产的坐落地点分别向房产所在地的税务机关纳税。

第三节 契 税

一、契税概述

契税是以所有权发生转移、变动的不动产为征税对象,向产权承受人征收的一种财产税。我国现行契税属于财产转移税,由财产承受人缴纳。

1. 征收契税的意义

重新修订契税,加强契税的征收管理,在很多方面都具有积极意义。

(1) 有利于增加国家财政收入,为地方经济建设积累资金。随着房地产业的发展和房地产交易的日益活跃,土地、房屋权属转移金额成倍增长,国家通过征收契税参与国民收入再分配,既可以适当增加地方财政收入,又可以促进地方经济和建设事业的发展。

(2) 有利于调控房地产市场,规范市场交易行为。《契税暂行条例》规定,契税采用幅度比例税率,具体税率由各省、自治区、直辖市人民政府确定。这样规定可以适应不同地区纳税人的负担水平,调控房地产市场的交易价格,抑制炒买炒卖房地产等投机活动,为政府调控房地产市场提供了重要的手段。

2. 契税的特点

契税与其他税种相比具有自身的特点。

(1) 契税的纳税人是产权承受人,而不是转让方。当发生房屋买卖、赠予和交换行为时,按转移变动的价值对产权承受人一次性征收契税。这是契税与其他税种不同的地方。

(2) 契税属于地方税种,采用有幅度的比例税率,税负较轻,地方政府拥有较大的自主权利。

二、契税的基本要素

(一) 契税的纳税人

契税的纳税义务人是在我国境内发生转移土地、房屋权属行为并承受土地、房屋权属的单位和个人。单位和个人具体包括各类企业单位、事业单位、国家机关、军事单位和社会团体以及其他组织和个人,个人是指个体经营者及其他中国公民;外商投资企业、外国企业、外国驻华机构、外国公民;我国香港、澳门、台湾同胞和华侨。总之,只要是承受我国境内的土地使用权、房屋所有权的,都是契税的纳税人。

(二) 契税的征税对象和征税范围

契税的征税对象是在我国境内发生权属转移并签订转移契约的土地和房屋。

契税的征税范围包括所有在我国境内的单位和个人转移土地使用权和房屋权属的行为。具体包括以下内容。

1. 征税范围的一般规定

(1) 国有土地使用权出让是指土地使用者向国家交付土地使用权出让费,国家将国有土地使用权在一定年限内让予土地使用者的行为。

(2) 土地使用权的转让是指土地使用者以出售、赠予、交换或者其他方式将土地使用权转移给其他单位和个人的行为。

(3) 房屋买卖是指房屋所有者将其房屋出售,由承受者交付货币、实物或者其他经济利益的行为。

(4) 房屋赠予是指房屋产权所有人将房屋无偿转让给他人的行为。

由于房屋是不动产,价值较大,故法律要求赠予房屋应有书面合同(契约),并到房地产管理机关或农村基层政权机关办理登记过户手续后生效。如果房屋赠与行为涉及涉外关系,还需经公证处证明和外事部门认证后方能生效。房屋的受赠人要按规定缴纳契税。

(5) 房屋交换是指房屋所有者之间互相交换房屋所有权的行为。

2. 对调整改制企业征税范围的规定

随着社会主义市场经济的深入发展,企业改革逐步深化,企业改组、改制的情况比较普遍。对于这类企业涉及转移土地使用权、房屋权属的行为规定如下。

(1) 公司制改造

公司制改造是指非公司制企业按照《中华人民共和国公司法》要求,改建为有限责任公司或股份有限公司,或经批准由有限责任公司变更为股份有限公司。

非公司制企业,按照《中华人民共和国公司法》的规定,整体改建为有限责任公司(含国有独资公司)或股份有限公司,或者有限责任公司整体改建为股份有限公司的,对改建后的公司承受原企业土地、房屋权属,免征契税。非公司制国有独资企业或国有独资有限责任公司,以其部分资产与他人组建新公司,且该国有独资企业(公司)在新设公司中所占股份超过50%的,对新设公司承受该国有独资企业(公司)的土地、房屋权属,免征契税;对国有独资企业(公司)在新设公司中所占股份低于50%的,对新设公司承受该国有独资企业(公司)的土地、房屋权属,征收契税;非公司制非国有独资企业(公司),以其部分资产与他人组建新公司,对新设公司承受该企业(公司)的土地、房屋权属,征收契税。

(2) 企业股权转让

在股权转让中,单位、个人承受企业股权,企业土地、房屋权属不发生转移,不征收契税。

(3) 企业合并

企业合并是指两个或者两个以上的企业,依照法律规定、合同约定合并为一个企业的行为。合并有吸收合并和新设合并两种形式。一个企业存续,其他企业解散的,为吸收合并;设立一个新企业,原各方企业解散的,为新设合并。两个或两个以上的企业,依照法律规定、合同约定,合并改建为一个企业,且原投资主体存续的,对其合并后的企业承受原合并各方的土地、房屋权属,免征契税。

(4) 企业分立

企业分立是指企业依照法律规定、合同约定分设为投资主体相同的两个或两个以上企业的行为。分立有存续分立和新设分立两种形式。原企业存续,而其中一部分分出、派生设立为一个或数个新企业的,为存续分立;原企业解散,分立出的各方分别设立为新企业的,为新设分立。企业依照法律规定、合同约定分设为两个或两个以上投资主体相同的企业,对派生方、新设方承受原企业土地、房屋权属,不征收契税。

(5) 企业出售

国有、集体企业出售,被出售企业法人予以注销,并且买受人按照《劳动法》等国家有关法律法规政策妥善安置原企业全部职工,其中与原企业30%以上职工签订服务年限不少于3年的劳动用工合同的,对其承受所购企业的土地、房屋权属,减半征收契税;与原企业全部职工签订服务年限不少于3年的劳动用工合同的,免征契税。

(6) 企业注销、破产

企业破产是指企业因经营管理不善造成严重亏损,不能清偿到期债务而依法宣告破产的法律行为。企业依照有关法律、法规的规定实施注销、破产后,债权人(包括注销、破产企业职工)承受注销、破产企业土地、房屋权属以抵偿债务的,免征契税;对非债权人承受注销、破产企业土地、房屋权属,凡按照《劳动法》等国家有关法律法规政策妥善安置原企业全部职工,其中与原企业30%以上职工签订服务年限不少于3年的劳动用工合同的,对其承受所购企业的土地、房屋权属,减半征收契税;与原企业全部职工签订服务年限不少于3年的劳动用工合同的,免征契税。

(7) 其他

经国务院批准实施债权转股权的企业,对债权转股权后新设立的公司承受原企业的土地、房屋权属,免征契税。政府主管部门对国有资产进行行政性调整和划转过程中发生的土地、房屋权属转移,不征收契税。

企业改制重组过程中,同一投资主体内部所属企业之间土地、房屋权属的无偿划转,包括母公司与其全资子公司之间,同一公司所属全资子公司之间,同一自然人与其设立的个人独资企业、一人有限公司之间土地、房屋权属的无偿划转,不征收契税。

本通知执行期限为2009年1月1日至2011年12月31日。

(三) 契税的税率

契税实行3%~5%的幅度比例税率,具体执行税率由各省、自治区、直辖市人民政府在规定的幅度内根据本地区的实际情况确定。这是因为我国各地区经济发展很不平衡,采用幅度税率有利于各地区因地制宜地确定本地区的适用税率。

三、契税应纳税额的计算及减免

1. 契税的计税依据

契税的计税依据为土地、房屋权属转移时,当事人双方签订的契约上载明的不动产价格。在现实经济生活中,由于土地、房屋权属转移方式不同,定价方法不同,因而契约上所载价格所反映的具体内容也有所不同,可以有成交价、现值价、参照市场价格、评估价、付出交易差价或补交的土地出让费等。现行契税对计税价格作了如下规定。

(1) 国有土地使用权出让、土地使用权转让和房屋买卖行为,以成交价格为计税依据。成交价格是指土地、房屋权属转移合同确定的价格,包括承受者应交付的货币、实物、无形资产或者其他经济利益。

(2) 土地使用权赠予、房屋赠与行为,由征收机关参照土地使用权出售、房屋买卖的市场价格核定计税价格。

(3) 土地使用权交换、房屋交换行为,以所交换的土地使用权、房屋的价格差额为计税依据。交换价格相等时,免征契税;交换价格不等时,由多交付货币、实物、无形资产或者其他经济利益的一方多交部分缴纳契税。

(4) 以划拨方式取得土地使用权,经批准转让房地产时,由房地产转让者以补交的土地使用权出让费用或者土地收益为计税依据补缴契税;同时,房地产的承受方要以成交价格为计税依据缴纳契税。

此外,为了维护土地、房屋权属转移双方当事人的合法权益,避免纳税人以隐瞒、虚报等方式偷、逃国家税款,税法规定成交价格明显低于市场价格并且无正当理由的,或者所交换土地使用权、房屋的价格的差额明显不合理并且无正当理由的,其计税依据可以由征税机关参照市场价格核定。

2. 契税应纳税额的计算

契税采用比例税率。当计税依据确定以后,即可根据规定的公式计算应纳税额。

其计算公式为:

$$应纳税额 = 计税依据 \times 税率$$

【例9-3】 甲乙双方因工作需要互换房产,经评估部门评价甲的房产价值500 000元,乙的房产价值650 000元,甲付给乙150 000元的价值差额,该地区契税税率为4%,计算两人应缴纳的契税税额。

$$甲应缴纳契税 = 150\,000 \times 4\% = 6\,000(元)$$

乙不纳税。

【例9-4】 居民甲将一栋私有房屋出售给居民乙，房屋成交价格为60 000元。甲另将一处两居室住房与居民丙交换成两处一居室住房，并支付换房差价款11 000元。计算应纳契税(假定税率为5%)。

$$乙应纳税额 = 60\ 000 \times 5\% = 3\ 000(元)$$

$$甲应纳税额 = 11\ 000 \times 5\% = 550(元)$$

3. 契税的减免税

根据《契税暂行条例》规定，契税的减免政策主要有以下几方面。

(1) 国家机关、事业单位、社会团体、军事单位承受土地、房屋用于办公、教学医疗、科研和军事设施的，免征契税。

(2) 城镇职工按规定第一次购买公有住房，免征契税。

此外，财政部、国家税务总局规定，自2000年11月29日起，对各类公有制单位为解决职工住房而采取集资建房方式建成的普通住房，或由单位购买的普通商品住房，经当地县以上人民政府房改部门批准，按照国家房改政策出售给本单位职工的，如属职工首次购买住房，均可免征契税。

(3) 因不可抗力灭失住房后又重新购买住房的，酌情减免契税。不可抗力是指自然灾害、战争等不能预见、不可避免，并不能克服的客观情况。

(4) 土地、房屋被县级以上人民政府征用或占用后，重新承受土地、房屋权属的，由省、自治区、直辖市人民政府确定是否予以减免。

(5) 承受荒山、荒沟、荒丘、荒滩土地使用权，并用于农、林、牧、渔业生产的，免征契税。

(6) 依照我国有关法律规定以及我国缔结或参加的双边和多边条约或协定，应当予以免税的外国驻华使馆、领事馆、联合国驻华机构及其外交代表、领事官员和其他外交人员承受土地、房屋权属，经外交部确认，可以免征契税。

经批准减免税的纳税人改变有关土地、房屋的用途，不再属于减免税范围的，应当补缴已经减免的税款。符合减免税规定的纳税人，要在签订转移产权合同后30日内向土地、房屋所在地的征收机关办理减免税手续。

四、契税的缴纳与征收

1. 契税纳税义务发生时间及纳税期限

契税的纳税义务发生时间是纳税人签订土地、房屋权属转移合同的当天，或者纳税人取得其他具有土地、房屋权属转移合同性质凭证的当天。具有合同性质的凭证是指具有合同效力的契约、协议、确认书等。

纳税人改变有关土地、房屋的用途，应当补缴已经减免的税款的，纳税义务发生时间为改变有关土地、房屋用途的当天。

2. 契税的纳税地点和纳税环节

契税在土地、房屋所在地的征收机关缴纳。契税的纳税环节控制在土地、房屋权属转移变动后，土地管理部门和房产管理部门核发土地使用证和房屋所有权证之前。把契税的纳税环节定在核发土地使用证和房屋所有权证之前，是保障契税收入的关键所在。纳税人应当自纳税义务发生之日起10日内,向土地、房屋所在地的契税征收机关(财政机关或地方税务机关)办理纳税申报,并在契税征收机关核定的期限内缴纳税款。

3. 契税的申报缴纳

纳税人在办理纳税申报的同时,要将转移土地、房屋权属的有关资料提供给征收机关审核、鉴定。纳税人办理纳税事宜后,征收机关应当为纳税人开具契税完税凭证。纳税人持契税完税凭证和其他规定的文件材料,依法向土地管理部门、房产管理部门办理有关土地、房屋的权属变更登记手续。

第四节 车 船 税

车船税是指对在中国境内车船管理部门登记的车辆、船舶依法征收的一种税。征收车船税,2006年12月27日国务院颁布《中华人民共和国车船税暂行条例》,自2007年1月1日起施行。《车船使用牌照税暂行条例》和《中华人民共和国车船使用税暂行条例》同时废止。征收车船税有利于加强对车船的管理;有利于通过税收手段开辟财源、集中财力,缓解发展交通运输事业资金短缺的矛盾;有利于发挥地方建设、改善公共道路和保养航道的积极性;有利于促使纳税人提高车船使用效益,合理利用车船。

一、车船税的纳税人和征税范围

(一)车船税的纳税人

车船税的纳税人是指在中国境内拥有或者管理的车辆、船舶(以下简称车船)的单位和个人。单位包括国有企业、集体企业、私营企业、股份制企业、外商投资企业、外国企业以及其他企业和事业单位、社会团体、国家机关、军队以及其他单位;个人包括个体工商户以及其他个人。车船的所有人或者管理人未缴纳车船税的,使用人应当代为缴纳车船税。从事机动车交通事故责任强制保险业务的保险机构为机动车车船税的扣缴义务人。

(二)车船税的征税范围

车船是指依法应当在车船管理部门登记的车船。包括行驶于中国境内公共道路的车辆和航行于中国境内河流、湖泊或者领海的船舶两大类。车辆指依靠燃油、电力等作为动力的机动车辆,船舶包括拖船和非机动驳船。具体是:①载客汽车(包括电车);②载货汽车(包括半挂牵引车挂车);③三轮汽车、低速货车;④摩托车;⑤船舶(包括拖船和非机动驳船);⑥专项作业车、轮式专用机械车。

二、车船税应纳税额的计算

(一)车船税的计税依据

车船税的计税依据,按车船的种类和性能,分别确定为辆、自重吨位和净吨位3种。

(1) 载客汽车、电车、摩托车，以每辆为计税依据。
(2) 载货汽车、三轮汽车、低速货车，按自重每吨为计税依据。
(3) 船舶，按净吨位每吨为计税依据。

(二) 车船税的税率

车船税采用定额税率，对各类车辆分别规定一个最低到最高限度的年税额，对船舶税额采取分类分级、全国统一的固定税额。车船税税目税额表如表9-1所示。

表9-1 车船税税目税额表

税目	计税单位	每年税额/元	备注
载客汽车	每辆	60~660	包括电车
载货汽车	按自重吨位	16~120	包括半挂牵引车、挂车
三轮汽车 低速货车	按自重吨位	24~120	
摩托车	每辆	36~180	
船舶	按净吨位每吨	3~6	拖船和非机动驳船分别按船舶税额的50%计算

(三) 车船税应纳税额的计算

载客汽车和摩托车的应纳税额＝辆数×适用年税额
载货汽车、三轮汽车、低速货车的应纳税额＝自重吨位数×适用年税额
船舶的应纳税额＝净吨位数×适用年税额
拖船和非机动驳船的应纳税额＝净吨位数×适用年税额×50%

【例9-5】 某运输公司拥有并使用以下车辆和船舶：①从事运输用的自重为2吨的三轮汽车5辆；②自重5吨载货卡车10辆；③净吨位为4吨的拖船5艘；④2辆客车，乘人人数为20人。(当地政府规定，载货汽车的车辆税额为60元/吨，乘坐20人客车税额为500元/辆，船舶每年税额6元/吨。)

要求：计算该公司当年应纳车船使用税。

(1) 从事运输用的自重为2吨的三轮汽车5辆。

应纳税额＝2×60×5＝600(元)

(2) 自重5吨载货卡车10辆。

应纳税额＝5×60×10＝3 000(元)

(3) 净吨位为4吨的拖船5艘。

应纳税额＝4×6×50%×5＝60(元)

(4) 2辆客车，乘人人数为20人。

应纳税额＝500×2＝1 000(元)

本企业共纳车船使用税＝600＋3 000＋60＋1 000＝4 660(元)

三、车船税征收管理

（一）纳税义务发生时间

车船税的纳税义务发生时间，为车船管理部门核发的车船登记证书或者行驶证中记载日期的当月。

（二）纳税地点、纳税期限

车船使用税的纳税地点，由省、自治区、直辖市人民政府根据当地实际情况确定，跨省、自治区、直辖市使用的车船，纳税地点为车船的登记地。车船税按年申报。具体纳税期限由省、自治区、直辖市人民政府确定。

第五节 印 花 税

一、印花税概述

印花税是对经济活动和经济交往中书立、使用、领受具有法律效力并受国家法律保护的凭证征收的一种税。该税以在凭证上粘贴印花税票作为完税的标志，故被称为印花税。

1. 开征印花税的意义

印花税是世界各国普遍征收的古老税种，有着悠久的历史。1624 年荷兰首先开征印花税，以后很多国家效仿实行。我国的印花税是 1912 年由北洋军阀政府首先开征的，1927 年原国民党政府公布了印花税条例。开征印花税的意义在于：对纳税人来说，开征印花税可以使其征税后的凭证受到政府的保护，提高合同的法律效力及其兑现率，促使经济行为规范化和法制化；对政府来说，开征印花税则可以通过征税加强对各种经济凭证的监督和管理，有利于维护市场经济秩序，同时也可以增加财政收入。

2. 印花税的特点

（1）在完税方式上具有特殊性。印花税采取由纳税人自行购花、自行贴花、自行销花的征收方式，即发生印花税纳税义务后，由纳税人根据应税凭证所需缴纳的印花税自行计算，自行到税务机关购买印花税票并自行粘贴在应税凭证上，然后自行销注或画销，即为完成了纳税义务。

（2）在税收负担上具有税负从轻的特征。印花税税率最高为 2‰，原最低为 0.05‰，2018 年减半征收后为 0.025‰。按凭证件数贴花的，每件仅为 5 元。

（3）除营业账簿和权利许可证照外，其他应税项目均以签订合同的双方为印花税纳税人，这同其他税种只以取得应税收入或发生应税行为的一方为纳税人是不同的。

二、印花税的基本要素

（一）印花税的纳税人

《印花税暂行条例》规定，凡在我国境内书立、领受印花税暂行条例中所列举的应税凭证的单位和个人,都是印花税的纳税义务人。单位是指国内各类企业、事业、机关、团体、部队以及中外合资企业、中外合作企业、外资企业、外国公司和其他经济组织及其在华机构等;个人包括我国公民和外国公民。

根据书立、领受应税凭证的不同,印花税的纳税人可以分别称为立合同人、立据人、立账簿人和领受人。

(1) 立合同人指书立合同的单位和个人。
(2) 立据人指书立产权转移书据的单位和个人。
(3) 立账簿人指设立并使用营业账簿的单位和个人。
(4) 领受人指领取或接受权利许可证照的单位和个人。

在确定印花税纳税人时应注意,凡属两方或两方以上当事人共同签订并各执一份的应税凭证,其当事人各方都是印花税的纳税人,由各方就其所持凭证的所载金额按全额贴花。这里所说的当事人是指对应税凭证有直接权利和义务关系的单位和个人,但不包括合同的保人、证人和鉴定人。当事人的代理人有代理纳税的义务,与纳税人负有同等的税收法律义务和责任。

(二) 印花税的征税范围

印花税的征税范围通过税目在《印花税暂行条例》中明确地做了列举,未列举的则不征税。具体的征税范围包括以下几种。

1. 各种经济技术合同及具有合同性质的凭证

各种经济技术合同包括购销、加工承揽、建设工程勘察设计、建筑安装工程承包、财产租赁、货物运输、仓储保管、借款、财产保险和技术合同;具有合同性质的凭证是指具有合同效力的协议、契约、合约、单据、确认书及其他各种名称的凭证,如运输单据、仓储保管单或栈单、借款单据和财产保险单等。

2. 产权转移书据

产权转移书据是指单位和个人因发生产权买卖、继承、赠予、交换、分割等所立的书据,包括财产所有权和版权、商标专用权、专利权、专有技术使用权等转移书据。财产所有权转移书据的征税范围指经过政府管理机关登记注册的动产、不动产的所有权转移以及股权、债券转让所立的书据。

3. 营业账簿

营业账簿是指单位和个人记载生产经营活动的财务会计核算账簿,内容不同可以分为记载资金的账簿和其他账簿。营业账簿按其反映的记载资金的账簿是指反映纳税人资本金状况的账簿;其他账簿是指除资金账簿以外的各种账簿。凡纳税人用以反映资本金数额增减变化,核算纳税人经营成果的账簿,包括各种总账、日记账和明细分类账簿都属于营业账簿,但纳税人根据业务管理需要设置的各种登记簿,如备查账簿、空白重要凭证登记簿、有价单证登记簿等,用于内部备查,属于非营业账簿,不在印花税的征税范围之内。

4. 权利许可证照

权利许可证照指由政府部门发给的证件、执照,包括房屋产权证、工商营业执照、商标注册、专利证和土地使用证。

5. 经财政部确定征税的其他凭证

由于对证券交易行为目前尚未开征专门的税种,因此对证券交易过程中发生的股权转让书据暂时列入印花税的征税范围中,归属于产权转移书据类。

(三) 印花税的税率

印花税采取两种税率形式,即比例税率和定额税率。

1. 比例税率

印花税的比例税率分为 6 个档次:0.05‰、0.3‰、0.5‰、1‰、2‰、0.025‰。适用比例税率的有各类经济技术合同以及具有合同性质的凭证、产权转移书据和记载资金的营业账簿。

(1) 适用 0.05‰ 税率的为借款合同。

(2) 适用 0.3‰ 税率的为购销合同、建筑安装工程承包合同和技术合同。

(3) 适用 0.5‰ 税率的为加工承揽合同、建设工程勘察设计合同、货物运输合同、产权转移书据、营业账簿中记载资金的账簿,自 2018 年 5 月 1 日起,对按万分之五税率贴花的资金账簿减半征收印花税,即 0.025‰。

(4) 适用 1‰ 税率的为财产租赁合同、仓储保管合同、财产保险合同。

(5) 适用 2‰ 税率的为股权转让书据。此项是根据经济发展需要而增加的税目,故《印花税税目税率表》中未列入。其税率几经变化,自 2001 年 11 月 16 日起由按交易金额的 4‰ 征收改为按 2‰ 收。经国务院批准,财政部、国家税务总局决定,从 2008 年 4 月 24 日起,再次调整证券(股票)交易印花税率,由现行 3‰ 调整为 1‰。即对买卖、继承、赠予所书立的 A 股、B 股股权转让数据,由立据双方当事人分别按 1‰ 的税率缴纳证券交易印花税。

2. 定额税率

适用定额税率的有权利许可证照和营业账簿中的其他账簿,它们均为按件贴花,每件税额为 5 元。

三、印花税应纳税额的计算及减免

(一) 印花税的计税依据

印花税采取按金额计税和按数量计税两种方式。凡采用比例税率的凭证,以应税凭证的购销金额、收入额及收取的费用为计税依据;凡采用定额税率的凭证,以应税凭证为计税依据。

(二) 确定计税依据时,应按规定处理的问题

(1) 以金额、收入、费用作为计税依据的,应当全额计税,不得作任何扣除。

(2) 同一凭证载有两个或两个以上经济事项而适用不同税目税率的,如分别记载金额时,应分别计算应纳税额,相加后按合计税额贴花;如未分别记载金额的,按税率高的经济事项计税贴花。

(3) 按金额比例贴花的应税凭证,未标明金额的,应按照凭证所载数量及国家牌价计算金额;没有国家牌价的,按市场价格计算金额,然后按规定税率计算应纳税额。

(4)应纳税额不足1角的,免纳印花税;1角以上的,其税额尾数不满5分的不计,满5分的按1角计算。

(5)有些合同在签订时无法确定计税金额,如技术转让合同中的转让收入是按销售收入的一定比例收取或是按实现利润分成的;财产租赁合同只是规定了月(天)租金标准而无租赁期限。对于这类合同,可在签订时先按定额5元贴花,以后结算时再按实际金额计税,补贴印花。

(6)不论合同是否兑现或是否按期兑现,均应按规定贴花。

(7)对有经营收入的事业单位,凡属由国家财政拨付事业经费,实行差额预算管理的单位,其记载经营业务的账簿,按其他账簿定额贴花,不记载经营业务的账簿不贴花;凡属经费来源实行自收自支的单位,其营业账簿应对记载资金的账簿和其他账簿分别计算应纳税额。

(8)商品购销活动中,采用以货换货方式进行商品交易签订的合同,是反映既购又销双重经济行为的合同。对此,应按合同所载的购、销合计金额计税贴花。

(9)施工单位将自己承包的建设项目,分包或者转包给其他施工单位所签订的分包合同或者转包合同,应按新的分包合同或转包合同所载金额计算应纳税额。

(10)现行印花税法规定,股份制试点企业向社会公开发行的股票,因购买、继承、赠予所书立的股权转让书据,均依书立时证券市场当日实际成交价格计算应税金额,由立据双方当事人分别按2‰的税率缴纳印花税。

(11)应税凭证所载金额为外国货币的,应按照凭证书立当日国家外汇管理局公布的外汇牌价折合成人民币,然后计算应纳税额。

(12)对国内各种形式的货物联运,凡在起运地统一结算全程运费的,应以全程运费作为计税依据,由起运地运费结算双方缴纳印花税;凡分程结算运费的,应以分程的运费作为计税依据,分别由办理运费结算的各方缴纳印花税。

(三)印花税应纳税额的计算

纳税人的应纳税额,根据应税凭证的性质,分别按比例税率或者定额税率计算。

1. 按金额计算的公式

$$应纳税额=应税凭证计税金额×适用税率$$

【例9-6】 A公司与B公司签订了一份以货换货合同,A公司的货物价值100万元,B公司的货物价值90万元,计算A、B公司各应纳印花税多少?

A、B公司各应纳税额=(1 000 000+900 000)×0.3‰=570(元)

2. 按件计算的公式

$$应纳税额=应税凭证件数×固定税额$$

【例9-7】 甲企业开业,当月领受工商营业执照、房屋产权证各1件,启用除资金账簿之外的其他营业账簿10本,计算甲企业当月应纳印花税应为多少?

分析:营业执照、房屋产权证均按件贴花,每件5元。

$$应纳税额 = 2 \times 5 = 10(元)$$

(四) 印花税的减免税及处罚规定

1. 印花税的免税规定

(1) 对已缴纳印花税凭证的副本或者抄本免税。凭证的正式签署本已按规定缴纳了印花税,其副本或者抄本对外不发生权利义务关系,只是留存备查,所以免征印花税。但是以副本或者抄本视同正本使用的,则应另贴印花。

(2) 对财产所有人将财产赠予政府、社会福利单位、学校所立的书据免税。所谓社会福利单位是指抚养孤老伤残的社会福利单位。对上述书据免税,旨在鼓励财产所有人有利于发展文化教育事业,造福社会的捐赠行为。

(3) 对国家指定的收购部门与村民委员会、农民个人书立的农副产品收购合同免税。

(4) 对无息、贴息贷款合同免税。无息、贴息贷款合同是指我国的各专业银行按照国家金融政策发放的无息贷款,以及由各专业银行发放并按有关规定由财政部门或中国人民银行给予贴息的贷款项目所签订的贷款合同。一般情况下,无息、贴息贷款体现国家政策,满足特定时期的某种需要,其利息全部或者部分是由国家财政负担的,对这类合同征收印花税没有财政意义,所以免征印花税。

(5) 对外国政府或者国际金融组织向我国政府及国家金融机构提供优惠贷款所书立的合同免税。这类合同是就具有援助性质的优惠贷款而成立的政府间协议,对其免税有利于引进外资,利用外资,推动我国经济与社会的快速发展。

(6) 对房地产管理部门与个人签订的用于生活居住的租赁合同免税。

(7) 对农牧业保险合同免税。对这类合同免税是为了支持农村保险事业的发展,减轻农牧业生产的负担。

(8) 对特殊货运凭证免税。这类凭证包括军事物资运输凭证,即附有军事运输命令或专用的军事物资运费结算凭证;抢险救灾物资运输凭证,即附有县级以上(含县级)人民政府抢险救灾物资运输证明文件的运费结算凭证;新建铁路的工程临管线运输凭证,即为新建铁路运输施工所需物料,专用的工程临管线运费结算凭证。

2. 印花税的处罚规定

《印花税暂行条例》规定,纳税人有下列行为之一的,由税务机关根据情节轻重予以处罚。

(1) 在应税凭证上未贴或少贴印花税票的,税务机关除责令其补贴印花税票外,可处以应补贴印花税票金额3~5倍的罚款。

(2) 已粘贴在应税凭证上的印花税票未注销或未划销的,税务机关可处以未注销或未画销印花税票金额1~3倍的罚款。

(3) 已贴用的印花税票揭下重用的,税务机关可以处以重用印花税票金额5倍或2 000~10 000元的罚款。

(4) 伪造印花税票的,由税务机关提请司法机关追究其刑事责任。

四、印花税的缴纳与征收

（一）印花税的纳税方法

根据税额大小、贴花次数的不同以及税收征收管理的需要，印花税分别采用以下4种纳税办法：①自行贴花办法；②汇贴办法；③汇缴办法；④委托代征办法。

（二）印花税的纳税环节及纳税地点

印花税的纳税环节在应税凭证书立或领受时。具体指在合同签订时、账簿启用时和证照领受时贴花。如果合同是在国外签订，并且不便在国外贴花的，应在将合同带入境时办理贴花纳税手续。印花税一般实行就地纳税。对于全国性商品物资订货会（包括展销会、交易会等）上所签订合同应纳的印花税，由纳税人回其所在地后及时办理贴花完税手续；地方主办、不涉及省际关系的订货会、展销会上所签合同的印花税，其纳税地点由各省、自治区、直辖市人民政府自行确定。

第六节 城市维护建设税和教育费附加

一、城市维护建设税

（一）城市维护建设税概述

城市维护建设税，又称城建税，是以纳税人实际缴纳的产品税、增值税税额为计税依据，依法计征的一种税。城市维护建设税分别与产品税、增值税同时缴纳，有助于加强城市的维护建设，扩大和稳定城市维护建设资金的来源。2020年8月11日，第十三届全国人民代表大会常务委员会第二十一次会议通过《中华人民共和国城市维护建设税法》，自2021年9月1日起施行。

小贴士

中华人民共和国城市维护建设税法

（2020年8月11日第十三届全国人民代表大会常务委员会第二十一次会议通过）

第一条 在中华人民共和国境内缴纳增值税、消费税的单位和个人，为城市维护建设税的纳税人，应当依照本法规定缴纳城市维护建设税。

第二条 城市维护建设税以纳税人依法实际缴纳的增值税、消费税税额为计税依据。城市维护建设税的计税依据应当按照规定扣除期末留抵退税退还的增值税税额。

城市维护建设税计税依据的具体确定办法，由国务院依据本法和有关税收法律、行政法规规定，报全国人民代表大会常务委员会备案。

第三条 对进口货物或者境外单位和个人向境内销售劳务、服务、无形资产缴纳的增值税、消费税税额,不征收城市维护建设税。

第四条 城市维护建设税税率如下:

(一)纳税人所在地在市区的,税率为百分之七;

(二)纳税人所在地在县城、镇的,税率为百分之五;

(三)纳税人所在地不在市区、县城或者镇的,税率为百分之一。

前款所称纳税人所在地,是指纳税人住所地或者与纳税人生产经营活动相关的其他地点,具体地点由省、自治区、直辖市确定。

第五条 城市维护建设税的应纳税额按照计税依据乘以具体适用税率计算。

第六条 根据国民经济和社会发展的需要,国务院对重大公共基础设施建设、特殊产业和群体以及重大突发事件应对等情形可以规定减征或者免征城市维护建设税,报全国人民代表大会常务委员会备案。

第七条 城市维护建设税的纳税义务发生时间与增值税、消费税的纳税义务发生时间一致,分别与增值税、消费税同时缴纳。

第八条 城市维护建设税的扣缴义务人为负有增值税、消费税扣缴义务的单位和个人,在扣缴增值税、消费税的同时扣缴城市维护建设税。

第九条 城市维护建设税由税务机关依照本法和《中华人民共和国税收征收管理法》的规定征收管理。

第十条 纳税人、税务机关及其工作人员违反本法规定的,依照《中华人民共和国税收征收管理法》和有关法律法规的规定追究法律责任。

第十一条 本法自2021年9月1日起施行。1985年2月8日国务院发布的《中华人民共和国城市维护建设税暂行条例》同时废止。

1. 开征城市维护建设税的意义

(1)使城市维护和建设所需要的资金有了稳定、可靠的来源,有利于城市的维护建设随着经济的发展而不断发展。

(2)有利于加快新兴城市的开发和老城市的扩建、改造。

(3)有利于保证城市公用事业和公共设施的维护与建设,不断改善城镇居民生活环境。

(4)体现了对受益者课税,权利与义务相一致的原则。

2. 城市维护建设税的特点

与其他税种相比,城市维护建设税具有以下特点。

(1)具有附加税性质

城建税以纳税人实际缴纳的增值税、消费税税额为计税依据,附加于"两税"税额计算征收,其本身并没有特定的、独立的征税对象。

(2)具有专款专用的特点

城市维护建设税税款专门用于城市的公用事业以及公共设施的维护和建设,也可以部分用于城市交通管理、消防设施、中小学修缮补助等习惯性开支。征自乡镇所在地的税款,则专门用于乡镇的维护和建设。

(二) 城市维护建设税的基本要素

1. 城市维护建设税的纳税人

凡在我国境内从事生产、经营,缴纳增值税、消费税的单位和个人都是城市维护建设税的纳税人。国有企业、集体企业、股份制企业、私营企业、其他企业或机关、团体、部队、事业单位以及个体工商户和其他个人,只要缴纳了上述两种税,就发生了缴纳城市维护建设税的义务,必须按照税法规定缴纳城市维护建设税。但是,目前我国税法规定:外商投资企业和外国企业虽负有"两税"的纳税义务,但暂不缴纳城市维护建设税。

2. 城市维护建设税的征税范围

城建税在全国范围内征收,不仅包括城镇,还包括广大农村在内。即凡缴纳增值税、消费税的单位和个人所在的地区,无论是城市、县城、建制镇或者以外的地区,除税法另有规定者外,都属于城建税的征税范围。

3. 城市维护建设税的税率

城市维护建设税实行地区差别比例税率,也就是说纳税人适用的城建税税率是根据纳税人所在地的不同,实行不同档次的税率。

(1) 纳税人所在地为市区的,税率为7%。
(2) 纳税人所在地为县城、建制镇的,税率为5%。
(3) 纳税人所在地在市区、县城、建制镇以外的,税率为1%。

确定纳税人的适用税率,一律按其纳税所在地的规定税率执行。同一地区的纳税人,不能因企业隶属关系不同、规模不同而执行不同的税率。但是,对下列两种情况,可以按缴纳"两税"所在地的规定税率就地缴纳城建税。

一是由受托方代扣代缴"两税"的单位和个人,其代扣代缴的城建税按受托方所在地的规定税率一并执行。二是流动经营等无固定纳税地点的单位和个人,在经营地缴纳"两税"的,其城建税应按经营地适用税率执行。

(三) 城市维护建设税应纳税额的计算及减免

1. 城市维护建设税的计税依据

城市维护建设税以纳税人实际缴纳的增值税和消费税税额为计税依据。作为计税依据的税额仅指"两税"的正税,税务机关对纳税人有违法行为而加收的滞纳金和罚款等非税收款项,不能作为城建税的计税依据。但是,纳税人被税务机关查补"两税"和被处以罚款时,应同时对其偷漏的城建税进行补税和罚款。自1997年1月1日起,供货企业向出口企业和市县外贸企业销售出口产品时,以增值税当期销项税额抵扣进项税额后的余额计算缴纳城建税。

2. 城市维护建设税应纳税额的计算

城市维护建设税的应纳税额的计算公式如下:

$$应纳税额 = 纳税人实际缴纳的增值税、消费税税额 \times 适用税率$$

【例9-8】 位于某市市区的一企业本月应缴纳增值税 200 000 元,消费税 50 000 元,计算其应缴纳的城市维护建设税。

$$应纳城建税税额 = (实纳增值税 + 实纳消费税) \times 适用税率$$
$$= (200\,000 + 50\,000) \times 7\%$$
$$= 17\,500(元)$$

3. 城市维护建设税的减免税

城市维护建设税以纳税人实际缴纳的增值税、消费税税额为计税依据并同时征收,因此,城建税原则上不单独减免,但是,如果要免征或者减征"两税",同时也要免征或者减征城建税。减免城建税具体有以下几种情况。

(1) 对海关代征的增值税和消费税税额,免征城建税,简称"进口不征"。

(2) 由于减免"两税"而发生的退税,同时退还已纳的城市维护建设税,但是对出口产品退还增值税、消费税的,不退还已纳的城建税,简称"出口不退"。

(3) 对外商投资企业和外国企业缴纳的"两税"暂免征收城建税。

(4) 对机关服务中心为机关内部提供的后勤服务所取得的收入,在2005年12月31日前暂免征收城建税。

(5) 对个别缴纳城建税确有困难的企业和个人,有县(市)级人民政府审批,酌情给予减免税照顾。

(四) 城市维护建设税的缴纳与征收

1. 城市维护建设税的纳税环节

城建税的纳税环节,是指城建税法规定的纳税人应当缴纳城建税的环节。城建税的纳税环节同纳税人缴纳增值税、消费税的纳税环节相同,纳税人只要发生了"两税"的纳税义务,就要在同样的环节分别计算缴纳城建税。

2. 城市维护建设税的纳税地点

城建税的纳税地点就是该纳税人缴纳"两税"的地点。属于下列情况的纳税地点为:

(1) 以代扣代缴方式缴纳"两税"的单位和个人,其城建税的纳税地点在代扣代缴地。

(2) 银行的纳税地点。各银行总行城建税的纳税地点为总行机构所在地,直接向国家税务总局征收机构申报缴纳。

(3) 对管道局输油部分的收入应缴纳的城建税,由取得收入的各管道局于所在地缴纳增值税时一并缴纳。

(4) 跨省开采的油田,下属生产单位与核算单位不在一个省内的,由核算单位按照各油井的产量和规定税率,将应纳税款计算汇拨油井所在地,在油井所在地随应纳的增值税一并缴纳。

(5) 对流动经营等无固定纳税地点的单位和个人,应随同"两税"在经营地按适用税率缴纳。

3. 城市维护建设税的纳税时间和纳税期限

城市维护建设税的纳税义务发生时间和纳税期限的规定与现行增值税、消费税的相同,除有特殊规定者外,发生了"两税"纳税义务的同时,城建税的纳税义务也发生了。增值税、消费税的纳税期限分别为1日、3日、5日、10日、15日或者1个月,具体纳税期限可由主管税务机关根据纳税人的情况分别确定。如果不能按照固定的纳税期限纳税的,可以按次纳税。

二、教育费附加

(一)教育费附加概述

教育费附加是对缴纳增值税、消费税的单位和个人,就其实际缴纳的税额为依据征收的一种附加费。

教育费附加是为了加快发展地方教育事业,扩大地方教育经费的资金来源而征收的一项专用基金。国务院于1986年4月28日颁布了《征收教育费附加的暂行规定》,决定从同年7月1日起在全国范围内征收教育费附加。教育费附加的征收有助于开辟多种渠道筹措教育经费,调动了企、事业单位和其他社会力量办学的积极性,使教育经费除了国家拨款,还有了随经济发展而稳步增长的可靠来源。

(二)教育费附加的征收范围、计征依据和计征比率

教育费附加在全国范围内对缴纳增值税、消费税的单位和个人征收,以实际缴纳的"两税"税额为计征依据,分别在发生"两税"的纳税义务时计算缴纳。

根据规定,现行教育费附加的征收比率为3%。

(三)教育费附加的计算

一般单位和个人教育费附加的计算

应交教育费附加=纳税人实际缴纳的增值税、消费税税额×征收比率

【例9-9】 某市一企业本月应缴纳增值税200 000元,消费税50 000元,计算其应缴纳的教育费附加。

$$应缴纳教育费附加=(实纳增值税+实纳消费税)\times 征收比率$$
$$=(200\ 000+50\ 000)\times 3\%$$
$$=7\ 500(元)$$

(四)教育费附加的减免规定

教育费附加以纳税人实际缴纳的增值税、消费税税额为计征依据并同时征收,因此,原则上不单独减免,但是,如果要免征或者减征"两税",同时也要免征或者减征教育费附加。减免教育费附加具体有以下几种情况。

(1) 对海关进口产品征收的增值税和消费税税额,免征教育费附加。

(2) 由于减免"两税"而发生退税的,同时退还已纳的教育费附加,但是对出口产品退还增值税、消费税的,不退还已纳的教育费附加。

(3) 对外商投资企业和外国企业缴纳的"两税"暂免征收教育费附加。

(4) 对下岗失业人员从事个体经营(除建筑业、娱乐业及广告业、桑拿、按摩、网吧、氧吧外)的,自领取税务登记证之日起,3年内免征城市维护建设税、教育费附加。

◆ 技能训练题

一、单项选择题

1. 根据房产税法律制度的有关规定,下列各项中不属于房产税纳税人的是（　　）。
    A. 城区房产使用人　　　　　　　B. 城区房产代管人
    C. 城区房产所有人　　　　　　　D. 城区房产出典人

2. 我国现行房产税实行比例税率,如果依照房产租金收入计算缴纳的,税率为（　　）。
    A. 12%　　　　　　　　　　　　B. 20%
    C. 10%　　　　　　　　　　　　D. 1.2%

3. 根据我国《房产税暂行条例》的规定,下列各项中符合房产税纳税义务人规定的是（　　）。
    A. 房屋产权出典的由出典人缴纳
    B. 产权纠纷未解决的由代管人或者使用人缴纳
    C. 产权属于国家所有的不缴纳
    D. 产权未确定的不缴纳

4. 纳税人新购置车辆使用的,其车船税的纳税义务发生时间为（　　）。
    A. 购置使用的当月起　　　　　　B. 购置使用的次月起
    C. 购置使用的当年起　　　　　　D. 购置使用的次年起

5. 下列免征车船税的项目是（　　）。
    A. 个人拥有私车　　　　　　　　B. 运输公司运货车
    C. 搬家公司的搬家车辆　　　　　D. 环卫局垃圾车

二、多项选择题

1. 下列各项中,应当征收房产税的有（　　）。
    A. 城市居民出租的房屋　　　　　B. 城市居民投资联营的房产
    C. 城市居民所有的自住用房　　　D. 城市居民拥有的营业用房

2. 下列各项中,关于房产税的免税规定表述正确的有（　　）。
    A. 对高校后勤实体免征房产税
    B. 对非营利性医疗机构的房产免征房产税
    C. 房管部门向居民出租的公有住房免征房产税
    D. 应税房产大修停用3个月以上的,在大修期间可免征房产税

3. 下列各项中,符合车船税有关规定的有（　　）。
    A. 乘人车辆,以"量"为计税依据
    B. 载货汽车,以"净吨位"为计税依据
    C. 机动船,以"艘"为计税依据
    D. 非机动船,以"载重吨位"为计税依据

4. 下列各类在用车船中,可以享有车船税减免税优惠政策的有（　　）。
    A. 人民团体自用的汽车　　　　　B. 军队用于出租的富裕车辆
    C. 医院自用的救护车辆　　　　　D. 载重量不超过1吨的渔船

5. 根据印花税法律制度的规定,下列各项中属于印花税征税范围的有( )。
   A. 土地使用权出让合同　　　　　B. 土地使用权转让合同
   C. 商品房销售合同　　　　　　　D. 房屋产权证

三、思考题

1. 房产税的纳税人是如何规定的?
2. 从价计征时确定房产税的计税依据应注意哪些问题?
3. 契税的征收范围是如何规定的?
4. 车船使用税的征收范围是如何规定的?
5. 印花税的特点是什么?

四、实践课堂

1. 某个人有房屋6间,其中2间门面房出租给某饭店,租金按其当年营业收入的10%收取,该饭店当年营业收入20万元;还有2间出租给当地某运输企业作为库房,月租金收入为1 000元。试计算该出租户本年应纳房产税。

2. 某企业2021年4月开业,领受房屋产权证、工商营业执照、商标注册证、土地使用证各1件;与其他企业订立转移专用技术使用权书据1件,所载金额100万元;订立产品购销合同两件,所载金额为150万元;订立借款合同1份,所载金额为50万元;订立财产保险合同1份,保险费收入为6万元。此外,企业的营业账簿中,"实收资本"科目载有资金300万元,其他账簿5本。2021年12月底该企业"实收资本"所载资金增加为360万元。请计算该企业4月应纳印花税额和12月份应补纳印花税额。

提示:企业领受权利、许可证照、订立产权转移书据、订立购销合同、订立借款合同、订立财产保险合同、营业账簿中"实收资本"、企业其他营业账册均应纳税,并注意计税依据。

3. 2021年,黄某获得单位奖励的房屋1套。黄某得到该房屋后又将其与李某的1套房屋进行交换。房地产评估机构评估黄某房屋价值30万元,李某房屋价值35万元,协商后黄某实际向李某支付房屋交换差价5万元。税务机关核定黄某房屋价值28万元。当地规定的契税税率为4%。要求:计算黄某2021年应缴纳的契税。

第十章

税 收 筹 划

◆ 技能要求

(1) 能对税收筹划的效应有正确认识。
(2) 能正确把握税收筹划与偷税及避税的关系。
(3) 运用所学知识对相关税收筹划案例的性质进行基本判断和分析。

背景资料

我国税收筹划的发展

第一阶段为新中国成立初期到1994年的忽视阶段。
第二阶段为1994年新税制实施到1999年的初步探索阶段。
1994年:新税制的颁布实施,标志着我国税收走上了法制化轨道,依法治税不断强化。
税务代理制度在我国建立并在全国试行。
唐腾翔,唐向出版《税收筹划》。
1999年:举行第二次全国注册税务师执业资格考试的考务通知。
中国人民大学财经学院开设税收筹划课程。
教育部将税务筹划课程列入财务管理专业(本科)"十五"国家级教材规划选题。
第三阶段为2000年以来的理论深化与实践拓展阶段。
2000年:对于民间税务筹划的开展,官方也经历了一个从反感、抵制到默认的过程。
据《财经时报》的消息,2000年12月在中国税务报社举办了一个关于"税收筹划"的研讨会,专家学者、政府官员及业界人士就税收筹划进行了专题研讨。
2000年:税收筹划专业网站建立。
"中国税收筹划网""大中华财税网""中国财税信息网""中国税收咨询网""润博财税"等。
2017年:中国注册税务师协会就发布了税收筹划业务规则(试行)。
业务规则对税收筹划服务的主要内容、税收筹划业务承接的基本要求等做出了明确要求,要求税务师在提供税收筹划服务时,提供的服务成果必须以国家税收政策及其他相关法律法规为依据,不得违反国家法律法规和相关规定。

第一节 税收筹划的含义

一、税收筹划的概念

税收筹划也称纳税筹划或税务筹划。国际上对税收筹划概念的描述不尽一致,以下是几种有代表性的观点。

荷兰国际文献局 IBIF 编写的《国际税收辞汇》中是这样定义的:"税收筹划是指纳税人通过经营活动或对个人事务活动的安排,实现缴纳最低的税收。"

印度税务专家 N.J. 雅萨斯威在《个人投资和税收筹划》一书中说:"税收筹划是纳税人通过财务活动的安排,以充分利用税收法规所提供的包括减免税在内的一切优惠,从而获得最大的税收利益。"

美国南加州大学 W.B. 梅格斯博士在与他人合著的《会计学》中讲道:"人们合理而又合法地安排自己的经营活动,使之缴纳尽可能低的税收。他们使用的方法可称为纳税筹划……少缴税和递延缴纳税收是纳税筹划的目标所在。"另外他还谈道:"在纳税发生之前,系统地对企业经营或投资行为做出事先安排,以达到尽量地少缴所得税,这个过程就是纳税筹划。"

在税收方面,我国学术界近几年也开始对税收筹划的概念进行研究。

一种观点认为,税收筹划也称节税,是纳税人在税法规定许可的范围内,通过对经营、投资、理财活动的事先筹划和安排,尽可能地取得节约税收成本的税收收益。

另一种观点认为,税收筹划是纳税人依据现行税法,在遵守税法、尊重税法的前提下,运用纳税人的权利,根据税法中的"允许""不允许",以及"非不允许"的规定,对涉税事项进行旨在减轻税负的谋划和对策。

本书认为,税收筹划是指在纳税行为发生之前,在不违反法律、法规(税法及其他相关法律、法规)的前提下,通过对纳税主体(法人或自然人)的经营活动或投资行为等涉税事项做出事先安排,以达到少缴税和递延缴纳目标的一系列谋划活动。

二、税收筹划与偷税、避税

税收筹划的目的是使纳税人缴纳尽可能少的税款,但减少税款缴纳还可以通过其他一些手段和方法,如偷税、避税等。下面通过税收筹划与偷税、避税的比较,可以更清晰地了解税收筹划与其他减少纳税方法的区别,避免使税收筹划活动陷入违法的泥潭。

(一)税收筹划与偷税的区别

偷税(tax evasion)是指纳税人有意违反税法的规定,使用欺骗、隐瞒的手段,不缴或减少税款缴纳的违法行为。按照我国现行税收征管法的界定,偷税是指纳税人故意伪造、变更、隐瞒、擅自销毁账簿和凭证,在账簿上多列支出,或者不列、少列收入,或者采用虚假的纳税申报的手段,从而不缴或者少缴税款的行为。税收筹划与偷税在以下几方面存在不同。

1. 经济行为

在经济行为上,偷税是对一项实际已发生的应税经济行为全部或部分的否定,而税收筹划只是对某项应税经济行为的实现形式和过程在事前进行的某种安排,其经济行为符合减轻纳税的相关法律规定。

2. 行为性质

在行为性质上,偷税是公然违反税法,与税法对抗的一种行为。偷税的主要手段表现为纳税人通过有意识地谎报和隐匿有关的纳税情况和事实,达到少缴或不缴税款的目的,其行为具有明显欺诈的性质。但有时也会出现纳税人因疏忽和过失,即非故意而造成纳税减少情况,这种情况以前称为漏税(tax negligence)。

由于对主观上的故意和非故意难以作出法律上的判断,我国现行税法不再采用这一法律用语,也就是说尽管纳税人可能并非故意不缴税,但只要后果产生,就是法律不允许的或非法的;而税收筹划是在尊重税法、遵守税法的前提下,利用法律的规定,结合纳税人的具体经营情况,选择最有利的纳税方案。当然税收筹划还包括利用税法的缺陷或漏洞进行减轻税负的活动,但税收筹划行为的性质是合法的,至少是不违反法律的禁止性条款的。

3. 法律后果

在法律后果上,偷税行为是属于法律上明确禁止的行为,因而一旦被征收机关查明属实,纳税人就要为此承担相应的法律责任,受到制裁。世界各个国家的税法对隐瞒纳税事实的偷逃税行为都有处罚规定。而税收筹划是通过某种合法的形式承担尽可能少的税收负担,其经济行为无论从形式上还是事实上都是符合法律规定的。各国政府对此一般是默许和保护的。如果税收筹划比较严重地影响到政府的财政收入,政府则会采取修改与完善有关税法规定等措施,以堵塞可能为纳税人所利用的漏洞。

4. 对税法的影响

对税法的影响上,偷税是纳税人的一种藐视税法的行为,纳税人的偷税行为能否得逞与税法是否科学关系不大;要防止偷税,就要加强征管,严格执法。在进行税收筹划时,需要纳税者既熟悉税法条文和充分理解税法精神,又掌握必要的筹划技术,才能达到省税的目的。如果说税收筹划在一定程度上利用了税法规定的缺陷,则它从另一个方面也能促进税法的不断完善,使之更加科学。

小贴士

教人偷税坐牢5年

美国俄亥俄州有位叫弗莱的作者写了一本叫《不缴税也不用坐牢》的书,使政府税收损失近1 300万美元。为此,美国财政部国内收入署对弗莱提出指控,致使弗莱被判刑入狱5年。

(二)税收筹划与避税的关系

避税(tax avoidance)是指纳税人利用税法漏洞或者缺陷钻空取巧,通过对经营及财务活动的精心安排,以期达到纳税负担最小的经济行为。

比如20世纪60—70年代,美国的公司所得税税负重,美国的纳税人通过"避税地"进行避税,把利润通过关联交易转移到"避税地"公司的账户上,从而大大减少美国本土总机构的账面利润,以减少纳税。这当然损害了美国的财政利益,但在当时缺乏反避税法律约束的环境下,政府也只好默认。再比如,我国的一些企业为了享受外商投资企业的"两免三减半"的税收优惠,从国外请来客商,不要其投资,只借其名义,成立了所谓的中外合资经营企业。这就违背了税收的立法精神和立法意图,不符合政府的税收政策导向。它虽然不受反避税以外的法律条款的约束,但也得不到法律的保护。

在国际上,有关避税合法性的争论一直持续了几十年。避税的实施者根据"法律无明文规定不为罪"的原则,认为避税"合法"。避税者常常引用1947年一个判例中美国法官汉德的一段话来为自己的行为辩护。汉德说:"纳税人无须超过法律的规定来承担国家税收。税收是强制课征的,而不是自愿的捐款。以道德的名义来要求税收,纯粹是奢谈。"但随着避税范围的扩大,给各国财政收入造成影响的增大,美国、德国等国家逐渐以立法形式否定了避税的合法色彩。

进入20世纪80年代,越来越多的国家在税法中加入了反避税条款。80年代末,避税已有新的定义,即纳税人通过个人或企业实务的人为安排,利用税法的漏洞、特例和缺陷,规避或减轻其纳税义务的行为。从目前的情况看,避税已不再是中性的行为,而是法律条款或者立法精神所反对的,至少是不支持的行为。我国现行税法中也已有了被税务专业界称为反避税条款的内容。由于避税是纳税人在不违法的情况下,利用税法的漏洞和缺陷来减少纳税,所以我国对避税并没有规定法律责任,但还是采取了可以对纳税人进行强制调整,要求纳税人补缴税款的反避税措施。比如,在我国的《增值税暂行条例》《营业税暂行条例》《企业所得税暂行条例》中,都有关于商品或劳务价格明显低于市场价,税务机关有权进行调整,并以调整以后的价款计征税款的规定。这些规定都被税务专业界称为反避税条款的内容。避税是纳税人利用税法上的漏洞和不成熟之处,打"擦边球",钻税法的空子,通过对其经济行为的巧妙安排,来谋取不正当的税收利益。而纳税筹划则是遵照国家税法的规定和遵循政府的税收立法意图,在纳税义务确立之前为了省税所作的对投资、经营、财务活动的事先安排。避税尽管在形式上是合法的,但其内容却有悖于税法的立法意图。而税收筹划从形式到内容完全合法,反映了国家税收政策的意图,是税收法律予以保护和鼓励的。

需要指出的是,虽然理论上避税和税收筹划有所不同,但在税收筹划的具体实施中却充斥着利用税法缺陷进行的所谓"非违法"的行为。行为者坚持法律只承认事实,不承认应该;人是"经济人",出发点是利己的,不能强求纳税人动机的"利他性"。因此,作为不同利益的代表者,税收征收机关和会计师及企业税务顾问在不少涉税行为是否属于"避税"等问题上还存在分歧。

 专栏 10-1

在美国南加州大学 W. B. 梅格斯、R. F. 梅格斯合著的《会计学》中,援引了知名法官勒尼德·汉德的一段名言:"法院一再声称,人们安排自己的活动以达到低税负的目的,是无可指责的。每个人都可以这样做,不论他是富翁,还是穷光蛋。而且这样做是完全正当的,因为他无须超过法律的规定来承担国家赋税;税收是强制课征的,而不是靠自愿捐款。以道德的名义来要求税收,不过是奢谈空论而已"。然后该书作了如下阐述:"人们合理而又合法地安排自己的经营活动,使之缴纳尽可能少的税款。他们使用的方法可称为税务筹划……少缴税和递延缴纳税款是税务筹划的目标所在。"他接着说:"美国联邦所得税已变得如此之复杂,这使为企业提供详尽的税务筹划成为一种谋生的职业。现在几乎所有的公司都聘用专业的税务专家,研究企业主要经营决策对税收的影响,为合法地少纳税制订计划。"

另外他还说:"在纳税发生之前,有系统地对企业经营或投资行为做出事先安排,以达到尽量减少缴纳所得税的目的,这个过程就是筹划。筹划内容主要包括选择企业的组织形式和资本结构,投资采取租用还是购入的方式,以及交易的时间。"

第二节 税收筹划的基本原则

纳税人在税收筹划过程中应始终坚持一定的行为准则,避免因税收筹划不当而损害长期利益。在具体开展税收筹划活动时,应遵循以下几条基本原则。

一、法律原则

1. 合法性原则

在税收筹划中,首先必须要严格遵循筹划的合法性原则。偷逃税收也可以减轻纳税人的税收负担,但是违背了税收筹划的合法性原则。

税收是政府凭借国家政治权力,按照税收法律规定,强制地、无偿地取得财政收入的一种方式。税收法律是国家以征税方式取得财政收入的法律规范,税法调整税收征纳双方的征纳关系,形成征纳双方各自的权利与义务,征纳双方都必须遵守。严格地按照税法规定充分地尽其义务、享有其权利,才符合法律规定,即才合法。税收筹划只有在遵守合法性原则的条件下,才可以考虑纳税人少缴纳税的各种方式。

2. 合理性原则

在税收筹划中,还要遵循筹划的合理性原则,注意税收筹划要符合包括税收政策在内的各项国家政策精神。那些不符合国家政策精神的行为,如钻税法漏洞的行为等,不符合税收筹划的合理性原则。在市场经济条件下,国家把税收制度作为间接调控宏观经济和微观经济的一个重要手段。税收政策调控涉及的面非常广泛,从国家的宏观经济发展战略到国家的微观经济发展战略,从财政、经济领域到社会领域,各地区、各行各业的各种行为都可能有不同的税收待遇,这些行为只要符合国家法律精神,都是合理的行为。反之,则是不合理行为。税收优惠是国家政策的一个重要组成部分,符合国家政策的某些行为可能享受不同的税收优惠。纳税人通过符合和贯彻国家政策的行为而取得的税收优惠被称为"税收利益(tax benefit)"。

> **小贴士**
>
> 税收利益是指通过节税少缴纳的税款,税收利益通常被认为是纳税人的正当收益。税收利益是政府的"税式支出(tax expenditure)"。税式支出也称为税收支出,指因政府实施税收优惠项目而造成的政府财政收入减少。由于它与税收收入相左,与直接的财政支出相似,

所以称为税收支出。在一些国家,政府的税收优惠往往在其税式支出预算或计划里表现出来。纳税人取得税收利益的行为,也是合理的行为。

3. 规范性原则

税收筹划还要遵循筹划的规范性原则。税收筹划不单单是税务方面的问题,还涉及许多其他方面的问题,包括财务、会计等各领域,金融、制造业等各行业,东南西北各地区等各方面的问题,税收筹划要遵循各领域、各行业、各地区约定俗成或明文规定的各种制度和标准。比如,在财务、会计筹划上要遵循财务通则、会计制度等的规范制度,在行业筹划上要遵循各行业制定的规范制度,在地区筹划上要遵循地区规范,以规范的行为方式和方法来制定相应的节减税收的方式和方法。

二、财务原则

1. 财务利益最大化原则

税收筹划最主要的目的归根结底是要使纳税人的可支配财务利益最大化,即税后财务利益最大化。对于个人,要使个人税后财务利益最大化;对于企业,要使企业税后财务利益最大化。企业财务利益最大化也称为企业价值最大化、企业所有者权益最大化。当企业是股份制公司时,也可称为股东财富最大化。纳税人财务利益最大化除了要考虑节减税收外,还要考虑纳税人的综合经济利益最大化,不仅要考虑纳税人现在的财务利益,还要考虑纳税人未来的财务利益,不仅要考虑纳税人的短期利益,还要考虑纳税人的长期利益,不仅要考虑纳税人的所得增加,还要考虑纳税人的资本增值。

2. 稳健性原则

税收筹划在追求纳税人财务利益最大化时,还必须注意筹划的稳健性原则。一般来说,纳税人的节税收益越大,风险也越大。各种节减税收的方式和方法都有一定的风险,节税收益与税制变化风险、市场风险、利率风险、债务风险、汇率风险、通货膨胀风险等是紧密联系在一起的。税收筹划要尽量使风险最小化,要在节税收益与节税风险之间进行必要的权衡,以保证能够真正取得财务利益。

3. 综合性原则

税收筹划的综合性原则是指纳税人在进行税收筹划时,必须站在实现纳税人整体财务管理目标的高度,综合考虑规划纳税人整体税负水平的降低。这是因为税收筹划是纳税人财务管理的一个重要组成部分,它与纳税人的其他财务管理活动相互影响、相互制约,一般情况下,税收负担的减轻就意味着纳税人股东权益的增加。但是在一些特殊情况下,税负的降低并不会带来纳税人股东权益的增加。比如,由于税法规定纳税人的借款利息可以在所得税前扣除,因此纳税人利用财务杠杆原理为了追求节税效应,就要进行负债经营,当负债资金成本率低于息税前的资金利润率时,利用负债资金就可以提高所有者权益利润率;如果息税前的全部资金利润率高于借入资金利息率时,借入资金越多,所有者权益利润率就越高;反之,如果息税前的全部资金利润率低于借入资金利息率,借入资金越多,所有者权益利润率就越低。

但是利用财务杠杆是有风险的,随着负债比率的提高,纳税人的财务风险及融资成本也必然随之增加,当负债资金的利息率超过了息税前的全部资金利润率时,负债经营就会出现负的杠杆效应,这时候所有者权益利润率会随着负债比例的升高而下降,所以纳税人进行税收筹划不能只以税负轻重作为选择纳税方案的唯一标准,而应该着眼于实现纳税人的综合财务管理目标。

三、社会原则

社会原则也叫社会责任原则。纳税人不管是个人还是企业,都是社会成员,因此都应承担一定的社会责任。私人的经营行为要产生外部效应,这种外部效应有时是外部效益,如增加社会就业机会、为社会提供更多的消费品、向社会提供更多的税收等,这时私人的社会责任与其财务利益总的来说是一致的;但私人经营行为的外部效应有时是外部成本,如污染环境、浪费自然资源等,此时私人的社会责任与其财务利益存在着矛盾。承担过多的社会责任要影响纳税人的财务利益,但是在税收筹划时必须考虑作为一个社会成员的纳税人所应该承担的社会责任。

四、筹划管理原则

1. 便利性原则

纳税人可选择的节减税收的方式和方法很多,税收筹划中在选择各种节税方案时,选择的方案应是越容易操作的越好,越简单的越好,这就是税收筹划的便利性原则。比如,凡是能够用简单方法的,不要用复杂方法;能够就近解决的,不要舍近求远等。技术派税收筹划更应遵循此项原则。

2. 节约性原则

税收筹划可以使纳税人获得利益,但无论由自己内部筹划,还是由外部筹划,都要耗费一定的人力、物力和财力,比如,企业税收筹划不论是在企业内设立专门部门,还是聘请外部专业税收筹划顾问,都要发生额外费用。税收筹划要尽量使筹划成本费用降低到最低程度,使筹划效益达到最大程度。综上所述,以上基本原则需要在税收筹划的过程中综合考虑、综合运用。另外还需要强调的是,以上基本原则都必须在法律所允许的限度内,或者说法律原则是最初的原则也是最后的原则。税收筹划必须以合法为出发点,最后所设计出来的方案也必须接受合法性的检验,只有具备合法性的筹划和设计才属于税收筹划,否则,所谓的筹划就可能属于偷税与违法避税的预备行为。

第三节 税收筹划的分类

根据不同的标准,税收筹划可以划分为以下不同的类别。

一、按税收筹划服务对象分类

按税收筹划服务对象是企业还是个人分类,税收筹划可以分为企业税收筹划与个人税收筹划两类。

企业税收筹划是把经济运行的主体——企业作为税收筹划的对象,通过对企业组建、筹资、经营各方面的税务运作,达到税收负担最小的目的。以企业作为征税对象的税收筹划是税收筹划研究和实施的主要内容。

个人税收筹划是把自然人作为纳税筹划的对象,通过对个人的投资、经营、收入分配的税务运作,最终使个人缴纳的税金最少。由于个人缴纳的税收占各国税收收入总量的比重越来越大,个人税收筹划的业务内容也在相应增加。

二、按税收筹划地区是否跨国分类

按税收筹划地区是否跨越国境分类,税收筹划可以分为国内税收筹划与国际税收筹划。

国内税收筹划是指对纳税人境内投资、经营或其他境内活动,制定可以尽量少缴纳税收的税务计划,即凡一国范围之内税收的纳税筹划或对不从事跨国业务的纳税人实施的税收筹划。

国际税收筹划是指通过利用各国税法规定的差异性和业务范围的广泛性,对跨国纳税人的跨国收入或所得进行的省税活动。世界经济的一体化和国与国之间税法规定的巨大差异,使得国际税收筹划拥有更大的发展空间。

三、按税收筹划是否仅针对特别税务事件分类

按税收筹划是否仅针对特别税务事件分类,税收筹划可分为一般税收筹划与特别税收筹划。一般税收筹划是指在一般情况下对纳税人投资、经营或其他活动制定可以尽量少缴纳税收的税务计划。它是纳税人自己或纳税人委托代理人在日常经济活动中不间断实施的省税行为。特别税收筹划是指仅针对特别税务事件下纳税人的投资、经营或其他活动制定可以尽量少缴纳税收的税务计划。特别税务事件是指企业合并、企业收购、企业解散、个人财产捐赠、个人财产遗赠等。这一类事件具有一次性、突发性的特点,并不是事前进行的安排,有些是事后才进行税务筹划操作。比如,英国遗产税的税收筹划有些不是由纳税人——死者生前事先进行的,而是在死者去世以后根据遗产受益人的要求才进行并追溯退税的。

四、按税务计划期限长短分类

按税务计划期限长短分类,税收筹划可分为短期税收筹划与长期税收筹划。

短期税收筹划是指对纳税人短期(通常不超过1年)投资、经营或其他活动制定可以尽量少缴纳税收的税务计划。许多针对特别税务事件的纳税筹划多属于短期税收筹划。

长期税收筹划是指对纳税人长期(通常为1年以上)投资、经营或其他活动制定可以尽量少缴纳税收的税务计划。有些规模大的企业有专门的税务顾问常年处理涉税事宜,企业针对各种经营活动听取税务顾问的建议。

五、按税收筹划人是纳税人内部人员还是外部人员分类

按税收筹划人是纳税人内部人员还是外部人员分类,纳税筹划可以分为内部纳税筹划与外部纳税筹划。

内部税收筹划是指由企业内部会计人员及有关专业人员对纳税人投资、经营或其他活动制定可以尽量少缴纳税收的税务计划。比如,由企业总会计师或财务经理组织协调,结合企业全面工作实施的税务规划。

外部税收筹划是指由企业聘用注册税务师等外部专业人员,结合本单位的经营业务,制定尽量少缴纳税收的税务计划。比如,委托会计师事务所或税务师事务所为企业作整体的税收筹划。

六、按税收筹划采用的技术方法分类

按税收筹划采用的技术方法分类,纳税筹划可分为技术型和实用型税收筹划。

技术型税收筹划是指筹划人员广泛地采用财务分析技术,包括复杂的现代财务管理原理和技术,利用公式甚至模型对纳税人投资、经营或其他活动制定可以尽量少缴纳税收的税务计划。这需要筹划人熟悉技术操作,而且使用的数据资料要丰富和可靠。

实用型税收筹划是指采用简单、直观、实用的方法来对纳税人投资、经营或其他活动制定可以尽量少缴纳税收的税务计划。

七、按税收筹划采用的筹划手段分类

按税收筹划采用的减轻纳税人税负的筹划手段分类,税收筹划可分为政策型税收筹划与漏洞型税收筹划。

漏洞型税收筹划也称为避税型税收筹划。主要利用税法规则的漏洞进行策划,达到减少纳税的目的。漏洞型税收筹划实际是通过节税和避税两种手段减轻纳税负担。

政策型税收筹划也称节税型税收筹划,是指在遵循税法、合乎税法精神的前提下进行的省税行为。政策型税收筹划实质上应属于节税。

八、根据企业资金流的不同阶段分类

根据企业资金流的不同阶段,税收筹划可分为企业筹资行为的税收筹划、企业投资行为的税收筹划、企业生产经营过程中的税收筹划、企业成本核算中的税收筹划和企业成果分配中的税收筹划。

企业筹资的税收筹划是指筹资活动中充分考虑税收影响,从而选择对企业有利的筹资方案。企业筹资的渠道有两个:一是所有者投入,二是负债取得。所有者投入资金,要取得红利回报,而红利是企业缴纳所得税以后进行的分配,不能起到屏蔽税收的作用。企业通过负债取得资金,对债务人的利息回报则在缴纳所得税前抵扣,起到了"税收挡板"的作用。投

资行为的税收筹划是指企业在投资活动中充分考虑纳税因素,从而选择税负最轻的投资方案的行为。企业为了获得更多的利润,总会不断地扩大再生产,进行投资,投资影响因素的复杂多样决定了投资方案的非唯一性,而不同的投资方案显然有不同的税收待遇。因此,企业就有衡量轻重、选择最优方案的机会。具体地说,企业投资活动中组织形式的选择、投资环境的比较、投资行业和规模的决定等都影响企业追求投资效益最大化目标的实现,因而都应予以充分考虑。

生产经营过程中的税收筹划是指企业在生产经营过程中充分考虑税收因素,从而选择最有利于自己的生产经营方案的行为。企业生产经营中的税收筹划主要是通过产品价格的确定、产业结构的决定、生产经营方式的选择来达到生产经营效果最理想的状态。在进行纳税筹划时,要周密地计算各种经营方式所承担的税负,再作出生产经营决策。企业成本核算中的税收筹划是指企业通过对经济形势的预测及其他因素的综合考虑,选择恰当的会计处理方式以获得税收利益的行为。能对税收缴纳产生重要影响的会计方法,主要有固定资产折旧法和存货计价法。企业成果分配中的税收筹划是指企业在对经营成果分配时充分考虑各种方案的税收影响,选择税负最轻的分配方案的行为,它主要通过合理归属所得年度来进行。合理归属所得年度是指利用合理手段将所得归属在税负最低的年度里,途径是在会计和税法规定的时间限度内提前所得年度或推迟所得年度,从而起到减轻税负或延期纳税的作用。

不同的税收筹划著作对纳税筹划的分类虽有所差别,但基本是按以上几个标准分类。纳税筹划的实践是综合性很强的活动,任何一项税收筹划业务都难以把它简单归入某一类,而很可能同属于以上的数种类别。

第四节 税收筹划的效应

一、促进纳税人依法纳税

税收筹划要求纳税人必须在法律许可的范围内规划纳税义务,这就要求纳税人学习税法,并依法纳税。同时,税收筹划将避免税收违法作为筹划的具体目标,可使纳税人从理性分析中解决对税收违法行为的正确认识,进而提高纳税人依法纳税的自觉性。

税收筹划有助于提高纳税人的纳税意识,抑制偷逃税等违法行为。社会经济发展到一定水平、一定规模,企业开始重视税收筹划,税收筹划与纳税意识的增强一般具有客观一致性和同步性的关系。企业进行税收筹划的初衷的确是为了少缴税或缓缴税,但企业的这种安排采取的是合法或不违法的形式,企业对经营、投资、筹资活动进行税收筹划正是利用国家的税收调控杠杆取得成效的有力证明。现在,进行税收筹划的企业多是一些大、中型企业或外资企业,这些企业的纳税事项处理比较规范,相当一部分还是纳税先进单位。也就是说,税收筹划搞得好的企业往往纳税意识也比较强。税收筹划与纳税意识的这种一致性关系体现在以下几方面。

(1) 税收筹划是企业纳税意识提高到一定阶段的表现,是与经济体制改革发展到一定水平相适应的。只有税制改革与税收征管改革成效显著,税收的权威才能得以体现。否则,如果对偷逃税等违法行为的处罚仅局限于补缴税款,没有严厉的惩处手段,无疑会助长偷、逃税等违法行为。在这种情况下,企业纳税意识淡薄,不用进行税收筹划就能取得较大的税收利益。

(2) 企业纳税意识强与企业进行税收筹划具有共同的要求,即合乎税法规定或不违反税法规定,企业税收筹划所安排的经济行为必须合乎税法条文和立法意图,或不违反税法规定,而依法纳税更是企业纳税意识强的应有之意。

(3) 依法设立完整、规范的财务会计账证表和正确进行会计处理是企业进行税收筹划的基本前提;会计账证健全、规范,其节税的弹性一般应该会更大,也为以后提高税收筹划水平提供依据。同时,依法建账也是企业依法纳税的基本要求。

小贴士

判断企业纳税意识强弱的主要标志

(1) 财务会计账证是否依法设置,是否齐全、规范。
(2) 是否按有关规定及时办理营业登记、税务登记手续。
(3) 是否及时、足额地申报缴纳各种税款。
(4) 是否主动配合税务机关的纳税检查。
(5) 是否接受税务机关的处罚,如上缴滞纳金及罚款等。

二、有利于纳税人利益最大化

从纳税人方面来看,税收筹划可以减轻纳税人的税负,有利于纳税人的财务利益最大化。税收筹划通过税收方案的比较,选择纳税较轻的方案,减少纳税人的现金流出或者减少本期现金的流出,增加可支配资金,有利于纳税人的经营和发展。

税收筹划还可以防止纳税人陷入税法陷阱,税法陷阱是税法漏洞的对称。税法漏洞的存在给纳税人提供了避税的机会;而税法陷阱的存在又让纳税人不得不小心,否则会落入税务当局设置的看似漏洞,实为陷阱的圈套(这也是政府反避税的主要措施之一)。纳税人一旦落入税法陷阱,就要缴纳更多的税款,影响纳税人正常的收益。税收筹划可防止纳税人陷入税法陷阱,不缴不该缴付的税款,有利于纳税人财务利益最大化。税收筹划还可以避免纳税人缴纳"冤枉税"。在现代社会,不少国家特别是一些发达国家的税法越来越详尽,而很多纳税人则对税法知之甚少,甚至一无所知,这样就非常容易多缴纳不必要的税款。

中国市场经济体系的健全过程也是税法体系不断健全的过程,税法的完善伴随税法的日益庞杂,如果对税法研究得不透,就可能出现漏税或多缴税的情况;税收筹划通过对税法的深入研究,合法操作,至少可以不缴"冤枉税"。

三、促进税制的不断完善

税收筹划从总体上讲是寻求低税点,而低税负制度在有些情况下会随着客观情况的变化而变得不适应。有些低税负制度本身就存在不完善的问题,这些不完善的税制往往通过纳税人税收筹划的选择才能暴露出来。国家通过对纳税人税收筹划行为选择的分析和判断,有利于发现税制存在的问题,进而促进税制的不断完善。税收筹划是纳税人对国家税法及有关税收经济政策的反馈行为,同时也是对政府政策导向的正确性、有效性和国家现行税法完善性的检验。国家可以利用纳税人税收筹划行为反馈的信息,改进有关税收政策和完善现行税法,从而促进国家税制建设向更高层次迈进。

四、有利于国家税收政策的落实

企业税收筹划行为从某一角度看,也是企业对国家税法和政府税收政策的反馈行为。如果政府的税收政策导向正确,税收筹划行为将会对社会经济产生良性的、积极的正面作用。可以说,正是由于税收对企业具有激励功能,才使得税收的杠杆作用得以发挥。在市场经济条件下,追求经济利益是企业经营的根本准则。

企业通过精打细算,在税法允许的范围内降低自身的税收费用,从而增大自身的经营净收益和经济实力。由于企业自身具有强烈的节税欲望,国家才可能利用税收杠杆来调整纳税人的行为,从而实现税收的宏观经济管理职能。可见在多数情况下,节税与税收的杠杆作用往往是共存的现象。有鉴于此,目前国际上不少国家对节税都表现出赞许或是鼓励的态度。在国外,有不少会计师事务所、律师事务所和税务咨询机构都承接客户委托,开展税收筹划业务。在建立和完善我国社会主义市场经济体制的过程中,如果对纳税人的税收筹划不加分析而一味地加以反对,将会抑制税收调节作用的发挥。鉴于目前我国纳税人税法观念淡薄和对变动中的税制难以把握和领会的现实情况,可参照国际上流行的做法,成立税务代理机构或委托会计师事务所等社会中介机构,为纳税人提供税务代理和税务筹划服务,以利于国家经济政策通过税收杠杆,更好更快地贯彻到现实经济生活中去。

当然,如果税收政策导向不正确,即便税收筹划合法,合乎政策导向,同样也会引发不良的社会经济效应。比如,某些地区对新办乡镇企业采用定期减免税收的优惠政策。在这一政策的引导下,投资决策方面的税收筹划普遍存在,结果导致技术落后的小企业重复布点,与技术先进的大企业争原料、抢地盘,造成资源浪费、效率低下等不良后果。造成这一不良后果的原因,不在税收筹划本身,而在税法本身存在缺陷,致使税收政策导向上出现偏差。

专栏 10-2

税收筹划八大规律

一、特定条款筹划规律

诸如合并、分立中的选择性财税处理政策、纳税主体适用增值税或营业税的范围划分,小规模纳税人与一般纳税人的选择。

二、税制要素筹划规律

诸如合并、分立中的选择性财税处理政策、纳税主体适用增值税或营业税的范围划分,小规模纳税人与一般纳税人的选择等。

三、寻求差异筹划规律

税制设计充分考虑地域差异:东部沿海、经济特区、高新技术开发区、西部地区、东北老工业基地、沿江地区、老少边穷地区、保税区。

纳税人通过调整投资方向、经营范围,合理筹划。

四、税负转嫁筹划规律

纳税人将其所负担的税款,以提高商品或生产要素价格的方式,转移给购买生产要素的下游企业或消费者负担。这种转嫁技术一般适用于市场紧俏的生产要素或知名品牌商品。

五、规避平台筹划规律

在筹划过程中,要关注临界点,把握临界点。诸如个人所得税的起征点,个人所得税的税率跳跃临界点,企业所得税的税前扣除限额等,都是典型的税基临界点,对其进行筹划节税。

六、组织形式筹划规律

企业通过设立分支机构对外扩张延伸时,是采取总分机构形式,还是母子公司形式,在很大程度上会影响到企业的税收负担。一般分公司不具备独立法人资格,可以与总部合并纳税,而子公司是独立法人,必须依法独立纳税。

七、会计政策筹划规律

如分摊(摊销)技术。对于一项费用,如果涉及多个分摊对象,分摊依据的不同会造成分摊结果的不同;对于一项拟摊销的费用,如果摊销期限和摊销方法不同,摊销结果也会不同。分摊或摊销的处理会影响企业损益和资产计价,进而影响企业税负。

八、棱镜思维筹划规律

如转化技术。税收筹划的本质是在税制约束下寻找税收空间,即讲求规则之下的协调、变通和对策。企业有许多业务可以通过变通和转化寻找筹划节税空间,其技术手段灵活多变,无章可循。

(1) 购买、销售、运输、建房合理转化为代购、代销、代运、代建业务。

(2) 无形资产转让可以合理转化为投资或合营业务。

(3) 工程招标中介可以合理转化为转包人。

(4) 企业雇员与非雇员之间的相互转化。

◆ 技能训练题

一、单项选择题

1. 税收筹划的(　　)是指税收筹划是在对未来事项所做预测的基础上进行的事先规划。

   A. 合法性　　　　B. 风险性　　　　C. 预期性　　　　D. 目的性

2. 避税(tax avoidance)是指(　　)。

   A. 纳税人利用税法漏洞或者缺陷钻空取巧,通过对经营及财务活动的精心安排,以期达到纳税负担最小的经济行为

   B. 纳税人有意违反税法的规定,使用欺骗、隐瞒的手段,不缴或减少税款缴纳的违法行为

   C. 是指纳税人故意伪造、变更、隐瞒、擅自销毁账簿和凭证,从而不缴或者少缴税款的行为

   D. 是指纳税人采用虚假的纳税申报的手段,从而不缴或者少缴税款的行为

3. 税收筹划的（　　）原则是指纳税人在进行税收筹划时，必须站在实现纳税人整体财务管理目标的高度，综合考虑规划纳税人整体税负水平的降低。

  A. 便利性   B. 稳健性   C. 综合性   D. 节约性

4. 税收筹划中在选择各种节税方案时，选择的方案应是越容易操作的越好，越简单的越好，这就是税收筹划的（　　）原则。

  A. 便利性   B. 稳健性   C. 综合性   D. 节约性

5. （　　）是指广泛地采用财务分析技术，包括复杂的现代财务原理和技术来制定可以尽量少缴纳税收的纳税人投资、经营或其他活动的税务计划。

  A. 实用派税收筹划   B. 技术派税收筹划

  C. 政策派税收筹划   D. 漏洞派税收筹划

二、思考题

1. 什么是税收筹划？
2. 税收筹划与偷税有何区别？
3. 分析税收筹划与避税的异同点？
4. 怎样理解税收筹划的法律原则？
5. 怎样理解税收筹划的财务原则？
6. 根据企业资金流的不同阶段，税收筹划可分为哪些类型？
7. 企业进行税收筹划会产生哪些积极效应？

三、实践课堂

请分别找一个典型的税收筹划的案例和一个典型的避税的案例，指出两个方案采取的方法有什么本质区别？你是如何判断出来的？

参 考 文 献

[1] 刘辉. 国债管理[M]. 天津:南开大学出版社,2004.
[2] 李品芳. 公共财政与税收[M]. 上海:上海财经大学出版社,2011.
[3] 中国注册会计师协会. 税法——CPA 2012年度注册会计师全国统一考试辅导教材[M]. 北京:经济科学出版社,2012.
[4] 全国经济专业技术资格考试用书编写委员会. 财政税收[M]. 北京:中国人事出版社,2012.
[5] 刘邦驰,王国清. 财政与金融[M]. 成都:西南财经大学出版社,2013.
[6] 朱叶. 公司金融[M]. 北京:北京大学出版社,2013.
[7] 肖文圣. 财政与税收[M]. 南京:东南大学出版社,2014.
[8] 梁学平. 财政与税收[M]. 北京:清华大学出版社,2014.
[9] 人力资源社会保障部人事考试中心. 全国经济专业技术资格考试:财政税收专业知识与实务(初级2014年版)[M]. 北京:中国人事出版社,2014.
[10] 李兰英,王俊霞. 政府预算管理[M]. 西安:西安交通大学出版社,2014.
[11] 李星华,蒙丽珍. 财政与金融[M]. 大连:东北财经大学出版社,2014.
[12] 黄凤羽. 税收筹划[M]. 大连:东北财经大学出版社,2014.
[13] 陈国胜,沈悦. 财政与金融[M]. 北京:清华大学出版社,2014.
[14] 姚文平. 互联网金融:即将到来的新金融时代[M]. 北京:中信出版社,2014.
[15] 李扬. 金融学大辞典[M]. 北京:中国金融出版社,2014.
[16] 斯凯恩. 从零开始读懂金融学[M]. 上海:立信会计出版社,2014.
[17] 钱淑萍. 税收学教程[M]. 上海:上海财经大学出版社,2014.
[18] 魏建华,李雯,方芳. 证券市场概论[M]. 北京:中国人民大学出版社,2015.
[19] 漆腊应. 国际金融[M]. 北京:中国金融出版社,2015.
[20] 朱大旗. 税法[M]. 北京:中国人民大学出版社,2015.

推荐网站:

[1] 中国人民银行网站,www.pbc.gov.cn
[2] 中国银行业监督管理委员会网站,www.cbrc.gov.cn
[3] 人力资源和社会保障部网站,www.mohrss.gov.cn
[4] 中华人民共和国发展和改革委员会网站,www.ndrc.gov.cn
[5] 中华人民共和国财政部网站,www.mof.gov.cn
[6] 北京市税务局网站,beijing.chinatax.gov.cn